ものと人間の文化史
168

椿

有岡利幸

法政大学出版局

まえがき

椿は日本原産の常緑広葉樹の花木で、春先に真っ赤な花を咲かせるので春迎花ともいわれるし、稲作の農作業をはじめる指標となる花であり、めでたい花とされてきた。ところが椿の花には毀誉褒貶（きよほうへん）がある。春に咲く花には黄色が多いなかで高貴な赤色で開くため、めでたい花とされ、また葉の表面はつやつやとして陽光をはね返す力強いところから神を斎（いわ）う神聖な樹木であると認められてきた。それにも関わらず、花弁が基部でわずかに癒合（ゆごう）しているため、一つ一つの花弁が散るのではなく花全体が落ちるので、不吉だともされてきた。

わが国の戦（いくさ）では、相手の首を数多く取ったものほど武力の誉（ほまれ）高いとされた。椿の花が基部からポトリと落ちることは、戦いで首を落とされることと結び付いて、縁起がわるい、不吉な花であるとの認識がうまれ、それが武士階級のものだけでなく農民などの階層にも普及している。

わが国の民俗のなかには、樹木を屋敷内に植えることについての禁忌があり、椿を家の庭に植えることを嫌う地方として、秋田県、千葉県、東京都、長野県、熊本県などに格段に多く、その理由には不幸があるとか、凶事があるなど各種ある。一方、椿は長寿の樹木であるため、椿を植えると椿にあやかって長寿となるとする地方もみられる。

日本のツバキ科ツバキ属の植物は四種あるが、自生している種はヤブツバキ（ここには変種としてユキツバキ、ヤクシマツバキ、ユキバタツバキを含めている）、サザンカ、ヒメサザンカの三種で、これに古い時代に渡来した中国原産のチャノキが加わっている。ヤブツバキは西日本を主とする常緑広葉樹林帯の森林では、どこでも生育しているため、この植生群落の表徴種とされ、常緑広葉樹林のことを生態学ではヤブツバキクラス域ともよぶ。東日本に向かうにしたがって内陸部での生育が少なくなり、海岸地帯のみに生育するようになり、最北端は青森県の夏泊（なつどまり）半島北端の椿山である。一方ユキツバキは、日本海側の豪多雪地帯に生育しており、太平洋側にはほとんど見られない。現在はヤブツバキの変種とされているが、研究が進むにつれ、それぞれの先祖は違うのではないかとの疑問が生じている。

椿は縄文時代から利用価値の高い樹木と認められ、現在からおよそ五〇〇〇年前の縄文時代の遺跡として知られている福井県三方（みかた）町の鳥浜貝塚から石斧の柄や漁撈用の尖り棒などが出土している。弥生時代になると、あちこちの遺跡から農具の槌、穀物を搗（つ）く道具の杵などが出土している。

『万葉集』では花が注目され、持統上皇が紀国の温泉に行幸される道すがらの峠に咲く「つらつら椿」を詠い、その美しさをもって上皇たちの旅をことほいでいる。奈良時代の都である平城京では、宮や貴族たちの庭園には椿が植えられ、庭園での春の潤いをみたしていた。

ところが都が平安京に遷されると、一転椿は当時の貴族たちの教養であった和歌にも、物語はもちろん随筆にも登場してこなくなる。ただ、実用面の椿として『延喜式』には椿油が税として西日本の諸国から貢納されたことが記されている。さらには、遣唐使が中国へと赴くとき大量の椿油が土産物とされていた。花の鑑賞面では、平安時代は椿の暗黒時代ともいえそうである。平安時代の終わり頃から、『荘子』の八千歳椿とむすびついて、長寿を祝う賀の歌にわずかながら登場するようになる。

およそ一〇〇年間続いた戦国時代が終わり、江戸に武家政権が誕生したとき、初代から三代までの将軍の家康・秀忠・家光は、そろって花好きで、とくに秀忠は椿を好んだ。そのため「寛永の椿」とよばれるブームが江戸でおこった。椿の珍種、珍花がもてはやされ、椿園芸が盛んとなった。『百椿集』という百種類の椿の品種を書き記したものや、『百椿図』といって百種類の椿の花の絵を描いた巻物などがつくられた。

明治維新で近代となると、椿は古いものだと見捨てられ、愛好者がほそぼそと楽しむに過ぎなくなった。この傾向は昭和初期の終戦直後まで続いた。一方、江戸期にヨーロッパに椿が渡っており、彼の地では冬に咲く花はほとんどなかったので、冬に赤色の大きな花を咲かせる椿は「冬のバラ」として喜ばれ、大ブームを生んでいた。そして花は改良され、数多くの品種を作出していた。

戦後になって外国との交流が再開されたとき、アメリカの椿協会の会長が、椿の原産地の日本にやってきた。それが刺激となって、日本ツバキ協会が結成され、椿の研究、改良、普及が取り組まれ、わが国での椿栽培が盛んとなり、各地で椿公園が生まれたのである。

本書は、日本人が椿の花とどう関わってきたのかについて、八つの章に分けて記述している。時代区分としては、万葉時代、平安から桃山時代、近世、近現代という四つに区分した。その間に、椿の植物誌、神仏をまつる社寺と椿、椿の昔話と民俗の章をおいている。椿には花を鑑賞するばかりでなく、防風林としての活用、木材として、あるいは果実から絞る椿油といった実用面があるが、残念ながら本書ではスペースの関係もあり、それらの実用面については、ほとんど触れていない。

目次

第一章　椿の植物誌

日本産ツバキ科の植物

ツバキは日本に自生している常緑広葉樹の一種である。庭木としてふつうに植えらており、暖地では広く山野に高木（この場合、おおよそ人の背丈以上の高さになる木をいう）として野生状態で生育している。ツバキは普通高さ五〜六メートル、高いものでは一八メートルにも達し、太いものは胸高直径（胸の高さのことで、普通は地上一二〇センチのところの直径をいう）五〇センチに達するものもある。ツバキの名は、古代の日本語である。ツバキ科は、世界では約三〇属一〇〇〇種（『園芸植物大事典』小学館編・発行、一九八九年）が、熱帯、亜熱帯に分布するが、少数のものが暖帯や温帯に入っている。雄しべの数が多いこと、萼片（がくへん）と花弁の数が一定せず、また移行がみられることから、かなり原始的な科と考えられている。

日本のツバキ科の樹木は八属一八種が自生している。ツバキ科には、果実の蒴果（さくか）が胞背裂開（ほうはいれっかい）するものにツバキ属、ヒサカキサザンカ属、ナツツバキ属、ヒメツバキ属がある。なお、蒴果は乾果の一種で、複子房の発達下、果実で熟すると縦裂して種子を散布する。また、胞背裂開とは植物用語で、複数の心皮（しんぴ）により形成された果実が熟すると心皮の背面の外縫線で裂けることをいう。果実は液果で、裂開しないものに、モッコク属（この属は胞背裂開することがある）、ナガエサカキ属、ヒサカキ属がある。

日本のツバキ科の植物名

ツバキ属　ヤブツバキ（変種のユキツバキ・ヤクシマツバキ・ユキバタツバキを含む）、サザンカ、ヒメサザンカ（計三種）、なお、チャノキをここに加えているものもあるが、チャノキは古い時代に中国から輸入された栽培植物で、伊豆半島や九州の一部から野生化の報告があるが、真の野生ではない。

ヒサカキサザンカ属　ヒサカキサザンカ（計一種）

ナツツバキ属　ナツツバキ、ヒコサンヒメシャラ、ヒメシャラ（計三種）

ヒメツバキ属　ヒメツバキ（計一種）

モッコク属　モッコク（計一種）

ナガエサカキ属　リュウキュウナガエサカキ、ケナガエサカキ（計二種）

サカキ属　サカキ（計一種）

ヒサカキ属　ヒメヒサカキ、サキシマヒサカキ、クニガミヒサカキ、アマミヒサカキ、ハマヒサカキ、ヒサカキ（計六種）

ツバキ属は常緑の高木または低木である。葉は互生し、短い葉柄をもち、托葉（たくよう）はない。花は両性で、腋生あるいは頂生状につき、単生するか数花があつまる。多数の苞（ほう）があり、五個の萼片（がくへん）とともにふつう脱落する。花弁は五〜七個、または多数あり、基部でわずかに癒合（ゆごう）する。雄しべは多数、さまざまな程度に合生して雄ずい筒を形成するものまであり、外側のものは基部で花弁と合生する。子房は三（〜五）室からできており、各室に四〜六個の胚珠（はいしゅ）を含んでいる。花柱は細い。果実は木質の大きな蒴果（さくか）で胞背裂開（ほうはいれっかい）する。種子は少数、胚は真っすぐで子葉は厚い。ツバキ科の他の属に比べると種子は大形で、果皮裂片が脱落しないという特徴が見られる。果皮の厚さはまちまちであるが、一室一種子のものは薄い傾向がある。

ツバキ属はすべて東南アジアの亜熱帯から温帯の雨量の多いところに分布し、とくに中国には多くの種が分布する。一九五八年、イギリスのシーリーはツバキ属の八二種を分類したが、その後中国で次々と新種が発見され、一九八一年、中山大学の張宏達は約二〇〇種を分類した。

日本に生育するツバキ属は、自生するものがヤブツバキ（変種のユキツバキ、ヤクシマツバキ、ユキバタツバキを含む）、サザンカ、ヒメサザンカの三種、古く中国から輸入された栽培植物のチャ（茶）の、合計四種である。変種を含むヤブツバキを単にツバキという。本書では、単にツバキと呼ばれるヤブツバキおよび変種のユキツバキの野生種とその園芸品種をふくめて取り扱うことにする。

開花したヤブツバキ

日本産ツバキ属三種の生育地

津山尚は「ツバキの野生種」（朝日新聞社編・発行『朝日百科世界の植物』一九七八年「ツバキ科」の項）のなかで、「日本におけるツバキ属三種のたどった地史的背景は、日本列島が大陸と切り離された二〇〇〇万年から三〇〇〇万年以来の地形の変化と、氷河期における分布域の北上、南下の軌跡に求められる。そしてこの地史の影響をもっともよく反映しているのがツバキである」という。そしてヤブツバキとユキツバキの分化、前二者の中間型のユキバタツバキ、果実の大きいリンゴツバキについて述べているので、要約しながら紹介する。

まず生育地域の違いであるが、ヤブツバキの生育地は主として夏に降水量が多く冬に少ない太平洋岸地域であり、ユキツバキは冬に雪としての降水量が多く夏には少ない日本海側の山地である。ヤブツバキは日本の南部、沖縄から九州、四国、中国地方に一般に生育しており、近畿地方では北方で少なくなり、中部地方や関東地方では海岸寄りに多く、内陸に入るにしたがって個体数は少なくなり、ついにはまったく自生しない地域もある。太平洋岸側では福島県以北では分布が断続していて、ついにはごく一部に少数の個体しか野生をみることができなくなる。日本海側ではユキツバキが分布する近畿地方北部の海岸地方の雪の少ないところではヤブツバキはうすく分布しており、北に向かうほど断続して点々と分布し、青森県の二、三か所で終わっている。ヤブツバキは海岸よりの暖かい地をすみかとしている種である。

林弥栄の『有用樹木図説（林木編）』（誠文堂新光社、一九六九年）のヤブツバキの分布図によれば、中部以北の内陸部ではおおよそ北緯三六度（概略福井市と、諏訪市、秩父市、霞ケ浦を結ぶ線）以北の諸県では空白地帯となっている。岐阜県では飛騨地方、富山県の内陸部、長野県では北側半分、埼玉県は北側半分、群馬県・栃木県は全域（局所的な存在はある）が空白地帯の概略である。

ユキツバキは日本海側の秋田県から滋賀県北部までの、日本の中央部をやや日本海側寄りに南北に走っている脊梁（せきりょう）山脈の日本海側の低山帯の豪雪地帯に限られている。ユキツバキは冬季の四～五か月の間、重い雪のため地面に圧しつけられているが、雪に覆われているので温度は0℃より下がることはない。雪解けとともに、枝葉が跳ね起きて花を開く。夏はブナのようなよく枝葉が繁茂する樹下で生育することになるので、少ない光の量でも生活することができる。ユキツバキは冬の寒さを避けるため、分厚い雪の下で

日本のツバキ分布概要図

0℃にならない暖地を選択していたのである。

ヤブツバキは中部地方以北では脊梁山脈に達していないが、ユキツバキは中部地方以北の日本海側では山脈の中腹八〇〇メートルあたりまで上っている。中部地方を太平洋岸からたどると、ヤブツバキもユキツバキも分布しない、いわゆるツバキの真空地帯がある。

暖地性のツバキ属の祖先が、分布の北の先端である日本において、冬季の降雪という異なった環境の場所にすみわけて、適応し、それぞれ定着したと考えられる。

ヤブツバキは日本特産で、ツバキ属のなかでもっとも北に広く分布しており、本州、四国、九州、沖縄の海岸に近い地方、朝鮮半島の西南部および南部の海岸地域、中国の山東省に分布する。ツバキは日本の暖帯に自生しており、温帯では冬季は温室に入れなければ枯れる。岩手県以北や北海道では冬の温度が寒すぎ、それ以南の低地では栽培できるが、山地の高いところ、四国や九州でも標高四〇〇メートル以上のところは、自生もしていないし、栽培もできない。

年平均気温が高く年間降水量も適当にある地域、つまり暖温帯地域では、シイ類、タブノキ、カシ類が優占する常緑広葉樹林をつくる。これは別に照葉樹林ともいう。このような森林は、植生の遷移（遷りかわり）がもっとも安定した最終段階に当たっているので極相といわれる。極相である常緑広葉樹林（照葉樹林）は、日本列島では本州中南部から沖縄諸島にわたって分布し、林内には例外なくヤブツバキが生育しているので、植物社会学ではヤブツバキクラス域（の森林）という。

ヤブツバキは照葉樹林をつくり、また落葉樹とも混交林をつくる。ヤブツバキの樹高は通常五〜六メートルと高くないので、それよりも大木となる常緑樹のシイ、アラカシには樹冠部を越され、それらの日陰となったところにも生育している。幼木も日陰で育つ。しかし、日光が全く当たらないところでは、生育しない。ヤブツバキは土壌の適応性は広く、ふつう酸性の土壌に適するといわれているが、石灰岩の礫地や、蛇紋岩地帯にもまれに見られ、海岸の塩分を含んだ土壌でもよく生育する。

中国へは奈良時代の推古天皇時代の西暦六〇七年（日本側の記録）にはじまった遣隋使や遣唐使（西暦六三〇年にはじまる）によって椿油や種子が運ばれた。隋・唐以来、中国でも鑑賞用に栽培された。一九世紀の中頃には、ヨーロッパで鑑賞のために栽培することが大流行し、実生により多くの品種が生まれた。

ヤブツバキの分布域南部にあたる四国の太平洋岸および九州のほぼ中部以南・沖縄にサザンカが、その南の沖縄にはヒメサザンカが分布している。九州南部でのヤブツバキの野生分布は標高一二〇〇メートルまで達しており、サザンカは九〇〇メートルまでのところに生育している。ヤブツバキの方がサザンカに比べ、より低温のところまで適応すると考えられる。ヤブツバキには種内分化があり、多雪地帯の山地型のユキツバキと、南方のやや樹陰に適応したヤマシマツバキ（リンゴツバキ、オオミツバキ）のように、はっきりと区別できるものがある。一方のサザンカの方は、これほどの分化は認められていない。

ユキツバキは東北〜北陸地方の日本海側の多雪地帯（秋田県から滋賀県北部まで）に適応した変種で、幹の丈は低く一〜二メートル、下からよく枝分かれし、枝が地についたところから根をだし、独立して一本の個体となる。枝は曲がっても折れにくい。花は広く開き、花弁は薄く、雄芯の筒部は短く、濃橙黄色〜黄赤色に染まることが多い。標高三〇〇〜一二〇〇メートルの間の山地に野生し、冬季は樹木全体が雪に包まれて保護されている。日本海岸に沿ってヤブツバキが青森県まで分布しているので、両者の分布の接するところでは中間型のユキバタツバキとよばれるものが多い。石川県では標高二〇〇メートルあたりまでヤブツバキがあり、標高三〇〇メートル以上ではユキツバキが多くなる。

ツバキの葉や花・果実のつくり

ツバキ属の学名は Camellia（カメリア）で、ヤブツバキの学名は Camellia japonica（カメリア　ジャポニカ）である。

ヤブツバキはふつう高さ五〜六メートルで、高いものは一八メートルに達する常緑高木で、幹の太さは最大で胸高直径五〇センチに達する。海岸部によく生育するが、山中にもある。葉は無毛で、茎にらせん状についており、これを互生という。葉は苞葉から萼片へ、萼片から花弁へと、次第に移り変わって、それぞれはっきりした区別がなく、たいへん原始的なところもある。

日陰でも生育することができる陰樹で、生育はおそく、長命である。よく枝分かれして、繁る。葉の表面は濃緑色で光沢があり、裏面は淡緑色で、幼時にあった白色の長伏毛が落ちた跡にコルク質の小いぼが残る。幼枝ははじめ緑色、のちに淡褐色を帯び、二年枝は褐灰色をおびた白色となり、幹は灰白色で平坦である。葉身は革質、楕円形、長楕円形、卵状楕円形で鋭尖頭、基部は鋭形またはほぼ円形、長さ四〜八センチ、まばらな鈍鋸歯があり、主脈は表面でやや隆起、裏面でいちじるしく隆起し、側脈も表面より裏面のほうが明瞭である。

花は一一〜一二月または二〜四月に咲き、花蕾は枝先の冬芽の最下すなわち第一鱗片（まれにその真上の鱗片）の葉腋に無柄ででき、一つの芽にふつう一個、まれに二〜三個つく。花柄は長さ五ミリばかり、頂部が太く、多数の萼苞片が瓦重ねに配列する。萼苞片は円形〜扁円形で、基部は花柄を半ば以上取り巻き、黒褐色、外面に伏した短絹毛を密生し、内面は無毛で光沢があり、縁はふつう乾膜質である。ツバキは花柄に多数の苞葉が重なり、苞葉、萼片、花弁に次第に移っていき、それらがらせん状についている。

花は広い筒形または先が反り返り、径五〜七センチ、小さいものでは径三・五〜四センチ、濃紅色、帯紫紅色がふつうであるが、まれに淡紅色または純白色のものがある。花弁はふつう五個、瓦重ね状に並び、しばしば萼苞片との中間形の小型花弁を伴い、厚質で先端は凹入、基部は細まってより厚くなり、互いに合着して筒部をつくる。筒部の底に多量の蜜液を分泌し、これが鳥類や昆虫を誘う。

　雄芯はきわめて多数でらせん状に並ぶが、花糸は白色、まれに帯紅色、基部が合着して筒部を形成し、さらに花冠筒部に合着する。最内部の少数個の雄芯は基部まで離生することがある。葯（やく）は黄色で内向し、花糸は多肉質で下方はやや偏平、先端は急に細まって、葯隔の底部につく。雌芯は一個で直立し、子房は無毛で強い光沢があり、三〜四室、各室に三個の胚珠がある。花柱は太く、ときにやや長い毛を散生し、上方で三〜四裂する。

球果が割れ、種子を放出する寸前の椿の果実。
種子は三個ずつある。

　果実はほぼ球形で径は二・〇〜二・五センチ、中央に木化した中軸をのこして胞背裂開し、裂片はやや厚質で、革質化する。種子はふつう二〜数個、ほぼ球形で、ふつう不規則な稜角がある。種皮はうすく、淡褐色である。種子には約三五％の油分を含んでいる。ツバキの種子には胚乳がなく、子葉が大きい。

ツバキの花

　ツバキの蕾は、枝先の芽の苞葉腋に無柄にでる。一つの芽に多くは一個、ときに二〜三個つく。蕾は楕円形または円形で、うろこ状に重なった鱗片がある。花冠は開くと、野生のものでは、普通は筒状鐘形で、径五センチ内外、小さなものでは径三・五〜四センチ、広鐘形で大きなものは径八センチほどある。

ツバキにはたくさんの園芸品種があるので、花の大きさの基準が作られ、花の大きさは内径によって次のように五種類に分類されている。

極小輪　四センチ以下
小輪　四〜七センチ
中輪　七〜一〇センチ
大輪　一〇〜一三センチ
極大輪　一三センチ以上

また、花形による区別の仕方がある。野生のツバキやサザンカの花弁数は五〜六枚前後であるが、園芸上では八枚までを一重という。ツバキの花はもともと八重化しやすい性質をもち、花弁数がふえるほか、多数ある雄しべもまた広、狭の小花弁に変化しやすい。しかもこれらの変化は、花芽ができる六月から秋、春の開花に至る長期間にわたって、気候や土壌、水分などの諸条件に影響される。品種によって花形が一定せず、一株に咲く花でも多様な変化がおこる。

一重咲き　猪口咲き（侘助咲き）、筒咲き、抱え咲き、ラッパ咲き、平開咲き、椀咲き、盃状咲き（盃咲き）
八重咲き　八重咲き、蓮華咲き、唐子咲き、二段咲き、宝珠咲き、牡丹咲き、獅子咲き、千重咲き、列弁咲き
変化咲き　桔梗咲き、芍薬咲き、松笠咲き

ツバキの花が咲くと、花筒に大量の蜜がたまる。この蜜を昆虫、メジロその他の小鳥が吸いにくる。昆

虫や小鳥の頭に花粉がつくので、別の花に頭を入れたとき、その花の柱頭に先の花の花粉がつく。ツバキは虫媒花ならびに鳥媒花である。ツバキの花の多くは横向きに咲いているが、上向きだと頭を入れにくいし、雨が降ると蜜が薄くなる。

ツバキの花は花弁が合生しているので、多くは一体となって落ちるが、チリツバキ（散り椿）は花弁の基部がごく短く合生しているだけなので、花弁は基部で離れて散り散りに落ちる。散り椿の花は、ふつうの椿の花とは異なって、花弁一つ一つがばらばらになって落ちるのでこういわれる。

蜹月、白王などといわれる白の一重の中輪は、一二月から三月に咲く。ツバキの初物として生け花や茶花の材料とされる。三月〜四月が、ツバキの本来の花期である。一重花のものが一般に早く、八重のものは遅く、最後に花の大きな八重のものが咲く。ツバキは温室で栽培すると、一〜二月にはほとんど咲いてしまう。

南北に細長い日本では、ツバキは気温の上昇にともなって、南から北へと花前線となって咲きあがっていく。一二月に伊豆や四国の南部に咲きはじめるが、伊勢地方でも一二月にははやくも花が見られる。開花するときの平均最低気温は二〜四℃であるが、長野県では最も低くマイナス二℃以下となっている。開花日は南と北とでは非常な差があり、青森県に達するのは四月下旬ごろである。

ツバキの花が終わると、子房がふくらんでいくが、同時に新芽がのびる。新芽は細長くなって、下の方の鱗片はしだいに落ちていき、若枝には褐緑色の小さな新葉がしだいに大きくなる。若葉の縁の鋸歯の先は鋭く尖っているが、成葉になると先がとれて鈍頭となる。花にも病気がある。ツバキの花が咲いているのに花弁の下部から褐色になっていく病気が、菌核病である。スクレロティナ・カメリアエという菌によっておこる病気であるから、病気になった花は取って焼いてしまうのがよい。落ちたままにしておくと、土で繁殖し、子嚢胞子をとばす。

椿自生北限地の青森の椿山

ツバキが国指定の天然記念物として指定されているところは二件あり、二件ともツバキの自生北限地としてのものである。指定されたのは、どちらも大正一一年（一九二二）一〇月一二日である。大正八年（一九一九）に史跡名勝天然記念物法が制定され、その早い時期での指定であった。ツバキの自生北限地が天然記念物として指定された当時は、未だユキツバキが発見されていなかったので、ツバキといえばヤブツバキのことを指していた。「ツバキ自生北限地帯」として指定されたのは、青森県東津軽郡中平内村（現平内町）東田沢の椿山である。椿山は平内町より北西一二キロの夏泊半島の北端に位置し、野辺地湾に面した椿山神社の境内一帯で、面積一七ヘクタール、海抜五〜一〇〇メートルの丘陵で、主にミズナラ―ブナクラス域の夏緑広葉樹林（落葉広葉樹林のこと）で占められている。ヤブツバキの群生場所は、山林の海岸に面した傾斜地である。ヤブツバキ群落の北限にあたるので、国の天然記念物として、また風致保安林としても指定されている。

椿山のヤブツバキは全株約一万数千本といわれ、中には株状になっているものもある。大きいものでは目通り幹周囲二メートル（直径約六四センチ）、特に一〜一・五メートルのものが多い。高さは六メートル内外で、ヤブツバキとしては比較的樹高が低い。毎年五月上・中旬に開花する。ヤブツバキの群落の上層には、サワシバ、シナノキ、ハリギリ等の落葉高木も混生しているが、ほとんどヤブツバキで占められているところもある。下層の低木には、オオバクロモジ、マルバマンサク、サンショウ、キブシ等があり、草本にはタマブキ、ウマノミツバ、ハエドクソウ、キッコウハグマ等があるが、ヤブツバキの密生しているところでは、樹林内が暗く、下層は植生に乏しい。

椿山のヤブツバキは天然分布とみられているが、異説もあり、柳田国男は民俗学の立場から東北のツバキのひろがりは、移住者あるいはイタコとよばれる盲目の女信者によって実や枝が運ばれて根付いた可能性のあることを指摘している。

しかし、後に述べる菅江真澄の記述と同じころの『津軽俗説選』には、「考ふるに伊勢国河曲郡に椿社あり、祭神猿田彦命也、当国の一宮也と、猿田彦ノ神は恋慕・結縁の神也、然れば椿の縁にて此命を祭りしを誤り伝えしものなるか」とあり、柳田の説にはやや否定的な記述となっている。

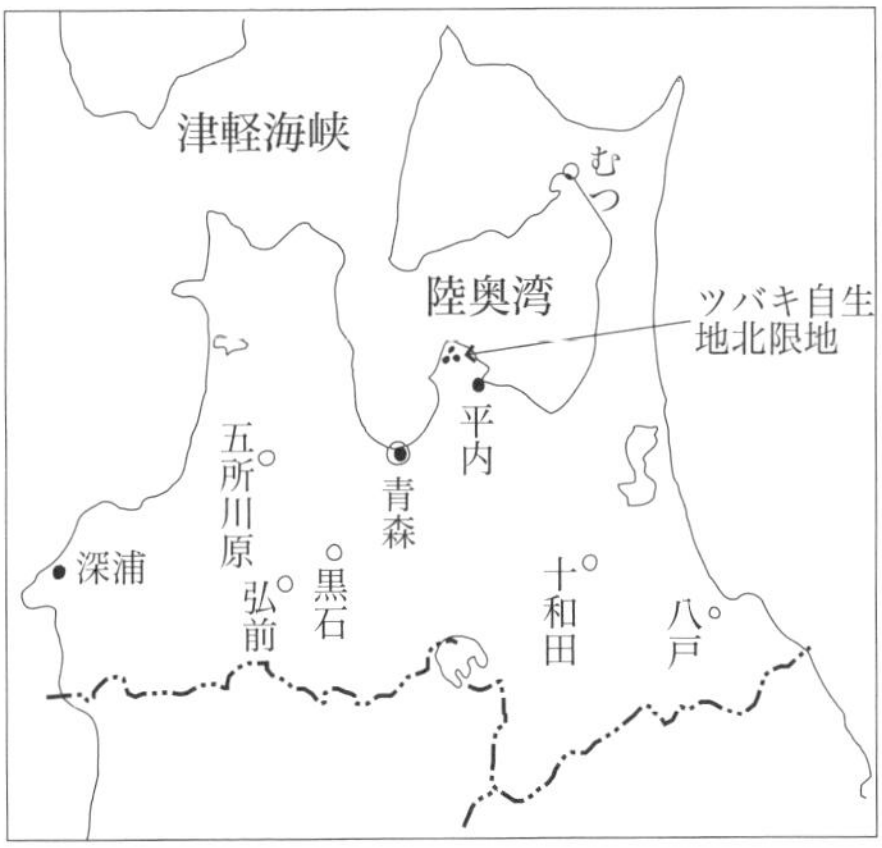

天然記念物指定のツバキ自生北限地の位置図

菅江真澄は寛政七年（一七九五）三月二二日から、津軽の夏泊半島に椿崎というおもしろいところがあると、かねてから聞いていたので、今ごろ花が咲いているだろうと見にでかけたときの記録を「津軽の奥（一）」（菅江真澄著、内田武志・宮本常一編訳『菅江真澄遊覧記　三』東洋文庫、平凡社、一九六七年）に記している。三月二三日には夏泊半島の東側にあたる平内町の弁慶内から田沢のあたり、つまり夏泊半島の東側を南から椿山へと歩いていったのである。

穴沢という崖に椿が一本咲いていた。これはむかし、ほかの浦の人が椿を椿崎から盗んでここまで来たところ、海がきゅうに荒れて風雨が激しくなってきたので、下草をひろっても祟りをなされる神（椿明神）なので、椿を惜しんでのことと思い、その実をどこに植えようかと恐ろしくなって、ここに捨てたのが生い茂ったのである。枝葉さえ、もとの友を慕うのか、椿崎（現在の椿山のこと）の方向にばかりふしなびいていた。このような例があるので、一枝さえ折る人もないのだと、道を行く人はこの椿を見ながらとおっていった。

そして菅江真澄は雨に降られ、浦長（うらおさ）のもとで宿を借りた。同二六日、海もなぎ、空も晴れたので、早朝に椿崎を見に出掛けたのである。

田沢の浦の部落からしばらく行って、道を離れて崖をくだると、波の寄せる岸辺からほんのわずかばかり遠ざかった磯山に、年を経た椿がびっしりと生い茂っていた。これは二月の雪がやや消えるころから、だんだんに咲きはじめるのだという。いま、三月の末ごろには、花はなかばほど咲いているが、紅色をふかくふくんだ花は稀なようで、それが朝日の光にまばゆく映え、においは潮とともに満ちあふれている。毎年四月八日ごろはいつも満開で、近辺の人々はさそいあい、歩いてきたり、あるいは舟でここに渡り、花見をするという。きょうの空はのどかに霞んで、朝なぎに、たくさんの椿の咲いた景色は、有名な巨瀬（こせ）（注・『万葉集』にでてくる大和国の椿の名所）の春野の椿も、とうてい及ばないであろうと思った。あちらこちら、散った花を拾い、それを吸って遊ぶ子供らを友として、わたしもわけめぐり、わけいり、小川の流れ岸にある椿明神という祠にぬかづいた。

菅江真澄はまことに具体的に、夏泊半島の椿山に咲く椿を描写してくれている。ありがたいことである。

菅江真澄におくれて弘化元年（一八四四）の春に旅した松浦武四郎は『東奥沿海日誌』のなかで、「小石浜を暫く行くと椿山。此山一山椿木斗（ばかり）にして中に松二〜三株立てり。余が通りし八三月二十一日成りしが、花も少し咲ける故に山蔭なる雪に映りて一しほ景色おもしろかりし也。下に小祠有」と記している。

日本海側自生地北限の男鹿半島

もう一つの自生北限地（日本海側）は、秋田県男鹿市船川港椿である。男鹿半島南部、本山南麓に位置し、東の金崎、西の館山崎に挟まれた湾に面する。藩政時代は椿村といわれ、海岸線まで山が迫り、東の台島村、西の双六村とは山道で結ばれていた。海岸に能登山と称される小さな丘があり、一面にヤブツバキが自生している。そのうち面積四七〇平方メートルという小さな区域に生育しているヤブツバキの群落が、国の天然記念物に指定されている。大正一一年（一九二二）の指定当時の調査によれば、ヤブツバキの生育本数は約一〇〇本だという。最大のものは目どおり周囲八八センチで、ほかに六八センチのものがあり、六〇～三〇センチのもの三十数本、のこりは三〇センチ以下だとされる。

ヤブツバキが優先しているほか、エゾイタヤ、カスミザクラ、コナラ等が生育し、海岸風衝(ふうしょう)低木林状を示している。草本層には常緑のカブダチジャノヒゲ、キズタ等がわずかに見られる。風衝低木林は、風が常に吹きつけることによって、普通の状態であれば高木林か亜高木林まで生育できる樹種が、風の影響によって成長が阻害され、樹高の低い林ができあがったものである。海岸林で風がよくあたる海側の樹木の樹高が、内陸部に比べて相当低くなっているところを見かけるが、その林の樹高の低さが風衝被害をうけている状態である。長い冬の風がおさまる四月ごろになると、椿の濃い花の紅と緑の葉が力強い春を感じさせてくれる。

『絹篩(きぬぶるい)』には、「村の中に岩の小山あり能登釜と云。岩の上に悉く椿生ひ茂り岩山の高さ七八丈余あり。人上ることを禁ず。強て登れば恐怖ことありと云。旱魃(かんばつ)の時村中の者登りて雨を乞ふに印ありと云。この岩山往古能登国尼ケ崎と云処より流れ来りしと云ふ」とある。椿にまつわる村の娘と能登国の若い船乗りとの悲恋伝説が残されている。

菅江真澄は文化元年（一八〇四）八月に、この地を訪れたことを「男鹿の秋風」（菅江真澄著、内田武志・宮本常一編訳『菅江真澄遊覧記　五』東洋文庫、平凡社、一九六八年）に記している。現在の国の天然記念物に指定された船川港椿への途中、生鼻崎（おいはな）にあった太平城（脇本城）域の天満宮で椿を見た。「いつのころ植えられたものか、細葉の海榴（つばき）という古木があった」と記している。

> つづらおりの山路をなかば下ると、すばらしい眺めだった。椿の浦というところに中山というちいさな磯山がある。そこは椿ばかりが生い茂っていた。（中略）この出羽の八森山に近い浦を椿とよび、むかしは磯山のかげにびっしりと生い茂っていたという。ほかの国にもおなじ名が多くあった。三崎山のように、椿は海辺に生えるものであろうか。海石榴（つばき）の中国名も知られている。伊勢の国に椿明神という神があるように、どこでも神として斎（いわ）いまつっている。

ヤブツバキの分布は暖地の常緑広葉樹林帯に主体があるが、東北地方の日本海側では暖流の対馬海流の影響をうける温暖で積雪の少ない海岸部を北上している。秋田県では中央部以南の沿岸部のタブノキ群落、シナノキ―エゾイタヤ群落や二次林、スギ植林地などの林床にやや普通に生育している。

男鹿半島のヤブツバキは、指定地周辺の林床に普通に認められ、また半島の西側や北側海岸に見出されており、さらに断続的に青森県まで分布している。

天然記念物の指定はないが、平内町の椿山と男鹿市能登山のヤブツバキ群落を結ぶものに、青森県深浦町艫作（へなし）の椿山がある。通称艫作（へなし）の椿山とよばれるここは、ヤブツバキの自生北限地の一つである。青森県の最も西にある深浦町のさらに最西端の艫作崎（へなしざき）の海上に突き出した椿山とよばれる、標高六〇メートル、東西三〇〇メートル、南北二五〇メートルという小さな山にヤブツバキはみられる。そこはＪＲ五能線艫作（へなし）駅南二キロのところにあたる。ここのヤブツバキは昔から人手がほとんど加えられず、自然のままで生育しており、学術的価値が高い。現在は椿山の南側にだけヤブツバキ林が発達しているが、昔は全山がヤブツバキに覆われ、花のころは沖を行く船の目印になったという。文久年間（一八六一〜六四）の山火事により、現在の姿となった。さらにこの山には北限のエノキも自生している。ここから南の秋田との県境となっている岩崎海岸にかけてもヤブツバキが多い。

ここにも菅江真澄は寛政八年（一七九六）七月に訪れたことを「外浜奇勝（二）」（菅江真澄著、内田武志・宮本常一編訳『菅江真澄遊覧記　三』東洋文庫、平凡社、一九六七年）に記している。

　艫作(へなし)の崎というのは沖のほうから見ると、ずっとさしでているようであるが、その地にきてみると、そうも見えない。（中略）椿崎とも海榴(つばき)山ともいう磯山がここにある。荒磯の波は高い岩のうえの苔にうちあげ、見下ろすのもあぶない心地がする。ちいさい鳥居をくぐると、へつくれ明神といって澳玉命(おきつたまのみこと)をまつる社があった。むかしここに韓国(からくに)から船が漂流してきて、破損したその船の艫(へ)を造りなおして漕ぎかえった。そのころは海榴(つばき)がたいそう多く、岩の間ごとに生えて、花盛りのころは朝日、夕日にまばゆうほど波に照り映え、満ちてくる潮も紅に染めたのであったが、近い世のことであったか、出羽の国男鹿半島からたくさんの鹿が海を渡ってきて、餌の乏しい冬の頃から春にかけて雪の中で食いあさり、すっかりなくなってしまった。近年になっては実ばえ、ひこばえばかりが多くはえてきた。しかし、ふるい梢も、ところどころにまじってたっている。

菅江真澄がここを訪れたときは、鹿の食害からようやく回復しかけた時期であった。真澄が見たのは、年を経た木のわずか七〜八本が波のよせる岩の間に生い立ち、あとはささやかな椿が多かったのであるが、その後に山火事にあって被害を受けている。椿自生地北限地が天然記念物として指定されたのは、山火事の被災から六十余年後のことであり、成長のおそいツバキのことだから、椿林としては未だみるべき姿を回復していなかったのであろう。国の天然記念物として指定された秋田県の男鹿半島の椿林よりも北側に位置しながら、なぜ艫作（へなし）の椿山が指定されなかったのかの疑問は、これで解決できた。

房総半島九十九里海岸の南端に位置する千葉県夷隅（いすみ）郡大原町（現いすみ市）の伊能地区は、ヤブツバキの古木の群生地として、またその花形、花色の多彩な点においても近年見直されている。ここでは、生け垣、並木、防風林、椿油の原料として、地域住民の生活に密着した木であったので、町の花に指定されている。

北陸の椿林

富山県氷見（ひみ）市では、雑木林や杉林の中にヤブツバキやシロダモ、ヒサカキ、ヤブコウジがあれば暖帯林とみなし、イタヤカエデやミズナラ、時にブナがあれば温帯林と考えられている。氷見市にはヤブツバキの木ならどこでも見られるが、大群落はない。ヤブツバキは開発が届かない神社林か、谷間の崖辺りに数本から数十本の木立として生き残っている。この地方では一般に山地の標高八〇〇メートルくらいから冷温帯のブナ帯となり、ユキツバキがみられる。ヤブツバキとユキツバキの中間種にあたるのがユキバタツバキである。生育地も中間で、氷見市では標高二〇〇～三〇〇メートルぐらいと予想されるが、杉の植林で生育地はほとんどない。氷見市の南西部で福岡町との境にあたる大釜山（五〇二メートル）を水源として、ほぼ市域の中央を流れる上庄川上流の土倉川周辺の丘陵地にはユキバタツバキの群生地がある。ユキバタツバキは雑木林の葉が開く前に開花する。低木で斜めに立ち、花はヤブツバキに比べて大きく開く。林床にはツルシキミやトクワカソウなどがある。

能登半島の先端部にある石川県珠洲（すず）市では、海岸、平野、低山の至るところにヤブツバキは生育し、市の花となっている。なお、ヤブツバキは能登の近海地に普通に見られる。一重の花が平開せず、三月から五月にかけて咲き続ける。標高五〇～七〇メートルのところにある馬緤（まつなぎ）町の春日神社の社叢林は、北東向きの急斜面でタブノキ（大木が多い）、モチノキ（大木が多い）、アカガシなどのタブノキ林であるが、ヤブツバキも多い。標高八〇メートルのところにあたる笹波の八幡宮の社叢林は東向きの急斜面で、大木のスダジイ、大木のウラジロガシ、タブノキ、ユズリハなどの常緑広葉樹と、大木のイヌシデ、大木のアサダなどの落葉広葉樹の混交林で、ヤブツバキが多い。

徳保の千本椿とよばれる森林は、標高八〇メートルの北東向き緩斜面で、高木層はタブノキ、ヤブニッケイ、エゾイタヤ、ケンポナシ、ケヤキが占め、亜高木層はヤブツバキ、シロダモとなっている。タブノキとヤブツバキを主木としたほとんど人工の加わらない自然林である。灰庭（はいにわ）神社の社叢林は標高一〇〇メートルの南東向きの緩斜面で、海の影響を受けることが比較的少なく、やや高いところにあり、スダジイがタブノキより多く、ヤブツバキとともに林の主木となっている。

『珠洲市史　第一巻　資料編』（珠洲市史編さん委員会編、珠洲市役所、一九七六年）は、珠洲市に自生し、または植栽されている樹木のなかから、特に老大木、名木、奇木と思われるものを探し、イチョウ、スダジイ、ケヤキ、クスノキ等九〇種をこえる樹木を表に取りまとめている。そのなかにヤブツバキが六本とりあげられているので、引用する。

珠洲市のヤブツバキの老大木等

（所在地）	（胸高周囲）	（高さ）	（摘要）
宇治・本龍寺	一九八センチ	七メートル	樹容端麗

高屋・徳保八幡神社	一五八センチ	一二メートル	他に数十株
寺家・須々神社	一一〇センチ	六メートル	国指定天然記念物社叢内、他に数株
馬緤・春日神社	一〇五センチ	八メートル	
片岩・白山神社	一〇一センチ	六メートル	
灰庭・灰庭神社	一〇〇センチ	八メートル	

ヤブツバキと同じツバキ属のサザンカも、胸高周囲が七〇センチ、八五センチ、一一〇センチのものが三本取り上げられている。

中国・四国地方の椿林

山口県萩市は日本海に面しており、島嶼が多く、冬季には季節風が吹きつけて、背の低い海岸風衝林が各地に残っている。これらの林はヤブツバキのほか、ハマビワ、トベラ、マサキ等の海岸植物で構成されている。指月山（一四四メートル）は萩市の市街地となっている阿武川デルタの西北端にあり、面積は約一九ヘクタールある。もとは日本海中の島であったが、砂州によって陸とつながったものである。山麓に毛利氏によって萩城が築かれ、山頂に詰丸が設けられた。これにより近世は城内林として、明治以降は公園として保護されたため、登山道以外の山林はほとんど手が加えられなかったと思われ、山全体が美しい常緑広葉樹林に覆われている。現在は国指定天然記念物として、北長門海岸国定公園第一種特別地域として保護されている。上層木にはスダジイ、タブノキ、クスノキ、クロガネモチ等があり、その樹下にヤブツバキが山麓から山頂まで生育している。

萩市椿東越が浜に、笠山（一一二メートル）という山をもつ日本海に突き出した小さな半島がある。溶岩の噴出でできた台地状の火山で、頂上の小火口は径三〇メートル、深さ約三〇メートルで、日本最小の噴火口といわれる。藩政時代には伐木や狩猟が禁止され、原始林状態であったが、維新後それが緩み伐採開墾がすすみ、牛の放牧もあったため、原生的自然はほとんど消滅し、二次林となっている。二次林の上層にあたる高木層はエノキ、ムクノキ、ケヤキ、ハマセンダンといった落葉広葉樹で、その下の亜高木層には常緑のヤブツバキが多い。低木層にもヤブツバキが多く、アオキが優勢なところもある。昭和四五年（一九七〇）にツバキの調査に訪れた渡邊武は、きちんと整備すればツバキの名所として成り立つと萩市に助言した。これをうけて萩市は、海岸線の虎ケ崎付近で道路の拡張整備と二次林の高木層から低木までの樹木を伐採し、草本類も除去してヤブツバキのみを残した。現在では一〇ヘクタールに、ツバキ二万五〇〇〇本が群生する見事な椿林となり、椿公園として観光に供されている。

なお、萩の地名は秋の七草の一つである萩を連想されそうだが、じつはツバキが語源で、ツバキ→ツハギ→ハギに変化したとの説が有力だとされる。萩市内には椿町をはじめ、椿東（ちんとう）、椿西（ちんぜい）、椿谷などの地名があり、平安時代に編纂された『延喜式』に記載されている「椿木（つばき）」という郷に由来するといわれている。

高知県土佐清水市の足摺岬は、椿の名所として知られている。ヤブツバキが主体だが、ヤクシマツバキ（リンゴツバキ）の系統も交じっており、花の形や開花時期、葉や果実の大小などの変化が大きく、観光的にも研究のためにも重要な場所となっている。津呂、大谷集落は海岸段丘の上にあり、ここにある民家の生け垣は、ヤブツバキ、ハマヒサカキ、ネズミモチ、マサキ等でつくられ、見事なものである。

海岸段丘斜面は自然林となっており、優先種はシイ、タブ、ウバメガシであるが、その中にトベラ、ツバキ、ハマヒサカキ、タイミンタチバナ等が混じている。足摺半島に見られる植物は、クロマツ、アコウ、ウバメガシ、トベラ、ツバキ、サザンカ、ネズミモチ等で、海岸に近くて比較的標高の低い白皇山（しらおう）（四三三メートル）一帯に、老齢で巨樹が生育している天然林がある。半島の先端部はヤブツバキとヤクシマツバキの群生地となっている。

足摺岬は高知県の南西で太平洋に突き出した足摺半島の先端部で、はじめ蹉跎（さだ）岬・足摺崎とよばれたが、足摺岬の一般化により昭和四〇年（一九六五）市議会で字名を足摺岬とすることに決め、統一された。花崗岩の隆起海岸で、三段からなる海岸段丘の下段が広く、ツバキ、ウバメガシ、タブノキなどの常緑広葉樹が樹海をつくっている。足摺・宇和海国立公園の一角をなしている景勝地である。足摺岬のツバキは、田村虎彦が『紀行文』のなかで見事な文章で紹介している。

足摺岬の台地をおおう椿林は美事である。そそり立つ数十尺の断崖絶壁と、その絶壁の根の岩石をかむ波浪の飛沫を見て岬をまわると、道は、たちまちキラキラと明るい陽ざしがこぼれおち、いり交じった明暗のやわらかさが、私をつつんだ。私が歩んだ日、それは緑のトンネルであった。だが春の日にはおそらく美しい椿の花のトンネルとなろう。それを思うだけでも、私は心が花やぎ和むものをおぼえた。

幾廻りしているうちに、トンネルはふととぎれ、眼前には、また、そそり立つ断崖絶壁がせまり、蒼い海が眼下にひらける。

海と波浪と絶壁、ふりかえると、台地をおおった椿の林、相反する二つの極のように相反しながら、その二つの美がたがいに美しさをきそいあい、美の渦巻きとなって融けあって、さらに大きな美しさの中に岬をつつんでしまっているのに私は気づいた。

足摺の大岐の砂浜にある防風林は、長さ約一・七キロ、幅三〇〜五〇メートルで、海に面する側はクロマツが多いが、反対側にはタブノキ、イスノキ、ヤブニッケイやツバキが混じっている。千尋崎は約三キロ太平洋中南に向かって突き出した優美な半島で、最高部は一一一メートルで、この半島では全体が人為的な更新が行われており、天然林はどこにもない。生育している主な樹種はウバメガシ、シイ、ヒメユズリハ、ツバキ、カンコノキ、ハマヒサカキ等である。

島嶼の椿林

三浦伊八郎は『椿春秋』（三浦伊八郎著・発行、一九六五年）の中で、伊豆大島を「東の椿島」と呼んだ。なお「西の椿島」は長崎県五島列島の一つ久賀島（ひさかじま）をいう。「北の椿島」は陸中海岸にあたる岩手県陸前高田市広田町根崎の沖合にある椿島のことである。

陸前高田市の椿島は広田半島の南端、広田崎より南東約一キロの海上にうかぶ花崗岩の小島である。宝暦一一年（一七六二）の『気仙風土草』には貝鳴（かいなり）島とあり、ヤブツバキが多いことから俗に山茶樹（つばき）島といい、弁財天が祀られる女人禁制の島であった。島名が示すように、以前は全島ヤブツバキに覆われていたが、今はウミネコやその他の海鳥のため樹木の大部分が枯れ、イタドリ、ヨモギ、イネ科植物のみが茂る。椿島ウミネコ繁殖地として国の天然記念物に指定されている。

長崎県の対馬では、椿は海岸部や山中のいたるところに自生している。対馬市厳原（いずはら）町豆酘（つつ）にある多久頭魂（たくつだま）神社では、ヤブツバキが社叢を構成する重要な樹種となっており、林の中には高さ一〇メートルに達する巨木もみられる。

島のツバキといえば、まず思い浮かべられるところは伊豆大島であるが、大島に限らず伊豆の七島にはツバキが多い。伊豆七島は東京都大島支庁管内であり、大島、利島（としま）、新島（にいじま）、神津島（こうづしま）、三宅島（みやけじま）、御蔵島（みくらじま）、八丈島（はちじょうじま）の七島とこれに付随する小島とで構成されており、面積は一万四七〇〇ヘクタールで、富士火山帯に属する島々である。

昭和三四年（一九五九）末現在の大島支庁管内の椿林の面積と昭和五年（一九三〇）ごろの椿林の面積を農林省山林局に報告した数字を、利島村編・発行の『利島村史　通史編』（一九九六年）が掲げているので、参考のためその面積と島の面積に占める椿林の率をカッコ内に記す。

伊豆諸島の椿林の面積の推移

	昭和三四年末現在	昭和五年頃の椿林と比率（島の面積に占める割合）
大島町	三一一ヘクタール	（五〇〇町　三五・五％）
利島村	一七〇ヘクタール	（一〇〇町　七・一％）
新島本村	二〇七ヘクタール	（一五〇町　一〇・六％）
神津島村	七三ヘクタール	（一〇〇町　七・一％）
三宅島		（三〇〇町　二一・三％）
御蔵島		（一〇町　〇・七％）
八丈島		（二五〇町　一七・七％）
計	七六〇ヘクタール	（一四一〇町　）

昭和三四年（一九五九）現在では、大島は四つの島のなかで椿林の面積は最大であるが、ほかの島々でも相当な面積の椿が生育していたのである。昭和五年（一九三〇）に大島町・利島村・新島本村・神津島村の四つの島の椿林の面積は八五〇町歩あったものが、昭和三四年には七六〇ヘクタールと、約三〇年間

におよそ一〇%の減少をみている。

大島の椿林の減少は、昭和五年頃の見込面積が過大であったことと、開発による宅地や農地への転換があった結果によるものである。そのほかに、畑や家屋の防風林、街路樹としての防風林的効果を期待して植えているものがある。椿林は火山の影響もあり、標高四〇〇メートル以下のところにある。大島の椿林は北東部の泉津財産区公園付近と、元町の山腹にまとまった面積のものがあった。ツバキは島の海岸地帯に比較的密生し、山の中腹までのものは椿油を採取することを目的として、ツバキだけを残して他の樹木を伐採して作られたものが大部分とされている。ツバキの花は一月下旬ごろから艶やかに咲きじめる。泉津の北には、樹齢二〇〇年におよぶ古木が約一〇〇メートル続く並木があり、丈の高いツバキが左右から枝をさしのべてツバキトンネルをつくり、下の路上は落下した花で真紅の花莚を敷いたようになる。その中ほどには、幹周り二・〇二メートル（直径約六四センチ）、推定樹齢三五〇年の古木がある。そのほか差木地や波浮などの地区にもツバキの並木やトンネルがみられる。

利島ではヤブツバキの植林地が圧倒的に広い範囲を占めており、その中に点々とスダジイ、タブ、オオバヤシャブシ、スギ、ヒノキの植林地があり、集落と耕作地は北端に固まっている。利島の椿畑は海岸崖地付近から、上部は宮塚山山腹の標高三〇〇～四〇〇メートルにまで広がっている。ヤブツバキ植林地は、江戸時代より山裾から段々畑状に植え続けられて、宮塚山の全山が椿山と見まがうほどになっている。ヤブツバキの植林は利島のほか、大島、新島、式根島、神津島、三宅島でもみられるが、いずれも小規模なもので、利島での広さと質におよぶところはない。

西の椿島は長崎県の五島列島の一つ、久賀島である。五島列島は西から福江島、久賀島、奈留島、若松島、中通島という五つの島と、それに属する小島からなっており、どの島にもヤブツバキが生育している。

なかでも久賀島が最も椿林が多い。久賀島は現在は五島市に属している。久賀島の中央部には北に開いた久賀湾があり、これを囲んで最高峰三五九メートルの急峻な丘陵地となっている。久賀島では古来から椿油を絞っており、ヤブツバキ、クスノキ、シキミは特用樹として保護され、伐採した者は罰金を徴収するという不文律があったと伝られている。この島では天然林の中に生育しているヤブツバキの混交率が高いため、他の樹木を伐採・除去すればヤブツバキの純林が比較的たやすく造成できる。ツバキが集団で椿林をつくっているところが、島の北東部にある蕨(わらび)集落周辺や、南部の亀ケ原集落周辺、長浜集落周辺などおよそ四か所にある。島の西南部の黒河原にはツバキ原生林(自生地)があって、長崎県の天然記念物に指定されている。

ヤブツバキの園芸品種の一つである「玉之浦」は、花びらが白く縁取りされた白覆輪の美しい花である。その原木は福江島の旧玉之浦町(現五島市)の父岳(四六一メートル)の中腹に自生したものが、昭和二二年(一九四七)に炭焼き業者によって発見された。昭和四八年(一九八三)に長崎で開催された全国ツバキ展に出品され、一躍愛好家の注目を浴びた。この花が世に広まると、現地を訪れる者が相次ぎ、心ない人に乱獲され、ついには天然記念物に指定されるレベルの原木が枯れてしまった。

ユキツバキの発見とその生育地

ユキツバキが発見されたのは、昭和二〇年(一九四五)のことである。ツバキと日本人の関わりは古く、『万葉集』が編纂された天平宝字三年(七五九)から数えてもおよそ一二〇〇年近くなる。温暖な地方を生育地としているヤブツバキの真紅の花は、人々の生活の場の近くにある目立った存在であった。一方、ユキツバキは、豪多雪地帯で生育しているため、花も果実も小型である。このためユキツバキは、ヤブツバキが日本海側の冬季の気候に適合しないため発育が遅れたと、該当地域の人たちは考えていたのであろうか。

ユキツバキの生育地は、北は秋田県田沢湖周辺から南は滋賀県の琵琶湖の北東部にあたる余呉町の椿坂峠周辺にかけての、日本海側山地の豪多雪地帯である。日本の豪雪地帯のうち積雪量の多いところは、一般の人は新潟県の上越市付近のことだと理解している節があるが、意外にも日本で最大の積雪量を記録したのは滋賀・岐阜県境にある伊吹山（一三七七メートル）の山頂部で、昭和二年（一九二七）二月一四日に観測された一一・八二メートルである。もちろん世界記録である。当時、この山頂部には気象台の測候所が設置されており、その実測値である。

滋賀県でも琵琶湖の北部を東西に横切る高島市と長浜市を結ぶ線は、本州中央部の最も狭い部分で、冬季の北西風の通り道となっているため、その北部は豪雪地帯となり、積雪量は山間部では三メートル以上となる。椿坂峠は伊吹山地の西側にあり、滋賀県と福井県をむすぶ旧北国街道（現国道三六五号線）の標高四九七メートルの峠で、滋賀・福井県境の山地のただ中にあり、豪雪地帯の西端の一部となっており、冬季はしばしば積雪による交通止めとなる難所となっている。

岐阜県大野郡白川村椿原は、県北の椿原ダムの西側にあり、そこの八幡神社の社叢はユキツバキの自生地で、ユキツバキ西南自生地の重要地域の一つとなっている。

ユキツバキの発見記を本田正次が『朝日百科　世界の植物』（朝日新聞社、一九七八年）に載せているので、要約しながら紹介する。

昭和二〇年（一九四五）六月五日の早朝、本田正次は東北本線水沢駅に到着した。鳥羽源蔵と岩渕初郎の案内のもと、岩手県胆沢郡若柳村（旧胆沢町＝現奥州市）の猿岩といわれる岩山に向かった。本田は、かねてから猿岩に変なツバキが生えているから見にきてくれないかと頼まれていた。現地に到着すると、付近のブナ林の下には、変なツバキが花盛りであった。幹はみな斜めに寝ているので、雪のためのものだろうと本田はまず考えたが、三〇センチ足らずのものもみな同じであった。花の大きさはヤブツバキ程度で、色もヤブツバキと変わらない。満開の花は平に開いて、サザンカを思わせた。花弁の先が深く浅く裂けているのが目につく。雄しべがかなり根元まで離れている点は、ヤブツバキの完全な単体雄しべとはっきり違う。花糸の色が葯と同様硫黄色であることはヤブツバキにはない特徴である。葉にもいろいろ違った点がみられた。これだけの確証を握った本田は、現場でヤブツバキとはまったく違う品種と直感して再び東京に帰った。

現地調査が終わってから七〇日後、戦争が終わった。当時、新種を発表しようにも学術発表の機関はまったくなかった。そこで本田は彼の主宰している学術雑誌『生物界』に、産地にちなんでサルイワツバキと名付けて、昭和二二年（一九四七）六月二〇日の同誌に記載発表した。

植物学界や園芸学界の注目を引いたのか、発表後続々と採取者や研究者があらわれ、産地が広まった。ヤブツバキの変種または亜種と考える学者も出て、学名に多少の動きがあった。ところがそのツバキは、昭和一一年（一九三六）八月に柳田由蔵がヤブツバキの新変種として発表しているユキツバキと同じものであることがわかったので、その後はこれをユキツバキに統一することにされた。

ユキツバキは学者によって、ヤブツバキの別種とするもの、ヤブツバキの変種とするもの、ヤブツバキの亜種とするものがあり、それぞれ異なった学名が付けられている。

ユキツバキの丈が低く枝の折れない形質は、日本海が生まれ、対馬暖流が北上するようになり、日本海側が暖かくなってからの比較的新しい適応であろうと考えられている。ユキツバキの化石はまだ知られていない。

ユキツバキは高山にまで生育することができ、桐野秋豊の『色分け花図鑑　椿』（学研、二〇〇五年）は富山県での垂直分布を例示している。それによると標高一〇〇〜二〇〇メートルまではヤブツバキが直立した高木の形で分布し、その上の四〇〇〜五〇〇メートルまではヤブツバキとユキツバキの中間型のユキバタツバキが斜め立ちの低木の形で分布し、さらにその上の一三〇〇メートルのところまでユキツバキが倒伏した形で叢生して分布している。ユキツバキの自生上限は富山県宇奈月町僧ケ岳（一八五五メートル）の一三〇〇メートルとされ、冬季は積雪五〜六メートルに保温・保湿されて過ごす。

ユキツバキの花芽の動きははやくて、雪が溶けるとたちまち蕾が膨らんで花が開く。里山では四月ごろ雪が溶けるので里山のユキツバキは四月には咲くが、高い山での溶雪は六月ころとなるので高山のユキツバキは六月末ごろに花が咲くことになる。ユキツバキの開花は雪次第で、標高の低いところと高いところでは二か月以上もずれることになる。

日本海側の福井県、石川県、富山県、新潟県および太平洋側の滋賀県では中間型のユキバタツバキが多く、本当のユキツバキは稀であるという。

新潟県は全国的にも知られた豪雪地帯であり、ユキツバキの産地となっている。県下のユキツバキは、新潟大学の萩屋薫教授らの努力で調査・命名され、多くの新しい品種が紹介されている。新潟県中央部を福島県から流下する阿賀野川流域にある東蒲原郡阿賀町の旧三川村東下条、旧津川町津川、旧鹿瀬町鹿瀬の民家や周辺の山地は、ユキツバキの原種や園芸種の宝庫で、数多くの園芸種が発見されている。信濃川下流域にある加茂市の加茂神社の社叢には、紅のユキツバキの原種が自生する群落がみられる。佐渡島では、海岸部の低地にはヤブツバキ、山地ではユキツバキがみられる。上越市の春日山城跡と春日山神社の

ユキツバキの西限地・滋賀県余呉町の椿峠

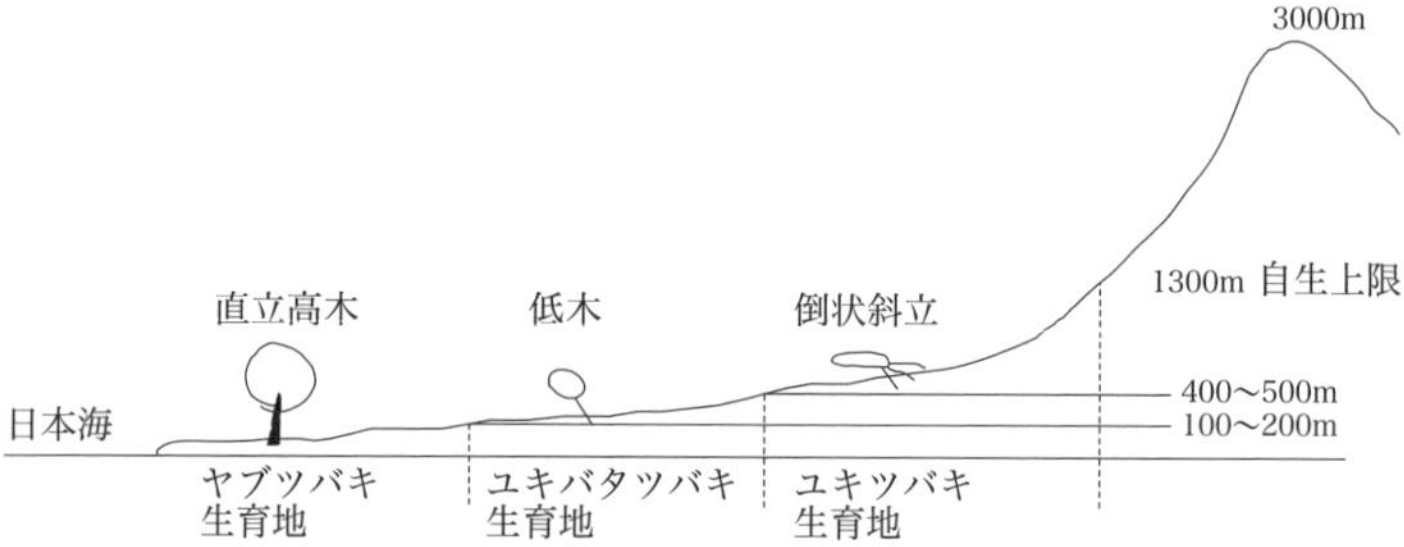

富山県におけるツバキ自生地の模式図

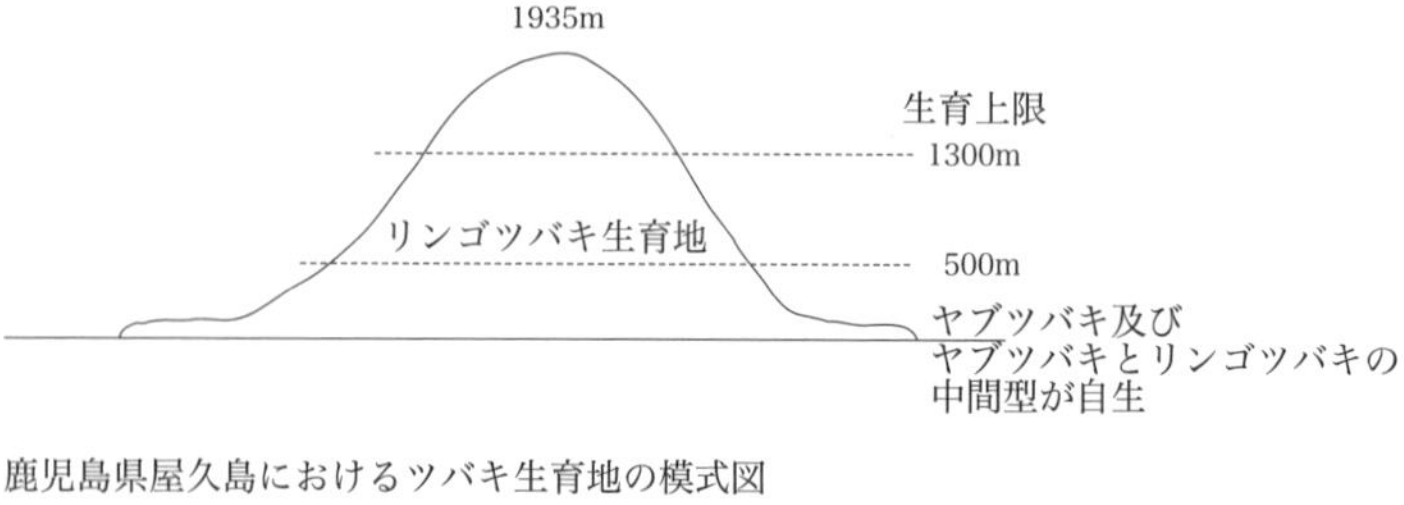

鹿児島県屋久島におけるツバキ生育地の模式図

社叢付近は、ユキツバキの品種が多いところである。

大橋英一は自身の著・発行の『未知への挑戦』（一九九一年）の中で、出身地の新潟県刈羽郡刈羽村のユキツバキについて「私の郷里の山はブナやケヤキの林が多いが、ブナやケヤキの大木の下にユキツバキが群生している。この辺の山の持ち主達は、よくこのツバキをねじ曲げて結び目をつくり、山の境界の目印にしていた。それほどこの木はしなやかで、しかも長寿である。この辺の山は毎年雪が三メートル以上も積もる」と述べている。

新潟県の西側に位置する富山県も降雪量の多いところで、婦負（ねい）郡八尾（やつお）町も、前にふれた新潟県の津川・鹿瀬に匹敵するユキツバキの宝庫である。新潟県との県境に近い新川郡朝日町周辺はユキツバキの品種に富んでおり、小川温泉の元湯から朝日岳の登山路を行くと、椿原というところがあり、ユキツバキの原種の群落がみられる。西部の石川県寄りの南砺（なんと）市内の旧福光町から旧城端町にかけての山間部は、ユキツバキの原種や園芸種、ユキバタツバキの豊富なところである。

ヤクシマツバキ（屋久島椿）とその生育地

ヤクシマツバキは別名リンゴツバキ（林檎椿）とよばれ、果実は大きく、直径五〜七センチとなり、果皮が非常に厚く、厚さ一〜一・三センチにもなる。果実は最大八センチ、果皮の厚さは二・五センチ、重さは一七〇グラムにもなり、下垂する。九月に熟する果実の表面は直射日光をあびると紫紅色を帯び、リンゴのように見えるので、リンゴツバキという。果実は大きいが、種子は黒くて小さい。葉はヤブツバキよりも小さく長楕円形で、鋸歯は低平で、冬芽はやや丸みを帯びる。果皮を形成するときに栄養の消耗が大きいため、結果は隔年となる。ヤブツバキでも南方の海岸性の果実は大きいが、果皮は薄く、果実の先端は凹入している。

ヤクシマツバキの花はヤブツバキよりやや小さく紅色、一重の筒咲きで平開せず、花弁の外側には絹毛が多い。開花は自生地では早いが、本州に移すと早咲きにならない。はじめ鹿児島県の屋久島で発見され、報告されたものである。

屋久島の海岸部には、ヤブツバキとヤクシマツバキ（リンゴツバキ）の中間型が自生している。中間型のツバキは群生して生育している。ヤクシマツバキは標高五〇〇メートルから現れ、五〇〇～一三〇〇メートル付近の山地に多く生育しているが、中間型のような群生ではない。五〇〇メートル以下では自生しない。沖縄諸島の山中にも点在する。そこだけでなく、西日本のところどころ、鹿児島県、宮崎県、高知県（足摺岬）、山口県萩市の笠山などからも、果皮の厚いものが分布していることがわかった。

屋久島にも海岸に近い標高の低いところにはヤブツバキも生育しており、ヤブツバキとヤクシマツバキとの中間型も多くある。ヤクシマツバキの花は、標高五〇〇メートル前後では三～四月、標高一〇〇〇メートル辺りでは四月中・下旬から五月上旬ごろとなる。果実は山の上下とも、九月上～下旬ごろに赤く美しいものをみることができる。

このほかに、台湾中部から沖縄諸島にはホウザンツバキ（別にタイワンヤマツバキともいう）が分布する。花はリンゴツバキに似て、小型の筒咲きとなり、雄しべも筒状であるが、果実は大きくない。花期は一二月～三月で、果実は六月～七月に熟する。台湾では標高一一〇〇～二三〇〇メートルまで自生する。

東北～中部地方の椿の巨木

樹木の大きさを表すのに巨樹あるいは巨木という云い方がある。昔から他の樹木に比べてずば抜けて樹高の高い木や太い木を巨樹とか巨木、大樹、大木と云ってきたが、それには明確な定義がなかった。昭和六三年（一九八八）に環境庁が全国の巨樹・巨木林を調査するにあたって統一した基準を定めた。現在ではこれが一般的になっている。巨木とは、地上一三〇センチの位置の幹周りが三〇〇センチ以上の木のことをいう。地上一三〇センチの位置で幹が複数に分かれている場合は、それぞれの幹周りの合計が三〇〇センチ以上あり、主幹の幹周りが二〇〇センチ以上の木のことをいう。

環境庁の調査報告によると、巨木の最も多い樹木はスギで一万三六八一本、二位はケヤキの八五三八本、三位はクスの五一六〇本である。本数が一〇〇本のものはデイゴで、その順位は三七位となっており、ツバキははるか下位である。それはツバキは森林の高木層を形成する樹ではなく、他の樹種の下で生活する中低層を構成する地位を選んだからである。他の樹木の下層で、少ない陽光で生活するため、肥大成長は極めてゆっくりとしており、なかなか太くならないのである。

他の樹種と比較すれば、必ずしも大きい木とはいえないが、ツバキの中で巨木と見られるものを拾い上げてみる。

○大船渡の福椿　岩手県指定の天然記念物　岩手県大船渡市末崎町泊里の熊野神社境内

樹高一〇メートル、地際から大小九株の幹が斜立しており、幹周り一・六〜一・二メートルが七本、

○・九五〜〇・四二メートルが二本。推定樹齢一四〇〇年

枝張りは南北に一六・五メートル、東西に一四メートル。かつては神社の三方面にツバキが植えられていたので、三面椿と呼ばれていたのであるが、現在では東の一本のみとなっている。花の見ごろは

三月下旬〜四月上旬。

○上代の椿　宮城県角田市上代

樹高八メートル、幹周り一・八メートル
○瑞芳院の大椿　山形県西田川郡温海(あつみ)町（現鶴岡市）鼠ケ関
樹高九メートル、目どおり直径一・二メートル、推定樹齢三〇〇年
○法幸の椿　栃木県指定天然記念物　栃木県芳賀郡益子町の西明寺
目通り周り二・三メートル、推定樹齢七〇〇年
寺伝によると、建長六年（一二五四）最明寺入道北条時頼が巡錫のとき、六坊を再興されたときの記念樹といわれている。現存するツバキの巨木のほとんどはヤブツバキであるが、このツバキは絞り咲きの園芸品種である。寺伝が本当だとすれば、日本のツバキ園芸種最古のものであり、また園芸種を植えたものの最古のものでもある。
○細田の大椿　長野県下伊那郡竜江村
樹高一二メートル、地上六〇センチの幹周り二・六メートル、推定樹齢五〇〇年
○老谷(おいだに)の大椿　富山県指定天然記念物　富山県氷見市老谷
樹高六・六メートル、幹周り三・五メートル、推定樹齢五〇〇年
平家の落人の里といわれる老谷の小高い丘の、中腹にある個人の墓地に生育している。根元は大きな空洞があり、地上一メートルあたりで三本に枝分かれする。枝張りは東西七・九メートル、南北一一メートルで、南北にやや広がっている。幹の上部で枝が幹にからみつき、枝と枝が癒着して連理となっている。別名「さしまたのツバキ」ともいわれる。言い伝えでは、無実の罪で打ち首になった武士の墓標代わりに植えられたといわれる。
○不動の大椿　富山県指定天然記念物　富山県氷見市長坂　個人の庭

樹高八メートル、幹周り二メートル
○勝又の大椿　石川県津幡市上勝又
樹高七メートル、幹周り三・三メートル、枝張り幅三メートル、推定樹齢六〇〇年
山の中腹の標高五〇〇メートルくらいのところにできた平坦地に生育しているヤブツバキである。近年発見された。親株と左右二本のひこばえが、根元で合体して一本になったものである。別に根続きのものが二本ある。源平の倶利加羅(くりから)合戦の時の死者を供養するために植えられたのではと推定されている。
○長良の玉椿　岐阜県指定の天然記念物　岐阜県岐阜市長良
樹高七メートル、幹周り二・四三メートル、推定樹齢七〇〇年

近畿〜九州の椿の巨木

○かららせんの椿　滋賀県大津市坂本町の十輪寺
樹高九メートル、地上四〇センチの幹周り一・二四メートル
○滝の椿　京都府指定天然記念物　京都府与謝郡加悦町（現与謝野町）滝字深山
樹高九・七メートル、幹周り三・二メートル、推定樹齢一二〇〇年
主幹は根元近くで二本に分かれる。枝張りは南北に一四メートル、東西に一三メートルにおよぶ。奥深い山の中に自生しているヤブツバキで、かつては近くの人たちが実から椿油を採るために、大切に育てていたという。このツバキは昔から紫椿の名で知られていたが、最近では花の色が濃い紫紅色であることから、黒椿の名で親しまれている。周辺はツバキ公園として整備されている。

大船渡の福椿
(大船渡市)
上代の椿
(角田市)
瑞芳院の大椿（鶴岡市）
法幸の椿
(益子町)
からちせんの椿（大津市）
滝の椿（与謝野町）
老谷の大椿
(氷見市)
勝又の大椿（津幡市）
不動の大椿
(氷見市)
連理玉椿（松江市）
大樹寺の有楽椿
(八頭町)
細田の大椿
(竜江村)
小国潮音寺の大椿（世羅町）
山中福田の椿（世羅町）
長良の玉椿（岐阜市）
福本の椿
(三朝町)
富貴の椿（高野町）
東山東の大椿（和歌山市）
吉原の大椿（東広島市）
猿田の大椿（伊予三島市）
伊予大瀬の大椿
(内子町)
仏厳寺の侘助
(熊本市)
鬼岳南麓の椿
(五島市)

椿　巨木の位置図

○東山東の大椿　和歌山県和歌山市東山東

樹高九メートル、幹周り一・七メートル、推定樹齢三〇〇年

○富貴の大椿　和歌山県伊都郡高野町

樹高一〇メートル、幹周り約二メートル

○福本の椿　鳥取県指定天然記念物　鳥取県東伯郡三朝(みささ)町福本

樹高六メートル、幹周り一・七メートル、推定樹齢二五〇年

三朝(みささ)温泉から国道一七九号線を南下し、岡山県との県境にちかい福本地区に入ったあたりの道路沿いにある。地上二メートル付近から大小多数の枝をのばし、こんもりとした樹冠を形成している。樹下に清水が湧き出す泉があり、むかしは山越えする旅人の休み場所となっていたという。

○連理(れんり)玉椿(たまつばき)　島根県松江市佐草町　八重垣神社

樹高八メートル、幹周り一・八メートル、推定樹齢四〇〇〜四五〇年

ＪＲ山陰本線の松江駅から車で約一五分のところに鎮座されている八重垣神社の境内にたっている。この神社は八岐大蛇(やまたのおろち)を退治した素盞嗚尊(すさのおのみこと)が稲田姫命(いなだひめのみこと)を娶り、姫を八重垣で隠したこの地に宮居したことから、縁結びの神として知られ、また美容のご神徳があるとされている。このツバキは姫が二本のツバキを地に立てて、それが芽吹き合体して一本になった愛の象徴と伝られており、幹が途中から二つに分かれている。夫婦ツバキともいわれる。

○吉原の大椿　広島県賀茂郡豊栄町（現東広島市）吉原

樹高六メートル、胸高周り一・八メートル

○小国潮音寺の大椿　広島県世羅郡世羅西町（現世羅町）小国の潮音寺

樹高八メートル、幹周り一メートル、推定樹齢七〇〇年

○山中福田の椿　広島県指定天然記念物　広島県世羅郡世羅西町（現世羅町）山中福田

樹高七メートル、幹周囲一・九メートル、推定樹齢一四五〇年

世羅西町は広島県の中央部やや東寄りの、標高四〇〇〜五〇〇メートルの世羅台地にある。このツバキは、土地の人が「かたちぐろ」とよぶこんもりとした丘の先端にある。主幹は地上一・七メートルほどのところで六本に分岐し、それぞれの枝がさらに小さく分かれ、美しい傘状の樹形をつくっている。枝張りは東西に九メートル、南北に八・五メートルにおよぶ。根元には木を囲むように五輪塔や宝篋印塔（ほうきょういんとう）が並んでおり、室町時代に戦いに敗れた武士たちの墓だと伝えられている。

○大樹寺の有楽椿　八頭（やず）町指定天然記念物　鳥取県八頭郡八頭町福地の大樹寺

樹高八・七メートル、幹周り一・九メートル、推定樹齢四〇〇年

旧郡家町の福地地区にある大樹寺の、石段の左側にある。枝張りは一〇・五メートル。

有楽というのはツバキの品種のことで、花は一重で、小ぶりである。京ツバキを代表する茶花であり、関東では太郎冠者とよばれる種類である。織田信長の弟で、茶人として知られた織田有楽斎も茶庭に植えていた。

○猿田の大椿　愛媛県指定天然記念物　愛媛県伊予三島市寒川山

樹高一五メートル、目どおり幹周り一・八メートル

○伊予大瀬の大椿　愛媛県喜多郡内子町大瀬

樹高一四メートル、幹周り四・六五メートルで、四国随一の大椿である。根元に旭権現を祀る石塔がある。かつては毎年例祭があって、よく保護されていたが、現在は手入れが行き届かず樹勢が衰えて

いる。

○仏厳寺の佗助　熊本県熊本市京町の仏厳寺

樹高一〇メートル、胸高の幹周り〇・四メートル、推定樹齢四〇〇年

○鬼岳南麓の椿　長崎県五島市崎山大窄（おおさこ）

樹高一四メートル、幹周り二・五メートル、推定樹齢四〇〇年

五島列島の福江島の東南部にあり、当該地方では現存する日本最古の椿と考えられている。およそ四〇〇年前に防風林として植えられた三本のうちの一本である。椿の島の福江島では、風除けのために椿が利用されてきた。福江島の東隣にある久賀島（ひさか）（旧福江市久賀島地区）は、椿の天然林が残っていることで知られている。幹周り二・六メートルの巨大椿があり、これが長崎県下最大の椿と云われている。この群落のほかに、幹周り一・五メートルほどのものが一六本あり、五島列島の椿の大木ベスト七がすべて久賀島にあるという。

久賀島のヤブツバキ林のなりたちについて戸井田克巳は「青潮の民俗」（近畿大学民俗学研究所編・発行『民俗文化』第一七号、二〇〇五年）のなかで、久賀島やぶつばき会の会長を務める藤原徳良の「ツバキの群落がここにあるのは、大陸から海流に乗って、ツバキの実が流れ着いたからではないか。まず海岸部に群落ができ、しだいに島全体に広がっていったのではないか」と、対馬海流と椿の関係を記している。

第二章　記紀・万葉時代の椿

五千年前に鳥浜貝塚で椿樹を利用

ツバキ（椿）は北海道を除き、細く長く連なっている日本列島の、北は青森県から南の沖縄県まで、海岸部から内陸まで広く自生し、濃い緑の葉の枝先に春先に赤く大きな花を開く樹木である。日本人と深く関わり、生活と歩みを共にしてきた樹木である。約五〇〇〇年以前の縄文時代前期から、材の性質を生かす使われ方がされてきた。縄文時代の代表遺跡の一つ福井県三方（みかた）郡三方町の鳥浜貝塚では、数種類もの使われかたがされていた。

鳥浜貝塚は福井県西部の若狭湾に接する三方五湖の中でも、もっとも上流にあたる三方湖の南東隅で、三方湖と鳥浜湖（古三方湖）を区切る岬の先端の南側にある。鳥浜湖は現在干拓されて農地となっているので、正確には三方湖の湖岸にあたる。ここは北方で若狭湾側にある丘陵が冬の北風を防ぐうえ、日当りがよく、居住には好適地である。いまから約五〇〇〇年前の縄文時代前期後半に、岬をつくっている椎山丘陵の崩壊などの大きな自然災害の発生でムラの機能が廃絶している。それ以前、鳥浜貝塚では少なくとも七〇〇〇年以上もの長年月にわたって、ここで生活が営まれていたとみられている。

縄文のタイムカプセルとよばれるようになった鳥浜貝塚からは、縄文時代の生活用品のすべてが水漬け

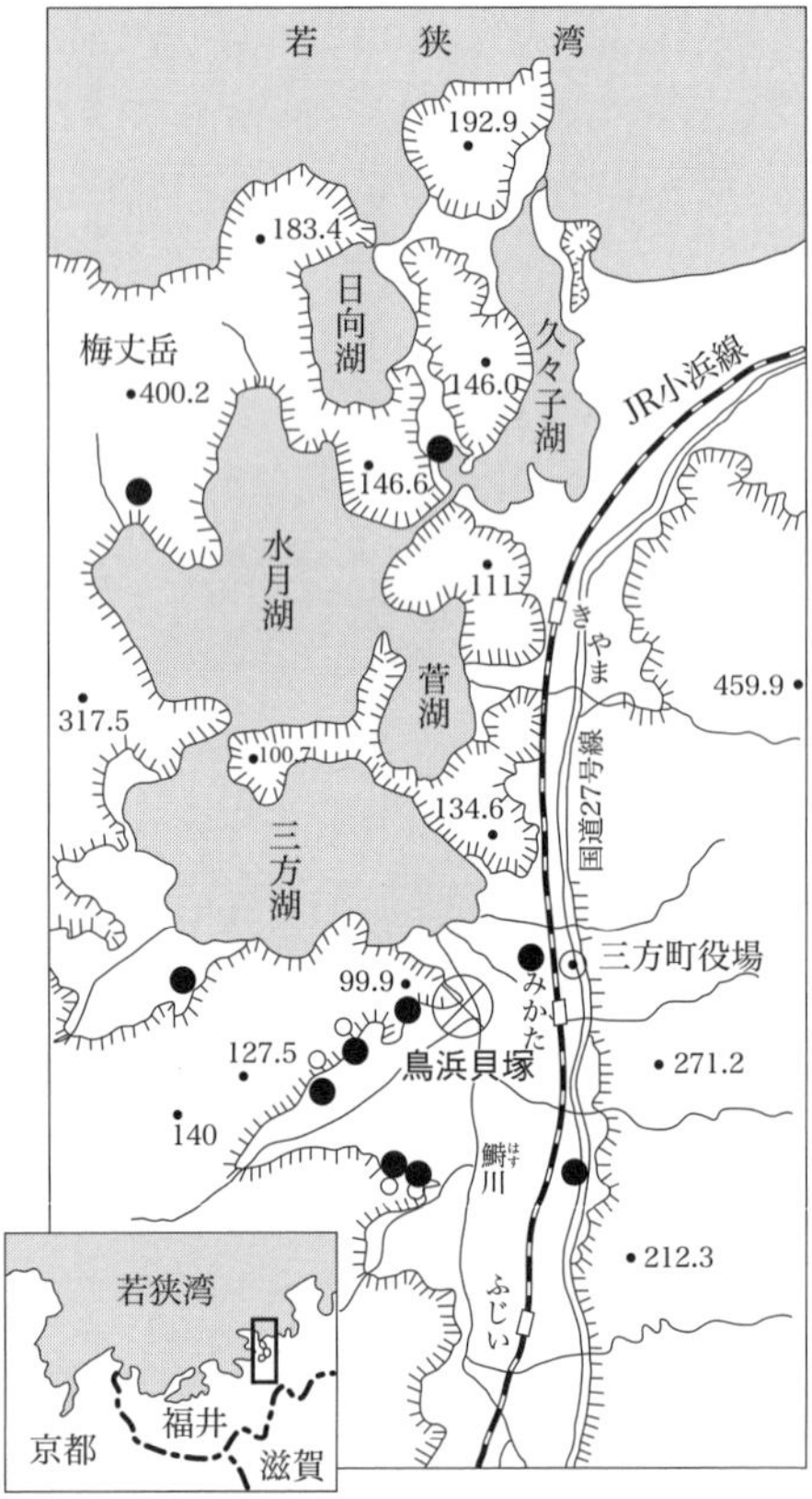

5000年前の縄文期に椿材をたくさん利用していた鳥浜貝塚の位置図。椿材を使った漆塗り櫛は逸品。

になって冷凍されたまま生々しい姿で現れた。木製品はわが国では類をみないほど豊富で、変化に富んだ木製品が出土している。

出土した木製品には、①杭、②石斧の柄、③丸木舟、④弓、⑤小形弓、⑥櫂（かい）、⑦棒、⑧漁撈用の尖り棒、⑨盆、⑩鉢形、⑪板、⑫割り切り材などがある。容器類はいわゆる刳物（くりもの）とよばれる木をくりぬいて製作されたもので、盆や浅い鉢などである。そして仕上げたのち、例外なく漆が塗られており、漆には赤と黒と二種類あり、内側も外側も、ともに塗られている。

鳥浜貝塚で使われた樹種

常緑針葉樹　スギ（杉）、ヒノキ（檜）、モミ（樅）、マツ（松）（二葉）、カヤ（榧）

常緑広葉樹　シイノキ（椎）、カシ（樫）、サカキ（榊）、ユズリハ（譲葉）、タブノキ（椨）、

落葉広葉樹　ヤナギ（柳）、クリ（栗）、ケヤキ（欅）、ムクロジ（無患子）、カキノキ（柿の木）、トネリコ、カエデ（楓）、ミズキ（水木）、ヤチダモ、コブシ（辛夷）、トチノキ（栃の木）、エゴノキ、ズミ、カマツカ（鎌束）、ハンノキ（榛の木）、コナラ（小楢）、ナナカマド（七竈）、ナツツバキ（夏椿）、マユミ（真弓）、ニレ（楡）、オニグルミ（鬼胡桃）

以上の三五種にのぼり、それぞれの樹種の性質を十分に理解した上で、木材を使っている。

逸品は椿材作りで漆塗りの櫛

島地謙・伊東隆夫編『日本の遺跡出土木製品総覧』（雄山閣、一九八八年）から、鳥浜貝塚から出土した木製品や自然木の遺物を集計すると三〇九件にのぼった。そのうちヤブツバキが用いられた製品は、土木用の杭が四件（全体三五件の一一％）、石斧の柄が八件（全体四八件の一七％）、漁撈用の尖り棒が四件（全体三五件の一一％）、板が二件（全体三三件の六％）、棒が三件（全体二八件の一一％）、用途不明のものが一件（全体五件の二〇％）で、合計二二件となり、自然木を除いた加工品遺物の八・二％を占める。

ついでに樹種別に加工品の遺物件数を掲げてみる。

スギ	五五件	（杭、石斧の柄、漁撈用尖り棒、板等）
カシ	三一件	（杭、櫂、漁撈用尖り棒、弓、棒等）
ユズリハ	二五件	（石斧の柄、漁撈用尖り棒、弓等）
ヤブツバキ	二二件	（杭、石斧の柄、漁撈用尖り棒、板、棒）
トチノキ	一七件	（盆、鉢形、板等）
ヒノキ	一三件	（杭、棒等）

椿製の漆塗り櫛が出土した縄文時代前期の鳥浜貝塚
（右側の橋の左手の建物のあたり）

サカキ　九件（石斧の柄）
クリ　九件（杭、石斧の柄、弓、板等）
マツ（二葉）　八件（漁撈用尖り棒、棒等）
カエデ　八件（石斧の柄、漁撈用尖り棒等）

加工品遺物数におけるヤブツバキの順位は、スギ、カシ、ユズリハに次いで第四位となる。全体の樹種数は三五種なので、高い頻度で使われていたことがわかり、樹木のなかでも相当に重要な地位をもっていたとみられる。若狭湾は温暖な地域であり、海岸部に近い鳥浜貝塚周辺の山地では、相当な頻度で生育していたのであろう。そして堅くて粘り強い材の性質を生かして、石斧の柄や、漁撈用の尖り棒を製作していたとみられる。

石斧の柄に使われた樹種はユズリハ属がもっとも多く六二％を占め、ついでヤブツバキ八・七％、クマノミズキ類六・八％、シイ六・四％、サカキ五・〇％、カエデ属三・二％、トネリコ属二・三％、クヌギ一・八％などで、強靭で粘り強い木がよく利用されている。なかでも特筆されるのは、ヤブツバキの材を使った赤色漆塗りの櫛である。

森川昌和・橋本澄夫著『鳥浜貝塚　縄文のタイムカプセル』（日本の古代遺跡を掘る1、読売新聞社、一九九四年）は、櫛の発見と鑑定者の意見を次のように記している。

縄文時代の古い段階に、漆があったことが知られるようになったのは、最近のことである。その象徴的な遺物が、一九七五年（昭和五〇年）に出土した「赤色漆塗り飾り櫛」であった。マスコミにも大きく報道され、縄文時代前期の逸品として注目を集めたものだ。九本の歯をもち、あたかも動物の角をデザインしたような飾り櫛で、もちろん日本最古の櫛である。

八月の暑い日、一緒に掘っていた高校生の男子が発見したものだったが、出土したときの状況は劇的であった。水漬けになって、縄文の原色である鮮やかな真紅の光沢を保ってきた櫛である。掘り出したとき、その真紅の輝きは、空気に触れて酸化し、やがて黒ずんだ赤色に変色していった。五千五百年の歳月が、一瞬のうちにタイム・スリップするのを見る思いであった。

材質は、きわめて緻密でかたいヤブツバキが使用されていることがわかった。鑑定した嶋倉巳三郎さんは、ツバキは「椿姫」や「アンコ椿」などで知られたつやっぽい木ではあるし、本邦最古の櫛にふさわしいポピュラーな材質だ、と粋な感想を述べられた。

縄文時代に用いられたヤブツバキ製の石斧の柄は鳥浜貝塚以外でも、鳥取県の桂見遺跡（一件）および同県の布勢遺跡（一件）から遺物が出土している。

弥生時代になると農具としてツバキを用いた槌（つち）が、大阪府池上遺跡・巨摩廃寺遺跡・恩智遺跡から各一件づつ、奈良県藤原宮跡から一件、福岡市羽根戸遺跡から二件が出土している。弥生時代に土木用の杭として用いられたツバキの遺物は、鳥浜貝塚以外では佐賀県菜畑遺跡（二件）、大阪府西岩田遺跡（三件）、池上遺跡（三件）、福岡市四箇周辺遺跡（三件）、群馬県新保遺跡（一件）から出土している。

弥生時代には穀物などを臼（うす）に入れてつくのに用いた木製道具の杵（きね）にツバキを用いているが、その遺物は大阪府瓜生堂遺跡（一件）、福岡市拾六町ツイジ遺跡（一件）、奈良県藤原宮跡（一件）、唐古遺跡（一件）から出土しており、杵をたてに使う竪杵（たてぎね）では、大阪府亀井遺跡（一件）、愛知県朝日遺跡（一件）、福岡県辻田遺跡（一件）、長崎県里田原遺跡（二件）から出土している。

前に触れた『日本の遺跡出土木製品総覧』はツバキを木材として使った製品の総覧であり、それ以外の使われ方については触れられていない。ツバキは幹を木材として使用するだけでなく、果実も油を絞るなどで、実用性のある樹木である。それはおいおい見ていくことにして、文献に現れるツバキを追っていくことにする。

ツバキ語源説のいろいろ

まずツバキの語源から探っていこう。

『東雅（とうが）』は、「ツバキとは、古語にツバといひしは光澤の貌をいひけり。其葉其実、共に光澤あるをいひしなり」と、葉っぱや実に光沢のあるさまをいう古語ツバからきたとする。なお『東雅』は新井白石の著作で、『爾雅（じが）』（中国古代の辞書）にならって物名について語源的解釈をおこなった分類体語源辞書で、享保四年（一七一九）に成り、樹木関係は巻十六「樹竹篇」に記されている。

『古今要覧稿』・『明言通（めいげんつう）』（服部厚著、天保六年＝一八三五年刊）・『異物同訓言葉の根しらべ』（鈴江潔子（すずえきよこ）著、明治七年＝一八七四年、松壽堂刊）はツヤハギ（艶葉木）の義だとする。なお『古今要覧稿』は幕府の命をうけて屋代弘賢が編纂したわが国最初の類書で、諸般の事項を諸種の部門に分類し、その起源・沿革を考証した書物である。文政四年（一八二一）から天保一三年（一八四二）までに五六〇巻を調進したが、屋代は業なかばで没した。なお、類書とは、内容を事項によって分類し編集した書物のことである。

『大言海』は、「ツヤハギ（艶葉木）ノ儀ニテ、葉ニ光澤アルヲ以テ云フカ」とする。『大言海』は大槻文彦編の国語辞書で、語源・出典に意を用いている。前著の『言海』を増補訂正したもので、編者没後に整理して昭和七年（一九三二）～同一二年（一九三七）に刊行された。

『日本釈名』は「山茶（ツバキ） あつばの木也。上を略す。つばきの葉はあつし」と、アツハギ（厚葉木）の義だとする。なお、『日本釈名』は貝原益軒の著で、後漢の劉熙の『釈名』にならい、『日本書紀』・『万葉集』・『和名抄』などの古書について、天象以下二三類に分かち、五〇音順に列挙したもので、元禄一二年（一六九九）の序がある。

『日本語原学』は、「『椿　つばき』は、厚葉木の義」とする。『日本語原学』は林甕臣の著作で、昭和七年（一九三二）に刊行された国語学の書物である。

江戸時代前期の俳人であり歌人でもある松永貞徳が著した俳句に関わる語学書『和句解』（寛文二年＝一六六二年刊）は、「ツヨキ葉の木の義」とする。大石千引著『言元梯』（天保五年＝一八三四年刊）は、「椿（ツハキ）　光葉木（テルハキ）」だとする。

幕末から維新にかけての僧侶であった本寂上人（明治一〇年＝一八七七年寂）が著した『和語私臆鈔』（手稿、写本、製作期不詳）は、「葉が変わらないところから、ツバキ（寿葉木）の義」だとする。『古今要覧稿』が引用する松岡静雄の説は「ツは強（ツヨ）の語幹、革質の葉なる故強葉木と称せしならん、転じてツマキとなった。『万葉集』巻一長皇子の歌の椿は音の上からはツマキである」とする。

『万葉集名物考』は、「椿ハ借字也。ツハキトハアツキハト云事ニシテ、アヲ省キテツハキト云、諸木ニ勝レテ葉ノ厚キヲ名トス」として、アは発言（云い出しのことば）、厚葉木の意、古名タマツバキとはタマは手向けなり、ツは列言（つらなることば）、バキは葉木、即ち手を向きたる如き葉の木という名なり、としている。寺西五郎著『語理語源』（雪華社、一九六二年）は、「冬柏の意の朝鮮語ツンバクからか」とする。深津正・小林義雄著『木の名の由来』（日本林業技術協会、一九八五年）は、この説を支持している。

もう一度整理してみると、①古語のツバ（葉っぱに光沢のあるさま）から、②ツヤハキ（艶葉木）、③ア

ツバキの語源説は、いずれも葉っぱを重視する。

ツハキ（厚葉木）、⑥ツバキ（寿葉木）、⑦革質の強い葉から強葉木（ツバキ）、⑧アツバキ（厚葉木）、⑨朝鮮語ツンバク、という九種類の語源説となり、いずれも春に咲く赤い花には目もくれず、日光を照り返してツヤツヤと光る葉っぱに注目し（朝鮮語からの転訛を別にして）それぞれ葉木としており、いずれの語源説もなるほどと頷かされるものである。①においても葉っぱの光るさまを表現しているのであるから、葉の注目度が著しいところから、葉木としても差し支えなかろう。とすれば、国内語源説八説のすべてが葉木だと認めており、「ツバキ」の三字のうちの下二字はハキ（葉木）として考えられていたとして差し支えないようである。

記紀における神代の時代、つまり現代における時代区分でいえば弥生時代の終わりごろにあたる当時の日本人にとって、ツバキは精霊の依代（よりしろ）となる樹木であり、魔を破り退けることができる神秘的なものと考えられていた。むかしから呪物として重んじられている植物はいろいろとあるが、ツバキは呪的植物の代表的なものであった。

ツバキは一年中緑の葉をつけ、日がさしてくると日差しをテラテラと照り返す強さがある。表面がつるりとした葉っぱは広く美しく、花も春の季節には目立つ赤色（紅色）であることから、『古事記』では、仁徳天皇を褒める言葉として「斎（ゆ）つ真椿」と用いている。この斎（ゆ）はツバキの生命力を讃えたものである。

黄色の花の多い春にあって強烈な赤色（紅色）の花を咲かせ、葉っぱが厚く、強く、光沢をもって陽光に照りかえす強い生命力をもっており、そのうえ神聖で清浄なものなので、不浄をきよめ、その木で呪（まじな）いをすれば幸福や安全が守られるものであった。赤色とは古代では、緋色・紅色・朱色・茶色などの総称であり、高貴な色とされていた。赤色の袍（ほう）とは、赤色に染めた固地綾有文（かたじあやうもん）をもつものは上皇が着用される袍で、時に天皇も着用された。なお、袍は束帯（そくたい）や衣冠（いかん）などのとき着る盤領（まるえり）の上着のことで、位階によって服色を異にされていた。

この神聖な樹木のことをはじめのうちは、高貴な赤色の花を咲かせ、神聖で清浄な葉っぱをもつ木のことをあらわす「斎（ゆ）つ葉木（はき）」（ユツハキ）とよばれていたが、いつの頃からか「ゆ」が抜けおちて「つはき」となった。なお「斎（ゆ）つ」とは、いわい清めること、神聖なこと、清浄なことをいう。古代の言葉は清音で、ツハキと発音されていたが、中にあるハが強調されて濁り「ツバキ」となった。ややこじつけの感はあるが、これもツバキ語源説の一つ、有岡説として提出しておく。

椿の表記は『万葉集』が最初例

ツバキは漢字では「椿」と記され、訓（くん）では「つばき」とよみ、音では「ちん」とよむ。わが国でツバキに対して椿の字を用いたのは『万葉集』が最初である。『万葉集』巻一の大宝元年（七〇一）秋九月に太（おほ）上天皇（きすめらみこと）（持統上皇のこと）が紀伊国に幸（いでま）した時、坂門人足（さかとのひとたり）の詠んだ次の歌に「椿」の字がみえる。

巨勢（こせ）山（やま）のつらつら椿つらつらに見つつ偲（しの）ばな巨勢の春野を（五四）

河の上（へ）のつらつら椿つらつらに見れど飽かず巨勢の春野を（五六）

前の歌の、巨勢（こせ）山（やま）の「つらつら椿」は万葉仮名で「巨勢山乃　列々椿」と記され、あとの歌の「河の上（へ）のつらつら椿」は「河上乃　列々椿」と記されている。巨勢山は奈良盆地南西部にあたる和泉山脈のなかにある地で、現在はＪＲ和歌山線と近鉄吉野線とが交差する吉野口駅のある御所（ごせ）市古瀬（こせ）の標高二九五メートルの小さな山のことをいう。北流する川の最上流部にあたるゆるやかな峠となった交通の要衝で、大和（この場合は飛鳥）から紀伊へと旅するときには必ず通る地であり、持統上皇（第四一代の天皇、皇居は藤原宮）のときも、ここで休憩があったのだろう。

巨瀬（こせ）の地は、大神（おおみわ）神社の神主として仕えてきた巨瀬氏の本拠地である。藤原京からはおよそ一二キロ南にあたるところであり、古くから開けたところなので、巨瀬山あたりは原生林の伐採がすすみ二次林の明るい林となっていて、ツバキの赤い花が往来の道から良く見ることができたのであろう。

ツバキは原生林を構成する樹木であるが、成長しても樹高が低く、ツバキよりももっと高木となるカシ類、シイ類、クスノキ等の下になっている。原生林の中は薄暗く、ツバキの枝は梢の方にばかり着いているため、『万葉集』で「つらつら椿」と詠うように、樹木全体にたくさんの花が連なることはない。明るい二次林で根元近くから梢まで、びっしりと枝を茂らせた椿樹でなければこんな表現の花の咲き方はしない。もしかすると、街道の道端に、あたかも現代の街道並木状に椿が生育していた可能性は、椿の花が「つらつら」と連なるほど梢から裾枝まで咲いている表現からみて高いものがある。

はじめの歌は、巨勢山のつらつら椿、この椿の木をつらつらと眺めながら、椿の花さく巨勢の春を偲ぼうではないか、との意である。つぎの歌は、河のほとりに咲くつらつら椿よ、つらつら見ても見飽きることはない、椿の花の巨勢の春野では、との意である。

「つらつら椿」について阿蘇瑞枝は『萬葉集　全歌講義』（笠間書院、二〇〇六年）の中で、「椿の並木とも、花又は葉の連なった椿ともいう。おそらく前者であろう」と、椿並木だとしている。伊藤博は、「花の連なり咲く習性をとらえたものか。今日、八重に咲く桜や山吹を『八重桜』『八重山吹』と呼ぶ類という。連なり並ぶ木ともとれる」と、阿蘇とは違う解釈をしている。

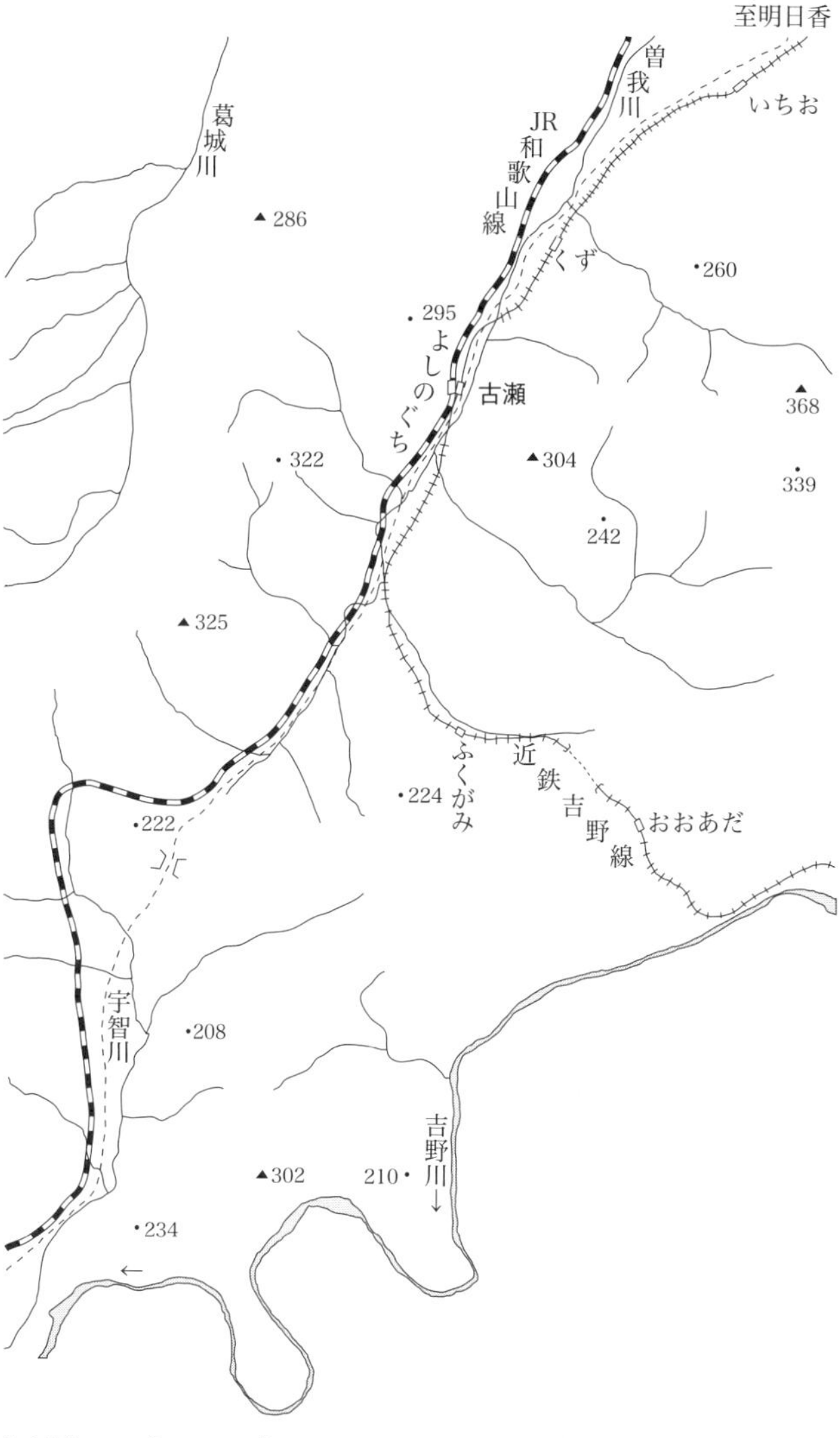

『万葉集』で「つらつら椿」が詠われた大和国・和泉山脈中の古瀬付近の略図

巨勢山の「つらつら椿」は咲き誇るこんな椿花の状態をいうのだろうか（大阪府柏原の山にて）

二つの歌とも巨勢の春に咲く椿の花を詠っているが、持統上皇たち一行が旅したこのときは、『続日本紀』には九月一八日の条（くだり）に「天皇紀伊の国に幸す（いでます）」とある。持統上皇には触れられていないが、椿の花のない季節にあたることについて伊東博は『万葉集全注　巻第一』（有斐閣、一九八三年）で、「偲ぶ」は眼前のものを通して眼前にないものを思い浮かべることの意であるからとして、「椿の花のない晩秋に、幻想として椿の花の連なり咲く春の野の盛んなさまをよみがえらせたもの」と注をつけている。

あとの歌は持統上皇たちの紀伊への旅とは違うときに詠まれたもので、巨勢路は能登瀬川（のとせがわ）に沿っており、その川の上に咲く椿の花のことを賛美したものである。二つの歌とも、巨勢地の花の盛りの春の美しさを偲んでみようというものであり、春の花の色は黄色なものが多いなかで赤い花を咲かせるツバキに美しさを感じていたのであろう。

また『万葉集』巻二〇の左注に「右、兵部少輔大伴家持、矚植椿作（うえたるつばきをみてつくる）」との歌では「安之比奇能（あしびきの）　夜都乎乃都婆吉（やつおのつばき）（四四八一）」とし、注ではツバキのことを椿と記し、歌の方は都婆吉と万葉仮名で記している。この歌は天平勝宝九年（七五七）三月四日に作られたものであり、八世紀の半ばごろには奈良の平城京では椿が庭に植えられていたことを示す歌であり、後に述べるが平城宮の庭園跡から出土している椿の遺物を、文献の面から裏付けている。

この歌の夜都乎乃都婆吉を、植えた場所である兵部大丞大原真人今城の宅が富山県八尾にあったとみて、富山県八尾地方はユキツバキ自生地の中心地だから、都で普通に見ていたヤブツバキとは異なった感じが映じたので、わざと「やつおのつばき」とよんだのであろうとする説を、浅井敬太郎は「ツバキを知る――ツバキ界への手引き」（京都園芸倶楽部編『椿――花と文化』誠文堂新光社、一九六九年）で述べている。しかし兵部大丞大原真人今城の宅は、別の文献から、平城京の一条三坊（現在の奈良市法華寺東町）なので、その説は残念ながら成立しない。

椿の字をツバキになぜ宛てたか

『万葉集』では都婆吉と万葉仮名ではなく、「椿」と一字でしるした事例をみたが、「椿」という字のよみかたを平安時代初期の辞書はつぎのように記している。

『新撰字鏡』（寛平四年＝八九二年）は椿を豆波木とよみ、『本草和名』（九一八年成る）巻一四は椿木と記し和名を都婆木とし、『倭名類聚抄』（延長五年＝九二七年）巻二〇も椿を豆波木としているので、当時も椿の字を「つばき」とよんでいたことは確実である。

『延喜式』（延長五年＝九二七年）巻四七には、「椿木六束四株為束」との文字がみえる。

『万葉集』はツバキを表す文字として椿（歌番五四・五六・七三・三二二・四四八一の左注）以外に、万葉仮名で都婆伎（歌番四四一八）・都婆吉（歌番四四八一）・海石榴（歌番一二六二・四一五二・四一七七）の三種を用いている。

万葉時代からツバキを標記する漢字として椿を用いているが、中国での椿のよみかたは「ちん」であり、この植物は日本ではチャンチンとよぶ落葉広葉樹である。常緑広葉樹のツバキとは、まったく別物の樹木である。チャンチンは中国原産のセンダン科の落葉高木で、高さは約一〇メートルとなり、葉は羽状複葉で長柄、六月ごろ葉腋に白色の小花が咲く。ツバキとはほど遠く、形態上も類似点はない。どうしてツバキとほど遠い植物の椿の漢字を、日本ではツバキにあてたのかの理由については、つぎのような諸説がある。

一つは『古今要覧稿』（屋代弘賢編纂、文政四～天保一三年に五六〇巻を調進）が、『荘子』逍遥遊に「上古有大椿者　以八千歳為春　八千歳為秋」云々の言葉があり、ツバキの寿命も長いことから『荘子』のいう大椿と同じだとして、椿の字を宛てることとしたとの考え方を示している。

二つ目は、『古今要覧稿』からの孫引きであるが、岡村尚謙が『古今要覧稿』巻第三〇六・草木部・椿で「万葉集に載せし物の名の如き多くは、西土の名をはやくより我に伝へしをそのままかきしるせしものなれば、つばきを椿とかきしは必ず漢名にして和名にはあらざる也。その漢名の早く我に伝わりて却て彼に亡びしは、同じ集にいわゆる牛麦花、芽子、『延喜式』のいわゆる藍漆等の如き、皆是たしかなる漢名なるを、その名彼には絶て伝らざるによりて、遂に今に至りてはそれらをすべて和名のごとく、又和字のごとく思ひあやまれる人いと多し。つばきを椿と名付けし、その名の彼に亡びしも又此類ひなるべし」として、椿は漢名であり、わが国には早い時期に伝わったが、中国ではそのことが後の世に伝わらなかった。それで椿の字は、和名で和字だと思い違いする人が多いとしている。

三つ目は、斎藤正二が『植物と日本文化』（八坂書房、一九七九年）で、「白鳳期文人官僚は、実物を見たこともない中国の霊木「椿」について、その信仰形態だけを輸入し、肝心の植物のほうは『都婆岐（つばき）』を代用したものであった」と述べている。

四つ目は、椿の字は日本で作られたという説である。江戸時代後期に狩谷（かりや）棭斎（えきさい）は『箋註倭名類聚抄』

(一八二七年成る)巻一〇で、「その豆波岐(つばき)に椿の字を用ゆるは皇国製する所にして会意の字、蓋是(けだしこ)の木初春を以て華を開く、故に其の字は木に従ひ春に従う、草類萩の字は草に従ひ秋に従ふと同意」と述べている。

五つ目は、牧野富太郎も『牧野新日本植物図鑑』(北隆館、一九六一年)のなかで、「『椿』は国字で春の盛りの時に花が咲くために日本で作った字で、支那の椿(チンこれはチャンチン)と混同してはいけない」と述べている。また大正一三年(一九二四)発行の雑誌『科学知識』第四巻第四号に、『倭漢三才図会』の説を卓見であると称賛している。

以上、五つの説があり、現在では椿の字は日本で作られた国字だという説を支持する人が多い。『広辞苑』も国字説である。

貝原益軒は『花譜』(元禄七年＝一六九四年刊)巻之中で「日本にむかしより、椿(ちん)の字をあやまりて、つばきとよむ。椿(ちん)は漆の木に似て、其葉かうばし」として誤読説をとっている。大槻文彦は『新訂大言海』(冨山房、一九五六年)で、「椿ハ春木ノ合字ナリ、春、花アレバ作ル。或ハ云ウ、香椿(タマツバキ)ヨリ、誤用スト。然レドモ、香椿ハ、ひゃんちんト、唐音ニテモ云エバ、後ノ渡来ノモノナラム」と、わが国で合字したものとしながらも、誤用説も併記している。

季節感を大切にしてきた古代の日本人は、春・夏・秋・冬という日本の四季を代表する草木を一つずつもっていた。ところが記紀万葉時代での樹木をはじめとした日本語の表現法は、漢字の音を借りたもので、俗に万葉仮名とよばれるものであった。たとえばツバキであれば前にふれたように、都婆伎・都婆吉と一字づつ音をかりて記していた。海石榴をつばきとよむのは、遣唐使により中国に渡ったツバキがかの地でこう記されていたからで、中国では海を渡ってきた石榴(ざくろ)に似た実をつける樹という意味で海の字が頭についている。ザクロもツバキも赤花が咲き、後に丸い果実が実るため、中国では同一視されてこの名となっている。中国ではのちにツバキを山茶と記すようになり、本草の書では日本でも山茶と記す。

椿の字は国字（和字）か

記紀万葉期の人たちは季節感を文章表現するためにも、それぞれの季節を代表する樹木（とその花）を一字で表す文字が欲しかった。文字文化の親元である中国で用いられている字があればそれを日本名に宛ててよび名とし、文字の国に当時のわが国の人の意図する字がなければ自分たちで作ったのであろうと私は考えた。

木偏で旁（つくり）が春である椿の字をツバキに宛てたことについて、渡辺武・安藤芳顕著『花と木の文化　椿』（家の光協会、一九八〇年）は、次のようにいう。

日本の特産樹、特産植物油として中国に渡ったツバキに、かの地のザクロ（石榴）に似た紅花と果実を結ぶ花木として、中国にとって舶来の意味で、海石榴・海榴・海石榴油の漢名が与えられ、奈良時代、漢字を導入した当初は、中国名のままその文字が使用されたものである。

しかし、それでは日本名として不合理のため、中国にはない架空の植物名で、迎春の花、長寿の花木である大椿の漢字を借りて、日本のツバキにふさわしい椿の字をあてたものと考えられる。奈良朝末期から平安朝にかけては、もっぱら椿の字が使われている。

木下武司も『万葉植物文化誌』（八坂書房、二〇一〇年）のなかで、『荘子』の「逍遥遊篇」の大椿は実在の樹木ではなく、一季が八千年にあたるという伝説上の長寿の霊木であるとして、「ここから椿の字を借用したとも考える」としている。

私もこの二つの説のとおり「椿」を中国から借りてきたものだと考え、この二説を支持するが、『荘子』の大椿は樹木名ではなく、人名だと考えた。

椿、榎、楸、柊という木偏の樹木が四つあり、それぞれツバキ、エノキ、ヒサギ、ヒイラギに宛てられている。また樹木でありながら樹形が丈の低い草姿なので万葉期には草とみられ、草冠をつけられた萩がある。この五種の漢字の旁(つくり)は、春・夏・秋・冬の四季を表す語となっており、楸を除く他の四種は季節ごとの祭りの木として重要視されていたのであろう。ツバキの字は、前に触れた通りである。

ついでながら木偏で旁が夏の榎(えのき)は、ニレ科で夏盛んに枝葉を繁茂させる落葉高木（夏緑樹ともいう）で、高さ二〇メートル、直径三メートルに達する巨木となり、初夏に淡黄色の花を開く。榎の季語は夏である。榎(か)の字があり、エノキはわが国での訓(よみ)で、エノキの漢名は朴樹である。またエノキは「斎(ゆ)の木」だといわれる。旁が秋の字の楸はひさぎとよみ、キササゲまたはアカメガシワのことをさしている。キササゲは中国南部原産のノウゼンカズラ科の落葉高木で、果実は腎臓疾患の利尿薬とする。アカメガシワは日本・中国に自生するトウダイグサ科の落葉高木で、新芽や若葉は鮮紅色をしているので、赤芽がしわの名がある。キササゲもアカメガシワも、どちらもわが国の秋を代表する木とはなり得なかった。

旁が冬の字の柊(ひいらぎ)はモクセイ科の常緑高木で、高さ約三メートルになり、秋（陰暦では初冬にあたる）に白色の小花をつける。鋸歯葉の先端は鋭いとげとなっており、節分の夜この枝と鰯(いわし)の頭を門戸に挿すと悪鬼をはらうという。柊の花の季語は冬である。柊は邪鬼(じゃき)を払う八尋矛(やひろほこ)や卯杖(うづえ)の材であり、節分の木である。草冠で旁が秋の萩は、マメ科ハギ属の落葉低木の総称で、高さは約一・五メートル、夏から秋にかけて紅紫色または白色の小さな花を咲かせる。秋の七草の一つで、季語は秋である。この字も国字である。萩は『万葉集』には一二〇首以上もの数の歌が収められているように、人々に認められていた。

つまりわが国に顕著にあらわれる春夏秋冬という四つの季節を代表する樹木のうち、春の木と夏の木を表現する樹木名にふさわしい漢字として「椿」と「榎」をみつけだしたのでこれを借り、春の盛りにさかんに花を開くツバキと、夏に枝葉を茂らせるエノキに宛てた。冬の木には該当する漢字がなかったので、中国の漢字の作り方をならって、つまり木偏に春と夏の字があるのだから、木偏に冬があっても、草冠に秋があっても差し支えないだろうと、日本人が木偏に旁を冬とし、秋も同様に草冠に旁を秋としていわゆる国字を作ったのであろう。

従来、「椿」の字は春の木を表すためにわが国で作った国字だとされ、辞書の『広辞苑』も国字と認めてきた。けれども現実には文字の国、文化の親元である中国に「椿」という字があるにもかかわらず、なぜもう一度改めてわが国で文字を作る必要があるのか、理解に苦しむ。中国に従来からある「椿」と、わが国で作った「椿」とはどこがどう違うのか、「椿」国字説の人たちからの筋立った説明はない。字を作ったといいながら、その実態は同じ文字をツバキと訓むだけのことである。わざわざ作字したというよりは、春を表現するに適切な漢字をみつけ、その字を借りて日本名に宛てたとする『花と木の文化　椿』の方がよほど素直だと考える。椿の字を借りてツバキと訓み、音は漢音をそのまま「ちん」として用いてきたのがその証拠だと考える。

樹木には中国と同じ字を用いているが、実物は両国間で異なるものがいくつもある。たとえば、日本の杉（常緑針葉樹）の字は中国ではコウヨウサン（常緑針葉樹）をいい、日本では端午の節句の柏餅に用いられる柏（落葉広葉樹）は中国ではビャクシン（常緑針葉樹）のことをいい、桂の字は中国ではキンモクセイ（常緑広葉樹）のことをいう。したがって、「椿」の字をツバキに宛てて読んでも、決して怪しいものではない。

字を借りただけなので、わが国の椿は、中国で椿が表現しているチャンチンとはまったく関わりはなかったのだ。それだから、前に触れた諸説ではツバキを漢字の椿に宛てたことを、チャンチンで説明しようとしても明確にできないのはもっとものことである。

『荘子』が記す大椿

実はここまでの記述は『荘子』（内篇・逍遥遊篇　第一）に記されている「大椿」は実在の樹木ではなく、一季が八千年にあたるという伝説上の長寿の霊木であるとする従来の説を信じて記述してきたのであるが、岩波文庫版の金谷治訳注『荘子　第一冊［内篇］』（一九七一年）をみていて、『荘子』に記されているところの「大椿」とは人名ではないかとの疑問がうまれた。江戸時代の終わりごろ、幕命を受けた屋代弘賢が『古今要覧稿』（文政四年～天保一三年に調進）巻第三百六・草木部・椿上のなかで、「さて海石榴（つばき）に椿字をあてしは荘子に上古有大椿者以八千歳為春八千歳為秋といへる寓言あるによりて此海石榴樹もその樹数百年を経るといへどもさらに枯凋の患いなくその壽の久延なること頗る大椿のたぐひなるによりて遂にその名を仮借せしなり」として以降、多くの学者たちもこの説を疑うことなく大椿とは樹木名だと考えてきた。

大椿は樹木名だと考えられた理由は、椿の字が日本では樹木のツバキの表現として『万葉集』で詠われたことにより、元の字の大椿は樹木のことをいうのだと誰もが思い込んだこと、さらには八千歳の春秋をもつという途方もない長寿のものは樹木のなかでも特別な霊木だと考えられたことがあげられる。

なお『荘子』は、『老子』と並び称される道家（どうか）の代表的な著書で、荘周（敬称して荘子という）の著作である。現行本は内篇七、外篇一五、雑篇一一から成る。内篇（逍遥遊・斉物論など）は多くの寓言（ぐうげん）（他の物事にことよせて意見や教訓を含ませていう言葉。たとえばなし）によって、万物は斉同（せいどう）（ひとしく同じこと）で、生死などの差別を超越することを説いている。

岩波文庫版の訳者金谷治も「大椿」は木であるとしている。私の考えを述べるにあたって、まず原文を上に、金谷の読み下し文を下に掲げ、ついで金谷訳文を掲げる。

小年不及大年、	小年は大年に及ばず、
奚以知其然也、	奚を以て其の然るを知るや。
朝菌不知晦朔、	朝菌は晦朔を知らず、
恵蛄不知春秋、此小年也、	恵蛄は春秋を知らず、此れ小年なり。
楚之南有冥霊者、	楚の南に冥霊なる者あり、
以五百歳為春、五百歳為秋、	五百歳を以て春と為し、五百歳を以て秋と為す。
上古有大椿者、	上古に大椿なる者あり、
以八千歳為春、八千歳為秋、	八千歳を以て春と為し、八千歳を以て秋と為す。
〔此大年也〕	〔此れ大年なり〕
而彭祖乃今久特聞、	而るに彭祖は乃今久を以て特り聞こえ、
衆人匹之、	衆人これに匹（比）ぶ。
不亦悲乎、	亦た悲しからずや。
湯之問棘也、是已、	湯の棘に問えることも、是のみ。
	（金谷読み下し）

（金谷注）

朝菌……『淮南子』の朝秀と同じとみて朝生暮死の虫の名とする。下の恵蛄も虫の名であるのと対応する（王念孫の説）。晦朔……もと月の終わりと初めを意味するが、転じて一日の夜と昼の意とみる説が古くからある。まる一日の営みをさす。恵蛄……『釈文』司馬彪の説では、「恵蛄とは、寒蟬なり、春生ずれば夏死し、夏生ずれば秋死す」という。楚……春秋戦国時代の国の名。淮水の南から揚子江中流を占めた。彭祖……尭の時代から殷または周の時代まで、七百あるいは八百歳を生きたという、長寿者として有名な伝説上の人物。

（金谷訳）

短い寿命では長い寿命のことは及びもつかない。どうしてそのことがわかるのか。朝菌は〔朝から暮れまでの命で〕夜と明け方を知らず、夏ぜみは〔夏だけの命で〕春と秋を知らない。これが短い寿命である。楚の国の南方に冥霊という木があって、五百年のあいだが生長繁茂する春で、また五百年のあいだが落葉の秋である。大昔には大椿という木があって、八千年のあいだが生長繁茂する春で、また八千年のあいだが落葉の秋であった。（これが長い寿命である）ところが、今は彭祖は〔わずか八百年を生きたというだけで〕長寿者として大いに有名で、世間の人々は〔長寿を語れば必ず〕彭祖をひきあいに出す、何と悲しいことではないか。殷の湯王が賢臣の夏棘にたずねたことも、これに他ならない。

福永光司も講談社学術文庫版『荘子　内篇』で、「冥霊」を木の名とも海亀ともいう、「大椿」は木の名であろうと述べ、樹木名説をとっている。

『荘子』大椿を人名とする説

『荘子』のこの文章は人の寿命の長さを語っているのだから、寿命の短さを生き物の虫（朝菌や夏ぜみ）

にたとえることは、わが国でも夏の間水辺にとび、交尾・産卵を終えれば数時間で死ぬ昆虫の蜉蝣の短命さを、人の儚い命にたとえるのでわかる。

つぎに、人の寿命と樹木の寿命の長さを比較することはあり得ない事柄である。樹木の寿命の長さでいえば、中国にあるとされる西王母の桃は三千年に一度実るといわれるけれども、その桃の木の寿命と人の寿命の長短を比較してはいない。三千年に一度実るのであるから、最低でも六千年が必要で、さらに三千年を周期とするということを確認しようとすれば、三回は果実の実ったことを確かめればより確実性が高い。西王母の桃の寿命はどれほどの年月となるのか記されていない。

現在世界一長寿の樹木は、アメリカ西部のシェラネバダ山脈東側に生育している「メスーゼラ」と名付けられたブリッスルコーンパインという松の仲間で、実際に年輪で数えられた年数は四七〇〇年以上とされている。

金谷治訳で樹木名とされた冥霊と大椿の記された原文は、

楚之南有冥霊者、以五百歳為春、五百歳為秋、上古有大椿者、以八千歳為春、八千歳為秋

である。これを筆者は、「楚南にあるひと冥霊は五百歳をもって春秋とし、上古にあるひと大椿は八千歳をもって春秋とした」とよんだ。金谷治が樹木名だとした冥霊も大椿も、筆者は人名だとよんだのである。春秋は歳月（年）のことである。わが国のように春夏秋冬のはっきりしない中国の華中や華北では、植物が生長繁茂する季節を春とし、葉っぱを落とした季節を冬としているからである。そこから「春秋を経る」のように年月のこと、あるいは齢をいうようになった。なお、冥霊と大椿の上にある「有」には、「あり、あるひと、…するあたり、たもつ、もつ」の意があるので、そこから「あるひと」の意を選んだ。

またなぜ人名とよんだのかと云えば、「小年不及大年」からはじまる一連の文章は、人の寿命の長さを

比べているからである。ここに引用した前の文章には、蜩や小鳩には「大鳳が南の果ての海へと天翔るときには、まず海上を滑走して浪立てること三千里、はげしいつむじ風に羽ばたきをして空高く舞い上がること九万里……」という大鳳の飛翔のことなど、どうしてわかろうか。狭小な知識では広大な知識は想像もつかないとして、「小年は大年に及ばず」と続く。そして小年の代表として昆虫の朝菌と恵蛄をあげている。大年とはどれくらいの寿命をいうのかとして、まず『荘子』の著作時現在の長寿者では五百歳を春秋とする楚南の冥霊を挙げ、次いでこれまでの最高齢者として上古には大椿という人が八千歳を春秋とした。これらが即ち大年であるというのだ。

八千歳を春秋とした大椿という者がいるにもかかわらず、彭祖がわずか八百歳を生きたというだけで、長寿者の代表として語られているのは、ちゃんちゃらおかしいと『荘子』はいうのである。彭祖は中国の尭の時代から殷（前一一世紀ごろ滅亡）または周（前七七一年に滅亡）まで、七〇〇年あるいは八〇〇年生きたとされる長寿者として有名な伝説上の人物である。道家の人が理想とした仙人は死を超越した人であり、仙人の時間経過は俗世間の人の流れとは異なっている。中国の話に、寿命をのばしてもらおうと仙人のところを訪れ、仙人たちが将棋をさしている間に、俗世間では三年も十年も過ぎていたというものがあることで、それが示されている。

大椿よりも一桁短い彭祖が長寿者の代表とされることは、道を極めた者にとって「何と悲しいことではないか」と『荘子』はいう。中国の古代王朝の一つである夏を滅ぼして殷を創始（前一六世紀ごろ）した湯王が賢臣の夏棘にたずねたことも、人の寿命の長短に他ならない。

『荘子』が人の寿命の長短を比べているのに、樹木の寿命と人の寿命の長さを比べることになっては、文章としての体をなさないと考える。

そうは云いながら、わが国の椿の文化は脈々として『荘子』の大椿をわが国の椿と同じと見ているので、この本では、この考えに基づいた歴史を述べていくことになる。

平城宮庭園から椿の遺物出土

『万葉集』に収録されているツバキの生育地を見ると、大和国の巨勢(こせ)地方の山（歌番五四）、大和国の巨勢を流れる川の上（歌番五六）、大和国の平城京（歌番七三）、場所は特定できないが山の中（歌番一二六二）、大和国の三輪山の麓のあたり（歌番三二二二）、越中の国の奥山の峰々（歌番四一五二）、大和国と河内国との境にある二上山の谷辺（歌番四一七七）、荏原(えばら)郡（現東京都品川区あたり）の家の表にある傾斜地（歌番四四一八）、大和国平城京の町にある居宅（歌番四四八一）となり、山中のものが五、谷（川を含む）のものが二、平城京の町の中のものが一、居宅に植えられたものが一となる。山や谷・川の上の椿は野生のものであろう。居宅の椿は、大伴家持が左注で「植えたる椿」と記しているように、花を鑑賞するために栽培されたものである。

ツバキの花は花冠ごと落下する。その印象的な花を、武蔵国荏原郡の人の歌が『万葉集』巻第二十に収められている。

わが門(かど)の片山椿まこと汝(なれ)わが手触れなば地(つち)に落ちもかも（四四一八）

右の一首は、荏原郡上丁物部廣足(ひろたり)

わが家の門の真正面にみえる山の傾斜地にある椿よ、ほんとにお前は私が手をつけないうちに、地に落ちてしまうのではないか、というのが歌の意である。この椿の花は、相手の女にたとえたもので、私が手をつけないうちに、防人(さきもり)に出ている留守中に他人に奪われてしまうのではないかという、不安と危惧の歌となっている。花が一度にポトリと落ちる危うさが詠じられている。

奈良時代の貴族の邸宅には、春の花である椿が植えられていたことを示す歌が『万葉集』巻二十に収められている。この歌には「右、兵部少輔大伴家持、植えたる椿を属(み)て作る」と註記がある。

　あしひきの八つ峰(を)の椿つらつらに見とも飽(あ)かめや植えてける君（四四八一）

現在天然記念物として保存されている平城京東部の春日山原始林は、暖帯性の植物だけでなく、温帯植物も分布していることが知られている。ここには、ソヨゴ、クロガネモチ、ナナミノキ、ヒサカキ、アラカシ、クロバイ、シキミ、イチイガシなどの常緑広葉樹とともに、ヤブツバキも自生している。ヤブツバキは原生林を構成することができる樹木である。山遊びにでかけた大宮人たちは、春の山に咲く赤花のツバキの美しさをわが家に移すことを考え、山に生えている苗を引き抜いて居宅にもってきたものであろう。ツバキの樹下には、よく若苗をみることができるので、それを持ち帰ったものであろうか。『万葉集』にはツバキ栽培の初期をこのように詠っているのである。

『万葉集』に収録された椿の歌の地は限定されている。

　奈良時代には宮廷はもちろん長屋王や藤原宇合(うまかい)などの高級貴族たちは、邸宅に庭園を造営していたが、庭園内の植栽としてツバキがあったことは前に示した大伴家持の歌でわかる。遺跡発掘の結果、庭園の植栽樹の種類が明らかになったものに、平城宮東南隅に位置する東院跡がある。昭和四二年（一九六七）・同五一年・同五三年の発掘調査で、東西五〇メートル、南北六〇メートルほどある園池が検出された。

発掘調査の際には、池の堆積土中の植物遺体の検出と花粉分析が行われた。光谷拓実の「古代庭園の植生復元——出土大形植物遺存体から」（『奈良国立文化財研究所創立三〇周年記念論文集』同朋舎、一九八三年）によると、大形植物遺存体の多くは枝類で、鑑定総数は三一一点であった。判明した樹種は、針葉樹ではマツ属一八六点、ヒノキ四五点の二種である。広葉樹はツツジ属一一点、シキミ一一点、ヤナギ属九点、アカガシ亜属八点、センダン六点、スモモ亜属五点、サカキ三点、モモ三点、ツバキ三点、グミ属三点、リョウブ三点、サクラ亜属二点、シャシャンポ二点、スダジイ一点、カキノキ一点、ネムノキ一点、クマシデ属一点、イボタノキ属一点、不明六点の合計一八種であった。

また昭和五〇年（一九七五）に発掘された北宮庭園（平城京左京三条二坊六坪）の池の中に堆積していた土からも、植物遺存体が検出されている。クロマツ（球果）六一点、モモ七点、ウメ一点、ツバキ一点、センダン一〇点、クルミ一点、ケヤキ（葉）一点であった。奈良時代の朝廷や貴族の庭園では、マツやヒノキ、アカガシ、センダン、クルミ、ケヤキ等を高木とし、その下にツバキや、グミ、サカキ、ツツジなどの中低木が植えられていた。春の花には、早春のウメやツバキ、やや暖かくなってから花のサクラ、モモが植えられ、初夏の花としてツツジとセンダン（楝（おうち）のこと）が植えられていた。

大和国三輪山麓の海石榴市（つばいち）

山に生えるツバキを詠ったものとして『万葉集』巻第十三の雑歌には、神が来臨し宿るところの三諸(みもろ)の山のツバキを詠った歌がある。

　三諸は　人の守(も)る山　本(もと)べは　あしび花咲き　末(すえ)べは　つばき花さく　うらぐはし　山ぞ　泣く児守(も)る山（三二二二）

三諸とは神が来臨(らいりん)し宿るところであり、人の方からいえば祭祀をおこなうところとなり、神山のことをいう。ここでは、奈良盆地の東にあり、山そのものをご神体としている三輪山とする説や、飛鳥の神名備(かんなび)とする説があるが、私は麓に古代には海石榴市(つばいち)という市場（奈良県桜井市三輪付近）のあったところから、三輪山だと考える。そこは人がみだりに入って、樹木を伐採しないように、保護し守るべき山である。山の頂あたりには馬酔木(あしび)が茂り、山の裾あたりには椿の花が咲く、心にしみるような美しい山である。泣く子を守るように、大切に守る山である。この歌が詠う山の本末(もとすえ)は、私たちが考える山の元とは麓のことで、山の末とは、山頂のことはどうやら違っているようだ。馬酔木(あしび)と椿の本来の生育地を考えると、「本べ」は大神(おおかみ)の神の坐(いま)す山頂で、「末べ」はその麓のことをいっているようだと、一旦は考えてみた。その後よくよく調べてみると、昭和三四年（一九五九）に行われた『大三輪町史』作成時の三輪山全域の植物調査では山頂部にも「ツブラジイ・ヤブツバ

大和国の海石榴市があった地域の概要図

キ・ソヨゴ等が混在」していた。歌のとおりであり、もちろん麓にも椿の生育はみられたのである。

馬酔木はアセビともいい、ツツジ科の常緑の低木である。東北地方南部から四国・九州の低山地のやや乾燥したところに生える低木で、春の三〜四月に白い壺型の小さな花を総状に咲かせるので、古代の人はこの花に生命力や呪力を感じていた。一方、ツバキの方も、黄色な花の多い春の花のなかでも、強烈な赤色と、幅広で分厚くそのうえつやつやとした濃い緑の葉っぱをもっているので、呪的植物の代表的な存在であった。呪とは、神仏または神秘的威力によって災禍を免れたり起こしたりすることを祈ることをいう。

三輪山は山全体がご神体とされる神の山であり、神の信仰に包まれている。そして神の山の生命力の発現とされ、神秘的な威力を放つアシビの花や、ツバキの花が、麓や頂上に咲き、見た目にも美しい山であると三輪山を褒めながら、同時にそこに坐す神の力によって人間の生命力も強くしていこうとするものである。

この歌に「末（麓）べはつばき花咲く」と詠われているが、三輪山の南西麓の初瀬川べりには海石榴市と呼ばれる市があったことが、『万葉集』巻十二の歌に詠われている。海石榴市は本来ならば「つばきいち」と読むべきであろうが、地名では「つばいち」と「き」を抜いてよばれる。

海石榴市の八十のちまたに立ち平し結びし紐解かまく惜しも（二九五一）

紫は灰さすものぞ海石榴市の八十のちまたに会える子や誰（三一〇一）

海石榴市は奈良県桜井市大字金屋集落の北部にあった古代の市のことで、海石榴市とも椿市とも書かれた。ツバキイチがツバイチに転訛したものである。古代ヤマト政権の都は三輪山の麓に数多く設けられ、物資は大和川の支流の初瀬川を利用して運ばれ、ここで降ろされた。水陸交通の要所にあたっており、歌垣の場ともなっていた。

現在は大和平野の東側の山麓を南北に通じている山辺(やまのべ)の道の南の起点となっているが、古代にはここから東へは泊瀬道(はつせみち)、南へは飛鳥へと向かう磐余(いわれ)の道、山田の道、西へは大坂越えの道などに分かれるところである。まさに八十(やそ)の衢(ちまた)となっていた。『日本歴史地名大系第三〇巻　奈良県の地名』（平凡社、一九八一年）は、「海石榴市の名は、椿が三輪山の代表的な喬木であったことから、その山沿いの市場に椿を植えたことによると考えられる」と説明している。

海石榴市の地名のおこりについて折口信夫は「花の話」（『折口信夫全集、二巻、古代研究』中央公論社、一九五五年）の中で、「かつて産物を交換する場である市は、山人(やまと)が奥山から出てきて鎮魂した場所であり、そのとき山人が椿の杖（手草）で地面を突いたところが海石榴市とされた」と述べる。山人とは、関西や四国地方の山で働く人のことであるが、折口は修験者みたいな呪力をもった人を考えたようで、その人はツバキの杖をもち、土地を浄化することができたというのだろう。

山人が椿の杖で鎮魂した市が海石榴市となったと折口はいうけれど、ここ大和国三輪山麓の市のみが椿の杖を使ったため海石榴市と命名されたと果たしていえるのか。ここ海石榴市以外の多くの市には椿の杖をもつ山人は鎮魂を頼まれなかったと、折口は云うのであろうか。市の繁盛を求める人々は、決して繁盛を約束してくれる人を見逃す筈はない。山人が椿の杖を突き刺したであろう多くの市が、海石榴市と呼ばれていないのは何故なのか。したがって折口の説は特殊例であり、椿杖の呪力を普遍的だとするまでには至っていないと、私は考える。

津山尚は『朝日百科　世界の植物』（編・発行朝日新聞社、一九七八年）のツバキ科ツバキの項で、「『日本書紀』には推古天皇一六年（六〇八）に、『ツバキ市の市衢(しく)に唐客を迎えた』とあるが、これはツバキが重要な商品となっていてこれを商う街区が一種の盛り場となっていたことを示している」という。この方がツバキ市という命名の仕方が納得できる。

『万葉集』巻一三に「三諸は……末辺は　椿花咲く（三二二二）」と詠われるように、海石榴市の北の三輪山にはたくさんのツバキが生育しており、また、『万葉集』にある巨勢の春野のように大和平野に接する山々にはツバキがそこここに見られ、秋には種子を拾われ、市に商品として持ち出されてきたのであろう。そのツバキの種子からツバキ油が搾られた。

海石榴市で商われた椿灰

六国史の一つで延暦一六年（七九七）に撰進された『続日本紀』（全現代語訳宇治谷孟『続日本紀（下）』講談社学術文庫、一九九五年）の巻第三十四の光仁天皇（第四九代の天皇、在位七七〇～七八一年、都は平城京）の宝亀八年（七七七）五月二三日の条に、渤海国（八～一〇世紀に沿海州、中国北東部にあった国）の使者が帰国する際に日本特産のツバキ油を与えていることが記されている。

> 五月二十三日　渤海使の史都蒙らが帰国した。（中略）
>
> また史都蒙の申し出によって、黄金小百両、水銀大百両、金漆一缶、漆一缶、椿油一缶、水晶の念珠四連、檳榔の扇十本を加えた。（以下略）

金漆は、奈良・平安時代に金属や革に塗られた乾性の樹脂のことで、ウコギ科ウコギ属の落葉樹であるコシアブラ（ゴンゼツノキ・イモギともいう）の樹液をしぼり精製したものである。

外国からの使節が帰国するとき、懇願されてではあるが、帰国使節が国王への土産として贈るほどツバキ油は貴重なものであった。ツバキ油は夜の照明に使う灯油として、また髪の毛を整える化粧用として貴重なものであった。当時の中国ではツバキ油は不老不死の薬として高く評価されていた。ツバキの種子は、国産の重要な油原料である。その貴重な油原料を交易するための市の立つところが、海石榴市と呼ばれていたのであろう。

海石榴市が文献に見られるのは『日本書紀』巻第十六の武烈天皇（記紀の第二五代天皇、在位不詳）の条で、「海石榴市の巷」とある。敏達天皇（記紀の第三〇代天皇で、在位五七二〜五八五年）一四年（五八六）三月の条には、「海石榴市の馬屋の館」とある。推古天皇（記紀の第三三代の天皇で、在位五九二〜六二八年）の一六年（六〇八）秋八月三日の条には「唐の客は都へはいった。この日飾馬七十五匹を遣わして、海石榴市の路上に迎えた」とある。この唐の客というのは、遣唐使の小野妹子を送って日本に来た裴世清のことで、この記事はそのとき難波から飛鳥小墾田宮に入る際、海石榴市の街で出迎えたものである。

さて前の歌は、海石榴市の数多く枝分かれした辻で、地面を踏み鳴らしながらの歌垣のとき結びあった紐を解くのは惜しいことだ、という意味である。後の歌は、紫染めには（ツバキの）灰を加えるものだ、それと同じ呼び方の海石榴市の八十の辻で会ったあなたは誰ですか、お名前は……との意味である。大勢の人が行き来する市のなかで、見つけた美女への問いかけだと考えるのは勘違いだろうか。

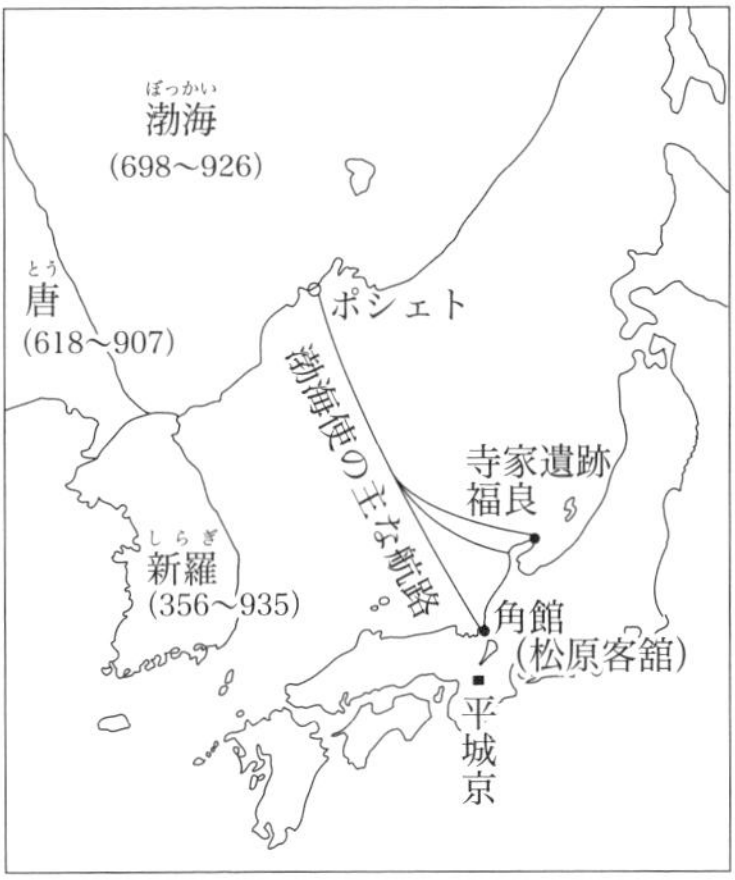

8世紀ごろ交流のあった渤海国の位置

後の歌の紫とは、紫染めのことで、古代朝廷の人たちは、気品のある色合いとしてムラサキ草から採る紫色を好んだ。ムラサキはムラサキ科の多年草で、日当たりの良い草地に稀に自生している高さ五〇センチくらいの草本である。根は紫色をしており、乾燥したものを紫根といって生薬とし、解毒剤や皮膚病薬とするほか、重要な紫色の染料とされた。ムラサキを使って染めるとき、ツバキの木を燃やしてできた灰で作った灰汁を加え、色止めの媒染剤とした。すぐれたアルカリ分を含んでいるからである。

大和国の海石榴市は『日本紀略』（神代から後一条天皇までの重要な史実を漢文で編年体で略記した史書。撰者未詳、成立年不詳）によると、平安時代初期の延長七年（九二九）七月一九日の条に「大風、この日大和国長谷寺山崩れ、椿市に至り人烟悉く流れる」とあり、初瀬川の洪水と上流の山崩れで、海石榴市の人家がすべて流出したことが記されている。大水害はすばやく復興されたようで、「つばいち」は平安時代の書物には椿市と記されるが、ツバキとの関連性は不詳のままである。

ここ海石榴市は、西国三十三所第八番札所の長谷寺から一里（約四キロ）足らず下流にあたる。初瀬川には舟便があり、河口からここまで舟が就航していた。東方の山中の長谷寺詣での入口にあたり、平安時代には基地としての機能をもち、ここに泊まって準備をととのえるのが当時のしきたりとなっていた。長谷寺の観音は女性の信仰を集めていた。

平安期の代表的日記の一つ『蜻蛉日記』は、「椿市といふところにとまる。又の日、霜のいとしろきにもうでもし、かへりもするなめり」とある。この日記は、右大将藤原道綱の母の自叙伝的な日記で、天暦八年（九五四）から二一年間の夫兼家との結婚生活等を記している。『枕草子』は「市は」の段で、「つば市、大和にあまたあるなかに、長谷に詣せる人かならずここに泊るは観音の縁のあるにや、と心ことなり」とある。『源氏物語』の玉鬘の巻にも、長谷の観音に参ればのぞむ人に会えるというので、筑紫から逃げてきた玉鬘が参詣にくるところを、「からうじて椿市という所に四日といふ巳の刻ばかりに、生ける心地もせでいきつき給へり」と描写している。

海石榴の槌で土蜘蛛を退治

海石榴市の地名は大和国以外にも、豊後国の大分にもあったことが、『豊後国風土記』と『日本書紀』に記されている。

『豊後国風土記』（吉野裕訳『風土記』東洋文庫、平凡社、一九六九年）では大野郡について、この郡の管轄するところは全部原野で、それに因んで大野の郡というのだとまず説明する。つづいて海石榴市・血田の地名の由緒を述べている。

> 昔、纏向の日代の宮に天の下をお治めになった天皇が球覃にいらせられた。そこで鼠の石窟の土蜘蛛を誅伐しようとおもって群臣に詔し、海石榴の樹を伐りとり、槌を作って武器とし、そこで勇敢な兵卒を選んで武器の槌を授け、山を開き草を分け、土蜘蛛を襲ってことごとく罪を問うて殺した。流れる血は足のくるぶし（踝）を没するほどであった。その槌を作った場所を海石榴市といい、血を流した処を血田というのである。

纏向は奈良県桜井市の北部の、天理市と接する地域で、ここに日代宮を営まれたのは、景行天皇（記紀伝承第一二代天皇）である。景行天皇は熊襲を自ら征伐し、後に皇子日本武尊を派遣して東国の蝦夷を平定させたと伝えられる。なお、熊襲とは古代の九州南部に居住していた種族のことをいい、蝦夷は古代に奥羽から北海道にかけて住み、言語や風俗を異にして朝廷に服従しなかった人々のことをいう。

『日本書紀』巻第七（宇治谷孟『全現代語訳　日本書紀』講談社学術文庫、講談社、一九八八年）は、景行天皇一二年秋七月に熊襲が背き貢物を奉らなかったので、同八月一五日に景行天皇は筑紫に向かわれた。そして冬一〇月碩田国（現大分県）速見村に到着し、土地の長の速津媛から鼠の石窟にいる土蜘蛛の話をきいた。『豊後国風土記』には土蜘蛛の名は記されていないが、『日本書紀』では、一人を青といい、もう一人を白というと、その呼び名を記している。

二つの書物とも土蜘蛛という名称を使っているが、クモ綱クモ目の節足動物ではなく、記紀では大和朝廷に服従しなかった辺境の民の蔑称である。土蜘蛛とされているものは『豊後国風土記』のこれ以外に、同風土記の日田郡の石井の郷、大野郡の網磯野の郷・直入郡の禰疑野の郷という三つに記され、『常陸国風土記』では茨城郡では「むかし、国巣（土地の人の言葉ではツチクモまたはヤツカハギという）、山の佐伯、野の佐伯があった。いたるところに土の穴倉を掘っておき、いつも穴に住んでいた。誰か来る人があるとそのまま穴倉に入って身を隠し、その人が去るとまた野原に出てあそぶ」と記されている。『肥前国風土記』では、「肥後国、益城郡の朝来名の峰に、土蜘蛛の打猿・頸猴の二人があった」といい、小城郡の大屋の郷、杵島郡の嬢子山と能美の郷、彼杵郡の速来村・浮穴の郷・周賀の郷にいたと記されている。

『日本書紀』では景行天皇は『豊後国風土記』と同じように、海石榴の木をとって槌をつくり、これを武器とし、強い兵を選んで槌を与え、山をうがち草をはらって、石室の土蜘蛛を襲い、ことごとくその仲間を殺したので、流れ出た血が足のくるぶしがつかるほどであったという。

『日本書紀』も『豊後国風土記』も土蜘蛛とよび、クモ綱クモ目の節足動物を槌でたたき潰したような表現であるが、本当は辺境に住む人々を槌で撲殺した大虐殺である。首領となっていた青と白と名付けられた二人だけでなく、その配下となっていた何人もの人を槌で殴り、死亡させていた。土蜘蛛と称された青と白が住んでいた自然の岩穴の広さははっきりしないが、撲殺された人びとから流れ出た血液が人のくるぶしに達するまでの量からいえば、一〇〇人を超えていたと想像される。

時の朝廷に服従せず、そのうえ貢物をしなかった、あるいは朝廷との意見が異なるというだけで、抹殺されなければならなかった側から記録された資料はない。いつの時代でも、勝ち残った側からみたものだけが、残ることとなる。

さて、それは別として、ここまでみてきたように海石榴市という名称の起源に二つのものがあることになる。

振り返ってみると、奈良の三輪山の南西麓の海石榴市は、その命名の由来は明確ではないが、神宿る三輪山にたくさん生育している海石榴や周辺の山地に生育しているツバキの種子を、あるいは種子をしぼったツバキ油や、椿の木を燃やした灰を商品としていたことに因んだものと考えられる。

豊後国の海石榴市では、景行天皇が服従しない民を征服するためのツバキ製の武器を作ったところからきている。桜井満は『万葉の花』（雄山閣出版、一九八四年）のなかで、「ツバキの槌はいうまでもなく呪具である」として、景行天皇側の邪鬼をはらう意味をもたせている。いずれにしても二つの地域とも、ツバキがたくさん生育していたことは間違いないであろう。豊後国の海石榴市の実態は、大和国の海石榴市と同様の商品を交易する市は成立していないようで、武器をつくった場所にあたかも交易の市であるかのようにみせかける「市」を付け加えており、『日本書紀』などの編者が中央の大和政権の意図を忖度して、天皇の権威を高めたものであろう。

それと同時に椿で作った槌のみを用い、剣や鉾などの武器を使用することなく、石室に住む土蜘蛛を退治したとの記述は、より椿の霊力を物語ったものであろう。椿の材は粘り強く、折れにくい。この木の槌で打つと、内腫を生じ、一生煩うという。

風土記・『古事記』の椿

和銅六年（七一三）五月二日に撰進の命令が出され、天平五年（七三三）二月三十日に作成された『出雲国風土記』（吉野裕訳『風土記』東洋文庫、平凡社、一九六九年）には、ツバキの生育地が記されている。各郡の記述のなかにある「もろもろの山野にある草木」の条にツバキ（椿・海榴・海石榴・海拓榴）が記されているのは、意宇、島根、秋鹿、楯縫、出雲、神門、大原という七つの郡である。飯石と仁多という山深い郡には、みられない。同風土記には、個々の島々の植生も記されたところがあり、そこにも椿がみられる。


（意宇郡）羽島　　椿・ひさぎ・わらび・おはぎがある。

（島根郡）和多多島　　しい・海石榴・あおぎり・いえつい・も・おはぎ・ふき・つは・猪・鹿がある。

（同　郡）屋島　　椿・松・つわがある。

（同　郡）久宇島　　椿・椎・おけら・小竹・おはぎ・都波・芋がある。

（同　郡）附島　　椿・松・つは・茅・葦・都波がある。

（同　郡）御島　　椿・松・小竹・茅・葦がある。

（出雲郡）山埼　　椎・楠・椿・松がある。

（大原郡）高麻山　　北の方に樫・椿などの類がある。


『常陸国風土記』の筑波の郡の香澄の里の条には、「東の山に社がある。榎・椿・椎・竹・箭・麦門冬がそこここにたくさん生えている」と記す。

『古事記』下つ巻の仁徳天皇の条には、皇后の歌にツバキが詠われている。

つぎねふや　山代河を　河上り　我が上れば　河の邊に　生ひ立てる　烏草樹の木　其が下に　生ひ立てる　葉広　五百箇真椿　其が花の　照り坐し　其が葉の　廣り坐すは　大君ろかも（五七）

この歌が詠まれた事情は、『古事記』に記されている。仁徳天皇（記紀第一六代天皇。難波を都にした最初の天皇）の后石之日賣命は天皇の命によって豊楽（御酒宴のこと）につかうミツナガシワを採りに紀国の熊野に行幸された。ミツナガシワとはチャセンシダ科のシダであるオオタニワタリのことで、西日本の暖かなところの山林の樹上や岩に着生する。現在は観葉植物として栽培もされているが、当時は特殊な祭祀に必要とされるシダであったのだろう。后の留守に仁徳天皇は「八田若郎女と婚ひしたまひて、昼夜戯れ遊び」くらしていることを后は聞き、怒って採取したミツナガシワを海に投げ捨てて、難波の都には入らず、山代川（淀川）を溯って実家がある大和国葛城へと帰ってしまった。その時に詠まれた歌である。

「つぎねふ」は山代にかかる枕詞である。烏草樹の木は、ツツジ科コケモモ属の高さ一〜三メートルの常緑小高木のことで、関東以西の暖地の山地に自生している。晩秋、紫黒色に熟する液果は甘酸っぱく、食べられる。

淀川を上っていくと、川辺にはシャシャンポの木が生えており、その下には広い葉がたくさん茂っている椿、その花のようにお顔も照り輝いていらっしゃり、その葉のように寛やかにゆったりとしていらっしゃるのは、大君であるよ、との意である。ツバキの葉の広さと、花の輝くような赤色とで、天皇を褒めた歌である。このときツバキを五百箇真椿と表現されているが、ユツを「斎つ」すなわち神聖なとの意味にとることもできる。「斎つ」とは、斎い清めること、神聖なこと、清浄なこと、とされている。真椿は椿の美称である。

五百箇真椿は、『古事記』下つ巻の雄略天皇の条でも詠われている。

倭の　この高市に　小高る　市の高處
新嘗屋に　生ひ立てる　葉廣　五百箇真椿　其が葉の　廣りいまし　その花の　照りいます　高光る
日の御子に　豊御酒　献らせ　事の　語言も　是をば（一〇〇）

この歌は雄略天皇（記紀では第二一代の天皇）が長谷の枝葉のよく茂った槻のもとにおいて豊楽（天皇が出座された宴会）がされたとき、大后若日下部王が、雄略天皇をツバキによって言祝ぎ、酒をすすめるときうたった歌である。

東大寺二月堂お水取りの椿

奈良東大寺大仏殿の北西にある正倉院には、七〜八世紀の東洋文化の粋が収められているが、南庫にツバキの杖「卯日椿杖（卯杖）一枚（二杖）」が現存している。これは中国に古代から伝わる正月から最初の卯の日の悪鬼を払う行事が日本化して、景行天皇の故事にある破邪尚武の信仰から、日本特産のツバキが中国のモモ（桃）に代わって伝えられているものとされている。この杖は長さ一・六メートル、径一・八センチの皮つきの幹に、金泥・銀泥・黄・赤・緑・褐色の彩色が施されている。正倉院のツバキ杖は、孝謙天皇（第四六代の天皇、在位七四九〜七五八年、のち重祚して称徳天皇）が、天平勝宝四年（七五二）四月九日の東大寺大仏殿の開眼供養の際に使われたと伝られている。

東大寺といえば、関西では二月堂のお水取りが済まない間は、春がこないと言い伝えられている。二月堂のお水取りというのは、正しくは東大寺二月堂の「修二会」（二月にお勤めする法会）といい、年のはじめに勤める「修正会」とともに、新しい年の豊年や安泰を祈る恒例行事として伝られている。古くは毎年二月一日より二七日間勤修された。現在は三月（もとは陰暦二月）一三日の未明、堂前の若狭井の水を汲み、加持して、香水とする儀式をいう。約一二〇〇年前の奈良時代天平勝宝四年から毎年継続されている修二会の行事の一つである。修二会は、寺院で陰暦二月はじめに国家の隆昌を祈る法会（現在は三月）で、東大寺の行事が有名である。そのお水取りの行法に紅白の和紙で作ったツバキが、本尊の観音に供花される。春をよぶ早春のツバキの造花は、二月堂椿・御堂椿とよばれる。

二月堂の修二会では紅白の二色の椿の造花がつかわれるので、このころはもう栽培種のなかには咲き分けの種類があったのであろうか。野生のヤブツバキの花は、紅花のものがほとんどであるが、上代には白花の咲く野生種が見つかっている。『日本書紀』巻第二十八の天武天皇一三年（六八五）春三月八日の条に、「吉野の人宇閉直弓（うへのあたいゆみ）が白椿を奉った」と記されている。献上したのが大和国吉野の人であるところから、現在の奈良県吉野地方、とくに吉野川の流域の山地で採取されたものであろう。紅色主体のヤブツバキのなかでの白花なので、珍しいともてはやされ、里へ移された可能性はある。その樹が大きくて移植が困難な場合は、種子が採取され、苗が育てられたとも考えられる。白花椿の発見から、二月堂のお水取りの始まるまでの間は六七年ある。

第三章　平安時代から桃山時代までの椿

平安期の和歌集に椿はない

椿は平安京に遷都される以前には『記紀』や『万葉集』に、「かたやまつばき」「つらつらつばき」「やまつばき」「やつおのつばき」等と椿の花は形容され、花木として眺められてきた。ところが不思議なことに、平安時代約四〇〇年という長い年月の間、椿の花はあまり好まれなかったようで、『源氏物語』や『枕草子』、『土佐日記』『和泉式部日記』『紫式部日記』等の物語、随筆、日記類は椿にかかわる記事はまったくない。

平安時代における人と自然の結びつきは、祭りや年中行事にしても、旅行や交際、その他の人事全般が、すべて自然との関係で運ばれ、自然との情趣にとけあっていることが大切とされた。当時の貴族たちは、教養として四季おりおりの自然の情趣を理解して、それにふさわしい和歌を詠んでの応接ができなければならなかった。和歌の手引き書はたくさんあったであろうが、現在まで残っているのは清少納言の『枕草子』である。冒頭に「春はあけぼの。……夏は夜。……秋は夕暮れ。……冬はつとめて。」と、当時の人びと、特に貴族たちが、四季おりおりの情趣を感じるすぐれた時分から書き始められている。

平安時代に最初の勅撰和歌集となった『古今和歌集』は、王朝人の季節感を大切にして、まず四季の歌

平安期には花といえば桜花のことで、椿の花は物語、和歌、随筆にはとりあげられることはなかった。（『都林泉名所図会』近畿大学図書館蔵）

から記しはじめ、春歌上、春歌下、夏歌、秋歌上、秋歌下、冬歌と六つの巻に編集している。本書の主題は春に咲く椿であるので、春の季節に詠われた花をみてみる。春歌上には梅の歌一七首、桜の歌が二〇首あり、春歌下では桜の歌五〇首という大群をなして、花とは桜花のことをいうと、いわば決めつけている。そのほか春の植物としては、若菜、松の緑（松の新芽のこと）、青柳、藤の花、山吹といったもので、椿はまったく見当たらない。『古今和歌集』の他の部立てにも椿の花の歌は見当たらない。

平安期の代表的物語である『源氏物語』にも、代表的随筆の『枕草子』にも、王朝の詞華集である『和漢朗詠集』にも椿は登場しない。なぜなのだろうか。

考えられることは、物語も随筆も、『和漢朗詠集』も、書き手も読み手も貴族階級にかかわる人たちなので、椿の咲くころに山野を歩き回って野生の花を実地にみる機会が失われていたこと。椿は日本特産であり、王朝期の前半までは文化の親元であった中国で、椿をどう詠うべきなのか、模範となるべき漢詩がなかったこと。当時の貴族たちは、春の花といえば、梅、桜、山吹、藤といった薄紅色か、黄色、薄紫色といういわゆる春らしい色を好み、大輪の強い赤色の椿に対しては情感がわかなったこと。この時代に編纂された和歌集には、作者は詠み人知らずとされながらも、決して椿の生態などに詳しい庶民の歌は採られていないことなどが考えられる。

しかしながら、寝殿造りの庭園に椿はなかったのかとの疑問があるが、春の彩りをつくる早春の花なので欠落することはなかったであろうと考える。けれども、そのことを裏付ける資料は、残念ながら見当たらない。

渡辺武は「ツバキの文化史」（渡辺武・安藤芳顕『花材別　いけばな芸術全集3　椿　水仙』主婦の友社、一九七三年）の中で、椿花が女官の衣装に描かれていたとする。

天皇の側近にはべって供御(くご)の給仕に従う女官を采女(うねめ)と呼んだ。采女の絵衣には古来マツとツバキが描かれ、十二単(ひとえ)や五節舞(ごせちのまい)の衣装にも、吉祥花として椿花文様が見られる。

古代裂(こだいぎれ)では速玉神社の表袴の浮織文に、紫地でたくみな椿唐草があり、前田家蔵の騎馬人物にウメとツバキの折枝文様の古代裂がある。

供御とは主として天皇の飲食物をいう語であるが、上皇・皇后・皇子についても同じくもちいる。五節舞とは、五節(ごせち)（五節句の略）（人日・上巳・端午・七夕・重陽）に大歌(おおうた)を伴って奏する少女の舞のことである。古代裂とは、古代の織物の裂地のことで、表装や袋物などに用いられる。しかし元井能は「椿と文様」（『日本の文様　椿』光琳社出版）のなかで、これらの遺例は見当たらないと否定している。

椿の葉っぱで包む椿餅

椿の葉っぱを用いた食品の椿餅(つばいもちい)が、『源氏物語』若菜上の巻に記述されている。

つぎつぎの殿上人(てんじょうびと)は、簀(す)の子に圓挫(わらふだ)めして、わざとなく、椿餅(つばいもちい)、・梨(なし)・柑子(こうじ)やうの物ども、さまざまに、箱の蓋どもとりまぜつつあるを、若き人々、そぼれ食ふ。さるべき干物(からもの)ばかりして、御かわらけ参る。

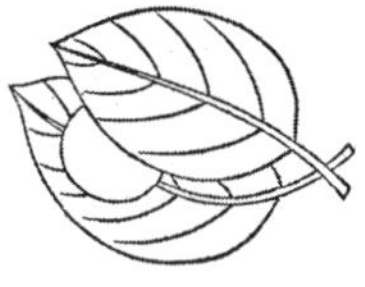

享保12年（1727）御再興子日御遊之図所載の椿餅

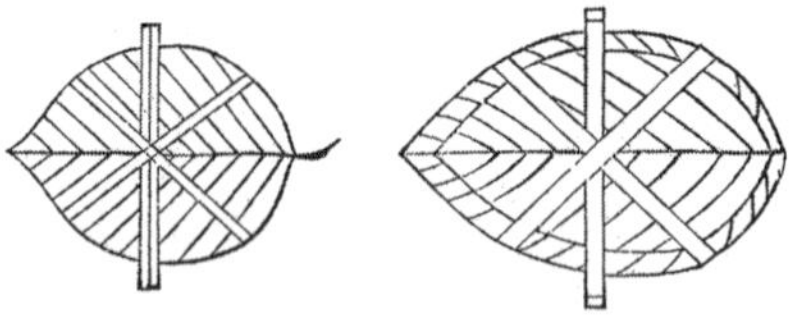

遊翁宗川の図せる所の椿餅

『古今要覧稿』飲食部「つばいもちい」に載せられた椿餅の図

三月の空がうららかに晴れた日、六条院へ兵部卿（蛍）、衛門の督（柏木）たちがきて蹴鞠に興じ、のち対の南廂で軽い宴をはった場面である。箱や蓋に盛られた椿餅、梨や甘い果物などのさまざまな食べ物を、蹴鞠のときの様子をわぁわぁと騒ぎながら、戯れるように食べていた。そのうちに酒が運ばれてきた。椿餅は蹴鞠のような運動をするとき、貴族の携行食のひとつとされていた。

『宇津保物語』の九二「ゆずり上」にも「大とのの御かたより檜破子みきつばいもちいなど奉りたまへり」とある。

椿餅はわが国で最初の餅菓子ともいわれ、干飯を粉にして丁子の粉をすこし加え、甘葛の汁をかけて固め、椿の葉二枚で両面を包み、それを薄い紙を幅一分（約三ミリ）に切ったもので結んである。干飯は、飯を乾燥して貯えているもので、これを水でもどせば、すぐに食べられる。丁子は、フトモモ科の熱帯常緑樹で、香りが高く、蕾を乾燥したものを丁香とよび、古来有名な生薬、香辛料である。甘葛は、アマチャズルといわれるつる草から採取した甘味料のことである。

餅は餅飯の略で、食後長く腹にもたれる飯を意味する持飯や、携帯に便利な飯という意味の携帯飯がつまって単にモチとなったといわれている。餅には、糯米を蒸して搗いてつくる搗餅と、米を水に浸して柔らかくしたものをひいて粉にし、それを固めた粉餅があった。普通には搗餅が多い。椿餅は後者の要領でつくられた餅である。

『古今要覧稿』巻第五六三・飲食部・「つばいもちい」は、前に触れた作り方は古いものだという。同書編纂当時（およそ文化文政期、一八〇四〜一八三〇年）の方法は、「引飯を狐色ほどに炒り、粉にして絹ふるいにかけ、白砂糖を竹簾にてふるい、その粉に白砂糖・肉桂粉を合わせ、練り、蒸し、搗きて、椿の実ほどに丸め、椿の葉二枚にはさむよし、遊翁宗川の説である」と記す。桜餅もこの椿餅を習ったもの。『古今要覧稿』はまた『塵泥』の記述を次のように記している。（句読点は補った）

塵泥云う、つばき餅、源氏物語の文によりて考るに、弥生ばかり空うららかなるとあるによれば、椿は雑題に出て、八千代をへて色のかわらぬことを祝にとりなし、又万葉集につらつらつばきつらつらにと歌には詠むなれども、其の樹は春に至て花咲くものなれば、時節にしたがひ、其葉をもてつつみたる餅を椿餅と号して、蹴鞠の韈にふれて、其の座には出されたるものなるべし。あながち椿餅は、鞠の折のみ出す菓子とさし定まりたるにはあらざるにや。夏秋冬の鞠の座にも韈にふれなば、椿餅を制し出して敢てたがひぬと、咎むることにもあらず。今の世、俗に椿餅を蹴鞠の座にきわめて出すものなりと、故実のやうにいふなるは右紫式部の物語の文によりて、斯はいひ出でつることにやあるらん。たしかなよりどころも、きこへず。

椿餅という食べ物について述べたので、ついでに椿の種子を絞った椿油のことも記す。『続日本紀』の渤海国の使節に、椿油（海石榴油と記している）を与えたことは前に触れた。

『延喜式』の椿油上納元

椿油は、食用、薬用、灯火用として貴重なものであった。平安時代初期の延長五年（九二七）に撰進された律令の施行細則である『延喜式』（黒板勝美・国史大系編修会編『延暦交替式・貞観交替式・延喜交替式・

弘仁式・延喜式』吉川弘文館、一九六五年）巻二十四・主計上には、税として九州地方等から椿油が上納されていたことが記されている。

因幡国（現鳥取県東部）
　中男作物（ちゅうなんさくもつ）　海石榴油（つばきあぶら）、胡麻油（ごまあぶら）
出雲国（現島根県東部）
　中男作物　海石榴油、胡麻油、荏油（えのあぶら）
周防国（現山口県東部）
　中男作物　海石榴油、胡麻油
筑前国（現福岡県北西部）
　調（みつぎ）　海石榴油一斛（石）四斗六升四合
　中男作物　海石榴油、胡麻油、荏油
筑後国（現福岡県南部）
　中男作物　海石榴油、胡麻油、荏油、曼椒油（ほそきあぶら）
肥後国（現熊本県）
　中男作物　海石榴油、胡麻油、荏油
豊前国（大半は現福岡県東部、一部は大分県北部）
　中男作物　海石榴油、胡麻油、荏油
豊後国（現大分県の大部分）
　中男作物　海石榴油、胡麻油、荏油、曼椒油

壹岐嶋（壹岐国）（現長崎県壱岐地方）

　調　海石榴油

中男作物とは律令制度上の諸国からの貢納品の一種で、律令では中男（一七歳から二〇歳の男子）に正丁（二一歳から六〇歳の男子）の四分の一の調（「みつぎ」ともいう）を課し、また正丁には調のほかに副産物として種々のものを納めさせていた。しかし、養老元年（七一七）には調副物を廃止するとともに中男の調もやめ、その代わりに中央官庁が必要とする物品の必要量を概算して諸国に貢納を命じた。諸国では中男を使役してそれらの物品を調達し、中男が不足の場合は正丁の雑徭をあてて補うこととした。

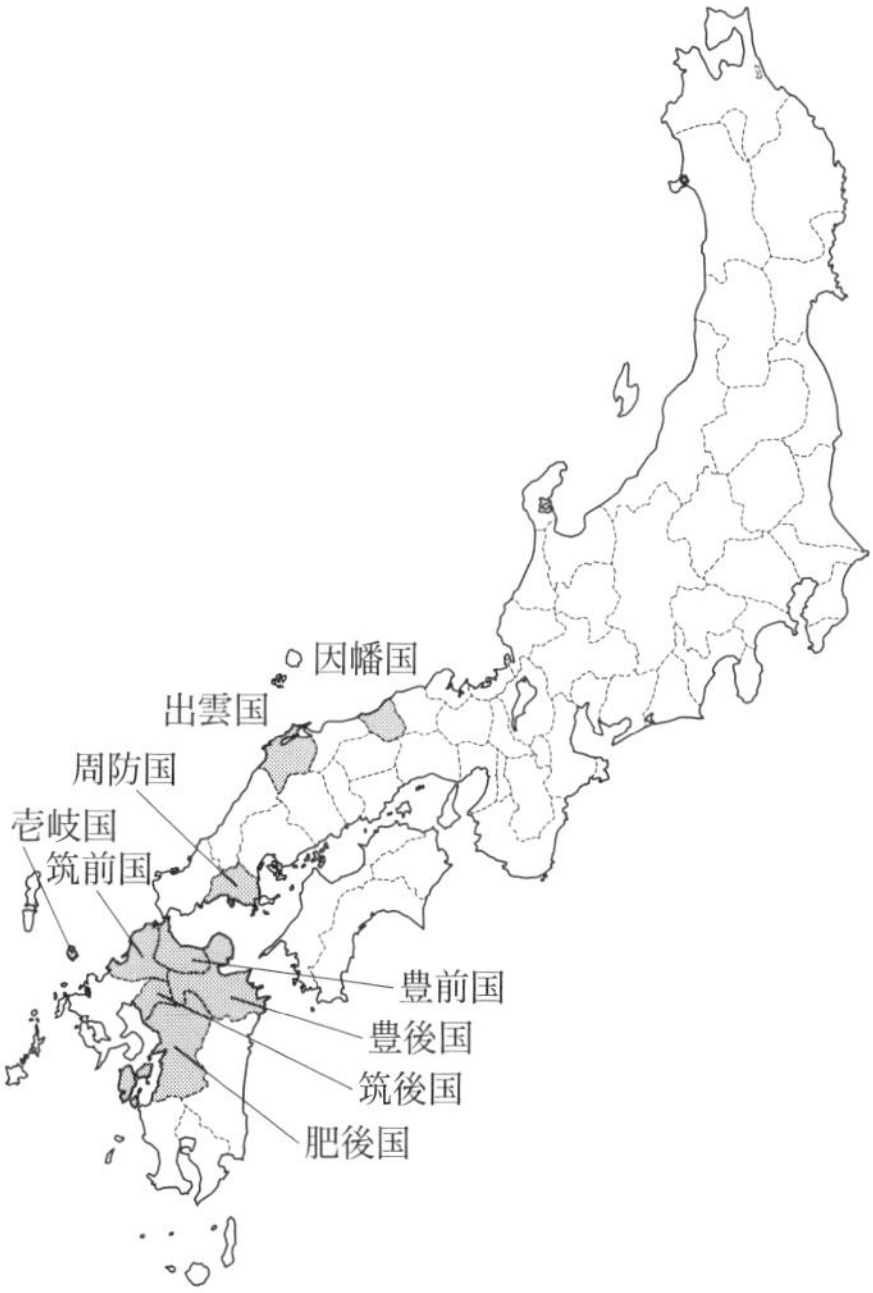

『延喜武』で椿油が税とされた諸国

調とは、律令制の現物で納める租税の一つである。平安時代から唐制にならって成人男子の人頭税とし、繊維製品、海産物、鉱産物など土地の産物を徴収した。その徴収にあたっての基準が定められており、「凡諸国の調の輸ところ」として、「海石榴油一升二合、壱岐嶋一升三合三勺」とされている。これは正丁（二一歳から六〇歳の成人男子）一人につき、いくらとして定めたもので、これが正調である。さらに雑物および調副物（中男作物の名称）として多くの食物があげられており、油類はこの中に含まれている。

油の徴収基準は、金漆一合五勺、胡麻油七合、荏・曼椒油各五合、海石榴油・胡桃油・閇美油各三合、猪膏一升とされていた。

筑前国と壱岐国とは、正税として海石榴油が貢納されていた。税がかけられるほど、この二つの国では椿が多く生育して油がしぼられていることを、出先の大宰府を通して都の役人たちは把握していたのである。

上納される諸種の油

金漆は、ウコギ科ウコギ属の落葉高木であるコシアブラの樹液をこして精製した一種の漆である。コシアブラは原野、丘陵、河岸、山麓等の二次林におおく生育する。若芽は山菜として食用とし、果実は家庭酒の原料となる。

曼椒油の曼椒とは、ミカン科の落葉低木であるイヌサンショウの異称のことで、外形はサンショウに似ているが香りはよくない。果実は青椒と称して咳止めや消炎にもちいる。果実には揮発油を含むので絞り、これを曼椒油といい、灯用として用いた。二次林の林縁などに多く生育する。

胡麻油は、ゴマの種子をしぼって製した半乾性脂肪油で、食用とする。黒胡麻のものは「黒絞り」とよばれて揚げ物用とし、白胡麻のものは「しらしぼり（白絞）」といって揚げ物のほか婦人の頭髪用の油とする。胡麻は栽培植物で、主として畑でつくられる。若く茎が軟らかなときは、全草が茹でたり煮たりしてたべられる。

荏油は、インド及び中国原産のシソ科シソ属の一年草のエゴマの種子をしぼって採取した乾性油で、桐油紙の製作や雨傘などに塗る。種子は炒ってゴマの代用とする。荏油はウルシノキの樹液から採取した漆を精製する際につかわれる。ウルシノキから樹液を採取するのは、幹に傷をつけて流れ出したものを集めるが、採取したままの樹液は生漆とよばれ、これを精製する。精製法は二通りあり、濾過して不純物を除き水分を抜く「くろめ」(黒め漆)と、何度もかき混ぜて精製する「なやし」とである。この「なやし」の工程に荏油が使われる。漆に荏油を混ぜると粘度が高まり、のりがよくなり、乾きが早い。そのエゴマは、縄文時代前期の福井県鳥浜貝塚から出土したことが、前に触れた『鳥浜貝塚　縄文のタイムカプセル』で「栽培植物であるヒョウタン・エゴマ・ゴボウなどがぞくぞくと出現し、菜園のある風景さえ思い浮かび」と報告されている。

前に触れたように、各国からそれぞれ海石榴油、胡麻油、荏油、曼椒油、麻子油(麻の実からしぼった油)が税として貢納された。大量の油類の用途を『延喜式』巻第三十六・主殿寮から、それぞれの種類の油の使われる代表的なところをみるとつぎのようになる。なお主殿寮は、宮中の灯燭の配給をつかさどる役所である。

大膳寮　胡麻油一升二合(供御并びに中宮御索餅糖料)
鎮魂料　曼椒油二升四合
隼人司　荏油　一斛三升八升(年料　油布を造る料)
内蔵寮　麻子油　二升五合(年料　御靴并びに絲鞋等を造る料)

このように四種の油については、それぞれの用途がほぼ分かる。なお曼椒油については、油とともに灯盞(油をいれる皿)がついているので、灯火用とわかる。しかし、海石榴油については、何に用いられるのか、具体的な記述はない。

宮殿や貴人の邸宅を尊敬して大殿（おおとの）といい、ここで使われる灯火のことを大殿油（おおとなぶら）と呼ばれた。灯火には油が用いられたからであるが、何から作られた油かは不詳である。『枕草子』（池田亀鑑校訂、岩波文庫、一九六二）の「清涼殿の丑寅のすみの」の段には、「下の十巻を、あすにならばことをぞ見給ひあはするとて、けふさだめてんと、大殿油（おおとなぶら）まいりて、夜ふくるまでよませ給ひける」とあり、夜更けまでの本読みなどに用いられている。

椿油は揚物や整髪に使用か

渡辺実著『日本食生活史』（吉川弘文館、一九六四年）によると、平安時代になると今日の菓子にあたる唐菓子（からがし）とか唐果物（からくだもの）とよばれるものが食べられるようになった。菓子（かし）はもとは樹木の種実や果実であり、これを木果子といっていた。唐菓子は植物の果子に似せて、糯米（もちごめ）の粉、小麦粉、大豆、小豆などで菓子をつくり、油であげたものである。梅枝（ばいし）、桃枝（とうし）、餲餬（かっこ）、桂心（けいしん）、黏臍（てんせい）、饆饠（ひら）、鎚子（ついし）、団喜（だんき）は八種（やくさ）唐菓子とよばれた。かっこは麦粉を練って油であげたもの、てんせいは油であげた餅のことをいう。これ以外に伏兎（ふと）は油であげた餅で、環餅（まがりもち）は糯米（もちごめ）の粉をこねて細くひねって輪のようにし胡麻油で揚げたもので、その形が輪のように曲がるので「まがり」といった。

椿油を使った菓子が食べられるようになったので、これらの調理用として胡麻油、椿油が用いられた。椿油は過熱しても固化しない性質があるため、何回も使用することができ、天ぷら油としては大豆油などに比べて四倍以上の量が揚がるといわれる。それだから、菓子をつくるときには、椿油が使われた可能性は非常に高い。

さらに椿油は、整髪料や肌荒れ予防に使われてきた。髪の手入れに椿油を使うと、頭皮に栄養を与え、酸化・変質しにくい天然成分で髪を保護し、しっとりとした豊かな潤いと弾力性をあたえ、切れ毛、枝毛、抜け毛、白髪、フケ、かゆみを防ぐという効果がある。

当時の貴族階級の人たちはみな髪が長かった。『枕草子』は「短くしてありぬべき物」の段で、「下衆女の髪」という。下衆女とは、身分の低い下働きの女衆のことで、働きやすくするため髪は短くしていた。しかし、短いけれども麗わしい物でなければならなかった。身分の高い人たちの髪は、麗しいうえに、長くなければならなかった。そのことを『枕草子』は「羨ましげなるもの」の段で、「髪いと長く、うるわしく、下りばななどめでたき人」をあげている。これは、髪の毛がとてもながく、麗しく、さらに髪の垂れた端の方が先細りにならず、豊かにそろっている人のことをいう。こんな髪をした人が女の人には羨まれたのである。

清少納言は髪についての関心が高く、『枕草子』に、「髪のうちたたなはりてゆるやかなるほど長さおしはかられたるに、小舎人童の小さくて髪いとうるはしきが筋さはらかに、御簾の内にまいて若やかなる女房などの髪うるはしくこぼれかかりて、十八、九ばかりの人の髪いとうるはしくて丈ばかりに裾いとふさやかなる」などと記している。このように、長い髪の毛を、きれいに整っていてしかも美しく見事な状態を保つためには、日々手入れをすることが大切である。その黒髪の手入れとして椿油は欠くことのできない整髪料であったが、日記にも随筆にも、物語にも椿油は記されていない。

紫染めと椿の灰

『延喜式』巻十五・内蔵寮（くらのつかさ、ともいう）は、紫染めの材料などを記している。内蔵寮は律令制では中務省に属し、天皇の宝物や日常用品の調達・保管・供進などを司った役所である。ここでおこなわれた染物は、紫染と藍染の二つであった。紫染は毎年二月一日からはじまり、五月三〇日に染め終わっていた。暑くならない時期が、紫染には適していたようである。一方の藍染は、藍瓶のなかでの発酵が必要なため、六月一日から開始され八月三〇日が染め終わりとされている。

紫染がおこなわれたものは一年間の量として、

綾一百疋（深紫二十疋、浅紫八十疋）
絹一百六十疋（深紫四十疋、浅紫一百二十疋）
帛四六十疋（浅紫纈）
絲二百絇

であった。

染料の紫草は一万五四三〇斤（六一七二キロ）で、媒染料の灰一〇五斛六斗（約一万九〇〇〇リットル）という多量のものであった。わかりやすいものに換算すると、ドラム缶一本分が一八〇リットルであるから、一〇五石六斗の量はドラム缶の約一〇六本分となる。ここでは媒染用は単に灰とだけ記されているが、

『延喜武』で紫草が貢納されていた国々

紫染には椿灰が最も良いとされているので、椿灰が用意されたのであろう。疋は、布帛（絹織物のこと）二反を単位として数える語である。

内蔵寮では紫染でも色に深い浅い（濃い薄い）があり、色の深浅も一括してあげられている。これとは別に『延喜式』巻十四・縫殿寮（ぬいどののつかさ、ともいう）には、色合い別に材料が掲げられている。なお縫殿寮は律令制では内蔵寮と同じく中務省に属し、女王・内外命婦その他女官の名簿・考課を管し、また衣服の裁縫などのことを司った役所である。ここには、深紫、浅紫、深滅紫、中滅紫、浅滅紫という五種類の色合いについて材料が示されている。深紫について布の種類などごとに材料の量を掲げるが、それ以外の染め方については省略する。

『延喜式』にある紫染め深染めの材料

綾一疋　紫草三十斤、酢二升、灰二石、薪三百六十斤
帛一疋　紫草三十斤、酢一升、灰一石八斗、薪三百斤
羅一疋　紫草三十斤、酢一升、灰二石、薪三百斤
絞紗一疋　紫草十五斤、酢三合、灰四斗六升、薪一百二十斤
絲一絇　紫草十七斤、酢二合、灰二斗五升、薪六十斤

綾は経糸に緯糸を斜めにかけて模様を織り出した絹布のことをいい、帛とは絹布のことをいい、羅とは薄く織った絹の布をいい、絞紗とは絞り染めの織目が粗くて軽くうすい絹織物をいい、絲とは絹糸のことをいう。一疋（二反＝幅約一尺一寸三分、長さ約二丈八尺の布が二つ分）の綾を濃い紫色に染めるためには、

椿灰が二石（三六〇リットル）もの量を必要としたのである。

紫染の原料となる紫草は諸国から税として貢納されていた。紫草は、ムラサキ科の多年草で、この宿根は紫根（しこん）といわれ、古来から紫染の染料とされた。成長して四〜五年を経た紫根は最も多量の色素を含む。内蔵寮に紫草が貢納されたところはつぎに示す通りで、九州全体を管轄する大宰府政庁がもっとも多く、諸国では関東地方となっていた。後世江戸紫とよばれる紫染めがあるが、それは染料となる紫草がたくさん採取されたことと、無縁ではなかろう。

大宰府四五〇〇斤（二・七トン）、（とりわけ野草一七〇〇斤）
甲斐国八〇〇斤（〇・四八トン）
相模国三七〇〇斤（二・二二トン）
武蔵国三二〇〇斤（一・九二トン）
下総国二六〇〇斤（一・五六トン）
常陸国三八〇〇斤（二・二八トン）
信濃国二八〇〇斤（一・六八トン）
上野国二三〇〇斤（一・三八トン）
下野国一〇〇〇斤（〇・六トン）
合計二万四七〇〇斤（一四・八二トン）

しかしながら、媒染用の灰はどの国から税として納められたのかは不詳である。紫染には椿灰が必要だと云われるが、椿灰だけを必要量だけ整えようとしても、相当量の椿の樹木を灰にしなければならないので、実際には各種の樹木の灰が混じっていたものであろう。

和歌集に椿が登場する時期

椿の歌は平安時代も終わりごろ藤原公任により撰せられた『拾遺和歌集』から、八〇年の空白の後に成立した勅撰和歌集の四番目にあたる『後拾遺和歌集』にようやく登場してきた。『後拾遺和歌集』は八代集の一つで、承暦二年（一〇七八）に歌集勅撰の詔が下され、それより九年後の応徳三年（一〇八六）に藤原通俊が奏上したもので、和泉式部や赤染衛門ら女流歌人が目立つ歌集となっている。椿の歌は第七・賀に収められている。

永承四年内裏歌合によめる　　式部大輔資業

君が代はしら玉椿八千代ともなにゝかぞへん限なければ（四五三）

君が代とは、天皇の寿命ないしは栄える時につかう言葉であるところから、今上天皇は白玉椿が八〇〇〇年と云われるけれども、何と数えてよいのだろうか、限りもないことだから、との意である。白とは清浄であるとの意味をもっており、玉椿は椿の美称である。

ここの椿は、『荘子』逍遥遊編が「上古、大椿なるものあり。八千歳を以て春となし、八千歳を以て秋となす。［此れ大年なり］」という大椿のことである。大昔には大椿という木があって、八〇〇〇年の間に生長繁茂の春と葉のない秋があるという。これが長い寿命である、という意味である。葉のある春と、ない秋が大椿にはあるのだから、落葉樹に属している。

『荘子』は瑞鳥として鳳凰を、瑞獣として龍をあげ、植物での瑞木、霊木、長寿木として大椿をあげたのである（と、むかしの人は考えた）。したがって大椿はわが国の椿とは異なる架空の霊木であるが、前の章で触れたように、ツバキを表記するのに『万葉集』の時代にこの字を借り、「つばき」と訓ませている。奥山の椿を君・天皇にたとえ、八〇〇〇歳の春秋をいくたび経るのであろうかと、その長寿を言祝いだのである。『新撰朗詠集』雑・帝王には大江朝綱の「徳は是れ北辰椿葉の影再び改まる」とあり、ここからこの歌がでていると久保田淳校注の『千載和歌集』（岩波文庫、一九八六年）はいう。奈良時代からツバキは椿の字をかりた『荘子』の大椿と、わが国の椿は同じものだとみて、ツバキは聖なる木、長寿の木としてきており、「玉椿の八千代」などと表現されるのである。

次には第七番目の勅撰集『千載和歌集』巻第十・賀歌に一首収められている。『千載和歌集』は、王朝末期から中世初頭にかけて源氏と平家の戦いをはじめとした動乱のさなかの寿永二年（一一八三）、後白河法王の院宣により藤原俊成が撰したもので、鎌倉時代幕開けの文治三年（一一八七）に成立している。この歌集は一条天皇以後二〇〇年間の、『後拾遺和歌集』に洩れた歌より撰修したものである。

祝いの心をよめる　　藤原基俊

奥山のやつをの椿君が世にいくたびかげを変へんとすらん（六一八）

歌の意は、奥山の峰々に咲いている椿よ、今上陛下の時代に何度影を変えるのだろうか、である。影をかえることは、葉っぱのある時期と葉っぱを落とした時期とでは樹木の影が変わる。つまり葉のある時期とない時期（いうなれば一年のこと）が、何度訪れるかといい、歳が長々と続くことを言祝いでいる。椿は常緑樹なので、葉を落とす時期はあり得ないのであり、この歌にも『荘子』の「大椿」の影響がみられる。

藤原基俊のこの歌が、「祝いの心をよめる」との詞書きがあるとともに、長寿を言祝ぐ歌であるから、「賀歌」の部立てに収められているのである。

『新古今和歌集』に収められた椿の歌も、部立ては「賀歌」である。

寛治二年、大嘗会屏風に、鷹の尾の山をよめる　　前中納言匡房

とやかへるたかの尾山の玉椿霜をば経とも色はかわらじ（七五〇）

寛治二年（一〇八八）の堀河天皇（第七三代天皇・在位一〇八六～一一〇七年）の大嘗会の祭場にしつらえられた屏風に描かれた鷹尾山を詠んだ歌で、鷹が巣に帰る鷹尾山にある玉椿は、霜が降りても緑の色をかえないと云い、天皇を祝福しているのである。玉椿は椿の美称である。なお、大嘗会とは大嘗祭りのことで、天皇が即位の後、初めて行う新嘗祭で、その年の新穀を献じて自ら天照大神および天神地祇を祀る一代一度の大祭である。

椿の歌が収められている勅撰和歌集の『後拾遺和歌集』『千載和歌集』『新古今和歌集』をみてきたが、どの歌集も部立ては賀歌である。椿は春の木だと、中国の古典からわざわざ木偏に旁を春とする字を探し出し、字面をかりて訓むことにした万葉時代の人々の思いは、平安期の貴族たちにはなかった。椿の字を『荘子』から借用した大椿が、八〇〇〇年もの長寿だとされていることから、そのことを借用するようになっていたのである。当時の貴族たちにおいては、もはや大椿とは中国でチャンチンとよぶ樹木のことではなく、大木の椿つまり大椿だと理解されていたのである。

椿は長寿の賀のとき詠う

『新古今和歌集』の後に撰集された和歌集も、椿の歌は春の季節を詠むものではなく、賀つまり長寿を祝うものだとの認識ができあがっていたのだろう、鎌倉時代に撰集された歌集には次のような歌が収められている。

後堀河天皇（第八六代の天皇・在位一二二一～三二年）の勅命により藤原定家撰の『新勅撰和歌集』（文暦二年＝一二三五年撰進）は巻第七・賀歌の詞書きに「百首歌よませ侍ける時祝歌」として、

「みかみの山はときは成べき」と詠われた三上山。写真中央の円錐形の山が三上山。

八千代へん君が為とや玉椿葉かへすをすへき程はさだめし　　後法性寺入道前関白太政大臣

八千代という極めて永い年代を経る天皇のためと、玉椿は葉代え、つまり葉っぱが代替わりする時期は、普通の樹木は秋であるけれども、椿は別に定めることはなく、常に緑の葉を保ち続けているという意である。暗に後法性寺入道がいま戴いている天皇は、その位をいつまでも保ち続けられることを、よろこび祝ったのである。

後嵯峨上皇（第八八代の天皇・在位一二四二～四六年）の院宣によって藤原為家が撰した『続後撰和歌集』（建長三年＝一二五一年成る）は巻第廿・「賀歌」の詞書きに「祝の歌に」として、

ちはやふるいつのお山の玉椿八百萬代もの色はかはらし　　鎌倉右大臣

斎（い）み浄められている山の玉椿は、極めて永い年代にも、色を変えることはないと、常盤（ときわ）の緑をもつ椿を詠うことで、主人を言祝（ことほ）いだ歌である。なお、「ちはやふる」は神にかかる枕詞であり、「伊豆のお山」とは伊豆半島にそびえる天城山のことであろうか。この山は清浄な神の山であったことがわかる。そこに玉椿は生育しているとする。

後宇多上皇（第九一代の天皇・在位一二七四～八七年）の院宣により二条為世が撰した『新後撰和歌集』（弘安元年＝一二七八年撰進）は巻第廿・「賀歌」の詞書きに「寛元四年悠紀風俗歌三神山」として、

玉椿かはらぬ色を八千代共みかみの山はときは成へき　民部卿經光

玉椿のほかの色とは変わらない緑色の葉っぱは八千代までも続き、三上（みかみやま）山は常盤の緑の山であろうと、つねに変わらない緑の葉っぱでもって作者の經光は言祝いだのである。三上山は、滋賀県野洲市野洲町の南東部にある富士山に似た円錐形の小山で、標高は四三二メートルであり、近江富士といわれる。むかしは三上山の山上に祭神をイザナギノミコトとする御上（みかみ）神社が鎮座していたが、後世麓に移されている。この神社は『延喜式』では名神大社とされ、月次（つきなみ）の神事や新嘗祭（にいなめさい）のときには、朝廷から幣が賜られた。

伏見上皇（第九二代天皇・在位一二八七～九八年）の院宣により京極為兼が撰した『玉葉和歌集』（正和元年＝一三一二年撰進）は巻第七・「賀歌」の詞書きに「正治二年後鳥羽院に百首歌奉る時祝いのこゝろを」として、

玉椿初子の松を取そへて君をそ祝ふしつのこや迄　皇太后太夫俊成

玉椿に、正月から初めて訪れた子（ね）の日の野遊びのときに引き抜いてきた縁起物の子の日の小松をそえて、君・天皇を祝い奉りますよ、卑しく身分の低い者たちが住む小屋のような住居でも……、との意である。私たち貴族だけでなく、下々の者までが、天皇が健やかな正月を迎えられたことを、言祝ぐ歌となっている。八千年の寿命をもつとされる玉椿を歌の冒頭におき、さらに長寿で瑞木とされる松をならべることによって、天皇の長寿とともに、その治世が長きにわたることを祝ったのである。

後宇多上皇の院宣により二条為世が撰した『続千載和歌集』（元応二年＝一三二〇年に二条為世が撰進）は巻第廿・「賀歌」の詞書きに「祝の心を」として、

契りても年の緒なかき玉椿かけにや千代の数もこもれる　土御門院御製

夫婦の約束を交わしても、それが長く長く続く玉椿のように、いつまでもと千代にとの数が籠もっているよ、というのである。歌の作者の土御門院は退位された土御門天皇（第八三代天皇・在位一一九八〜一二一〇年）のことで、後鳥羽天皇の第一皇子で、土佐院とも阿波院ともよばれる。承久の乱により土佐国に流され、のち阿波国に遷された。

『新拾遺和歌集』は巻第七・「賀歌」の詞書きに「文保百首歌集りし時」として、

君かすむはこやの山の玉椿八千代さかえん末そ久しき　前大納言俊光

君・上皇が住んでおられる御所の玉椿のように、八千代まで栄えるであろうし、それは後の世までも長く長く続くであろうと、言祝ぐ歌である。「はこやの山」とは、『荘子』逍遥遊篇でいうところの藐姑射の山のことで、不老不死の仙人が住む山をいうのであるが、上皇の御所を祝してこのように称する。上皇の御所はふつう仙洞というところから、こう称される。

ついでに『荘子』（金谷治訳注『荘子　第一冊［内篇］』岩波文庫、一九七一年）のいうところの藐姑射の山とはどんなところなのか、逍遥遊篇を覗いてみよう。「逍遥遊」とはとらわれのない自由なのびのびとした境地に心を遊ばせることだといい、この篇名はとらわれのない自得の楽しさの意味をとっているとされる。藐姑射の山のことは、肩吾が連叔に、接与の話は果てしもない、とてもありそうもないことだと云い、つぎのように語ったとして記されている。肩吾と連叔はともに道を得た賢人で、黄帝などと並べられる人と『荘子』にはある。

曰わく、藐（遠）き姑射の山に神人ありて居る、肌膚は氷（凝）雪のごとく淖約たること処子の若し。五穀を食らわず風を吸い露を飲み、雲気に乗じ飛竜に御して、四海の外に遊ぶ。其の神凝れば、物をして疵癘わざらしめ年穀をして熟せしむ。吾れ是を以て狂として信ぜずと。

これに連叔は、お前は接與のいう神人が理解できないのだとして、この神人というのは、その徳は雑多な万物をおのずから混同して一つに合わせてしまおうとするものだと、述べている。そして、「その人は外界の事物によって害されることもない。大水が出て天にとどくほどになっても溺れることがなく、大旱魃で金属や岩石が熔けて流れ、大地や山肌が焦げるほどになっても熱さを感じない」という。要するに道教の道士のなかでも、最高位の人（つまり仙人をいう）だというのである。前大納言俊光は道教の知識をもちだして、私の仕える仙洞御所の太上天皇は藐姑射の山の仙人のように凄いお方であり、玉椿のように八千代までも長く久しく栄えられるであろうと、盛大に祝い上げたのである。

こんなことには和歌は重宝であった。詩や文章ではこれだけのことを述べるとすると、鼻持ちならないものとなりそうだ。三一文字の歌で、自分の意のあることを十分に達することができることが、当時の貴族の教養とされていた。この歌がすんなりと理解されるほど、当時の貴族たちの間には、道教が入り込んでいた証しのひとつでもある。

『新千載和歌集』は巻第廿・「慶賀歌」の詞書きに「正安四年六月後宇多院賀茂社に御幸侍ける時さぶらふ人々題をさぐりて歌つかまつりけるに社頭祝といへる事つかうまつりける」として、

神山の嶺に生てふ玉椿八千代は君のためと祈らん　　賀茂經久

賀茂神社のご神体とされる神山の峰に生えている玉椿の八千代の寿命は、宇多院のためにあるものだと

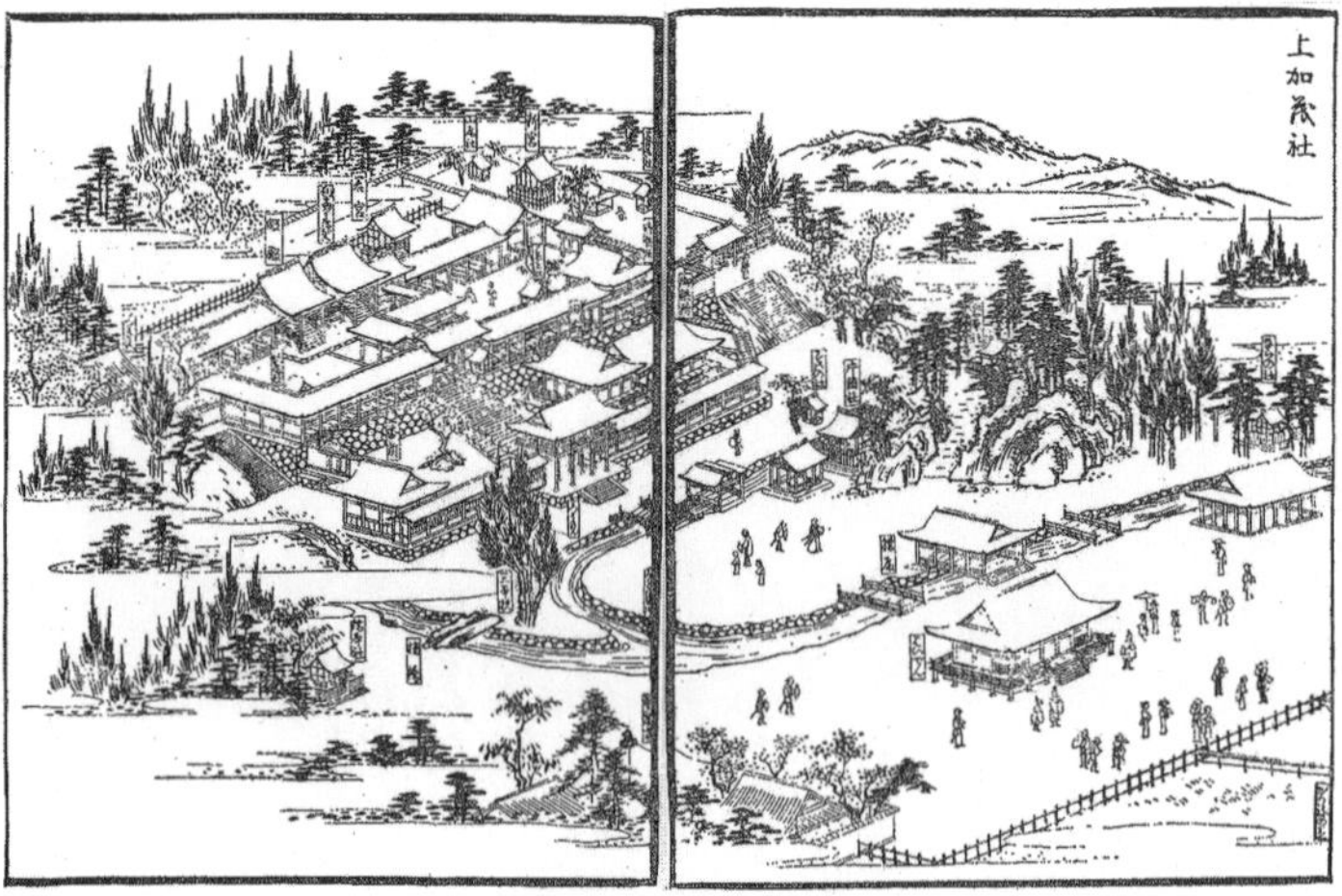

山城国一の宮の上賀茂神社。この神社のご神体である神山の嶺に生えている椿で八千代の齢を祝う。

祈ります、と実に率直な歌である。

賀茂別雷（かもわけいかずち）神社（通称上賀茂神社）、および賀茂御祖（かもみおや）神社（通称下賀茂神社）の総称である。上賀茂神社は山城国の一宮であり、平安京が建設される以前からあった神社で、大社である。その地は奥に山を背負い、前に川のある地で、陽に向かい陰に背（そむ）いている。山のかたちは麗しく、川の流れは清冽で、御社のたたずまいも清々しく、まことに神気の集まれるところで、すぐれた霊地となっている。境内に御手洗（みたらし）川があり、ご神体の神山から流れ出て、本社の前をすぎ、やがてその下流は下賀茂神社へと続いている。上賀茂の北の御生所（みあれの）野というところが神山の西北にあり、賀茂明神が初めて出現されたところと伝えられる。

五月一日には賀茂神社の神前で競馬の足そろえが試みられ、五月五日には競馬（くらべうま）があり、大勢の人びとが群集する。

上賀茂神社と下賀茂神社の例祭は五月一五日で、「葵祭（あおいまつり）」といい、五穀豊穣を願い約一五〇〇年前に

平安～鎌倉期の勅撰和歌集等の賀の歌に詠われた植物とその歌数

	古今	拾遺	後拾遺	千載	新古今	新勅撰	続後撰	玉葉	新拾遺	新千載
松	2	7	11	8	14	9	12	13	14	17
竹		4	1	3	1	4	3	1	2	4
梅	1			1				1		2
椿			2	1	1	1	1	1	1	1
苔	1							1		
桜花	3	3		3	4	3	6	7	6	7
若菜	1	1			1					1
紅葉	2	1				1			1	
青柳		1				1		1		1
桃花		1								
姫小松		1			1	2		1	1	
藤			2		1	1	1	3		
撫子			1							
菊				3	3	3	4	1	2	2
桂				1						
稲				2	2	3			1	1
杉				2						
山藍					1					
常盤木					1					
玉藻					1			1		
藻塩草					1					
山葛					1					
榊						1			1	

始まっている。京都三大祭りの一つで、みやびな平安装束をまとった約五〇〇人の行列が京都御所から上賀茂神社まで練り歩く。

椿など賀に詠われる植物

『新勅撰和歌集』以後『新千載和歌集』までの七つの歌集をみてきたが、どの歌集も椿の歌が収められている部立ては賀歌で、それぞれ一首づつ採られており、椿の表現はみな同じ玉椿となっている。玉椿とは本来は椿の美称であり、長寿の木として祝賀に多く使われる語である。椿は第一章でみたように、なかには一〇〇〇年を超える木があるなど、長寿の樹木として知られていることもさりながら、『荘子』の大椿(だいちん)が八千歳という記述をうけて、祝賀の歌に多く詠われてきたため、千代・八千代という長寿を言祝(ことほ)ぐ言葉の一つになったのである。

ここまでみてきたように、椿は和歌や物語への登場の度合いはすくないが、聖なる木、長寿、吉祥の木とされていた。前記の七歌集では、いずれも椿を詠われた歌は「賀」の部に収められている。椿とともに「賀」の部に収められた植物は、前頁の表に掲げるように数多い。

前の表のように『古今和歌集』から以後の勅撰・準勅撰和歌集の一〇集におさめられた賀の歌に詠われた植物を集計したが、『古今和歌集』では七種類であったものが、『新古今和歌集』では一五種類と倍増している。『新古今和歌集』の賀の歌の植物は、松を筆頭に桜花、菊、稲、竹、若菜、椿、姫小松、藤、山藍、常盤木、玉藻、藻塩草などとなっている。稲や若菜、藻塩草までが、賀を言祝ぐものに使われていることは意外といえよう。

もう一度賀の歌に詠われる植物を集計してみると、賀歌に詠いこまれる椿の位置がわかるのではなかろうか。

平安・鎌倉期の勅撰集等一〇集の賀歌の植物（五件以上）

松	一〇七首	（一〇和歌集中の一〇集）
桜花	四二首	（一〇和歌集中の九集）
竹	二三首	（一〇和歌集中の九集）
菊	一八首	（一〇和歌集中の七集）
椿	九首	（一〇和歌集中の八集）
稲	九首	（一〇和歌集中の五集）
藤	八首	（一〇和歌集中の五集）
姫小松	六首	（一〇和歌集中の五集）
梅	五首	（一〇和歌集中の四集）
紅葉	五首	（一〇和歌集中の四集）

拾い上げて集計してみると、和歌集一〇集すべての賀歌の題材として詠まれたものは松だけであり、歌数もずばぬけて多い。九集のものは竹と桜花、八集は椿、七集は菊、五集は稲・藤・姫小松、四集は梅という結果になった。歌数では松一〇七首、桜花四二首、竹二二首、菊一八首、稲と椿九首、姫小松六首、梅五首となり、椿は稲とともに第五番目であった。椿は賀の植物として認識はされていたが、さほど評価の高いものではなかったことがわかる。これには平安初期から末期に至るまでの四〇〇年ちかい年月の間、物語、随筆、詩歌に登場してこなかったことが大きく影響していると思われる。

椿は、平安期初期の『古今和歌集』と『拾遺和歌集』に収められていないだけで、『後拾遺和歌集』に採用されて以降は七つの和歌集に一首ずつではあるが収められているので、当時の和歌を詠む階級の人たちにとって賀の歌の材料となっていたことは間違いない。賀とは、祝うこと、とくに長寿を祝うこととされている。ここにも椿は『荘子』の八千年の春秋をもつとされる大椿が影をおとしている。

植物をもって瑞祥つまりめでたい印を象ることは、東洋の思想である。ヨーロッパやアメリカにおいても、こうした思想の片鱗は伺われるが、東洋にははるかに及ばない。空想の植物をもって壽、祝、瑞等の嘉事を示すことはその一面である。壽とは、長生きとか長命のことをいう。祝とは、めでたいことを慶ぶことをいう。瑞とは、めでたいこと、めでたいしるしのことをいう。

瑞祥植物とは、壽木、瑞木、祝木、献歳木等の総称であり、嘉祥（めでたいしるしのこと）を述べ、画題となってその瑞気を貴ぶものである。一般に瑞祥樹木とされているものは、松、竹、梅、牡丹（白牡丹）、海棠、石榴、橘、桃（白桃）、杏、榊、交譲木、棗、柳、万両、千両、月桂樹、南天等とされている。椿は不思議なことに上流階級の人たちの歌集では賀の歌の主題となっていたのであるが、現代では一般的には瑞祥木の仲間には入れられていない。

『夫木和歌抄』の椿の歌

『万葉集』以後、鎌倉時代中ごろまでの家集・私撰集・歌合・百首などから、従来の撰に漏れた歌一万七三五〇首という類歌を集めた『夫木和歌抄』（藤原長清撰、延慶三年＝一三一〇年ごろ成立）も椿の歌を集め、収めている。この歌集も、椿を春の木として春部の巻一から巻六までには収めることなく、巻第二十九・雑部十一・植物下に松に次いで三番目を椿としている。ということは、椿とは字面でいうところの春の木とは、考えていなかったのである。

雑部十一・植物下は樹木を詠った歌の部であり、木という総称をふくめて五〇種の樹木を詠った歌が列挙されている。『夫木和歌抄』雑部に収録された樹木の歌数から、歌数が多いほどもてはやされてきたとの見方もできるので、それぞれの歌数を数え、一〇首以上の歌のある樹木をひろいあげてみた。

『夫木和歌抄』雑部に収録されている樹木の歌数

松一四三首　柏二八首　杉二二首　椿一八首
槙一八首　柴一七首　檜一六首　椎一六首
桂一三首　楸一三首

雑部のなかでは椿の歌数は、松、柏、杉についで第四位となっているが、椿以外の樹木は花を愛でる樹木ではない。というよりも、椿は花を愛でる木ではないと認識されていたと理解するのが正しいのであろう。同書の春部に収められている花の木と比較してみる。

『夫木和歌抄』春部の花の木の歌数

桃花　一三首（桃花の項に七首・三月三日の項に六首）
款冬（やまぶき）　八一首
藤花　一〇六首
躑躅（つつじ）　五九首
柳　一四六首
梅　一〇四首
花（桜花のこと）　四九七首

花は美しいけれども長持ちし、いつまでも枝にあって散りぎわが潔くないとして平安貴族たちに好まれなかった桃花を別にすれば、春の花の歌数は椿花と比べると、一桁数が上である。和歌に詠まれた数が、その花の愛され度を示しているすれば、椿はその字が意味している春の花として平安期から鎌倉時代初期にかけては愛されていなかったというべきであろう。『夫木和歌抄』の椿の歌をのぞいてみる。

　百首御歌

谷ふかきやつをのつばきいく秋のしくれにもまれて年のへぬらん　崇徳院御製

　御集祝「しらたまつはき」

みやきののしらたまつはき君かへんやちよの数に老そしぬらん　法性寺入道関白

　天喜二年兼房歌合戦祝「やちとせつばき」

君が代はからくれなゐのふかき色に八千歳つはき紅葉するまで　よみ人しらず

『夫木和歌抄』の椿の歌の詞書きをみると、百首御歌、同（題：しらたまつはき）、正治二年百首、千五百番歌合、天喜二年兼房歌合戦祝（題：やちとせつばき）、永久三年五月大神宮禰宜歌合祝、寛治五年十一月従二位石見親王家歌合、家集、かもの歌合霞を、久安百首（題：たまつはき）、家集寄椿恋となっている。なお、『万葉集』から引いたもの五首は省略した。どんな機会に椿の歌が詠まれたのかをみると、歌合のときのものが六首ともっとも多い。百首歌は一〇〇首の和歌を集めたもので、一人で続詠したもの、数人で詠んだもの、百人が一首ずつ詠んだものなどがある。

歌合（うたあわせ）の歌とは和歌のことであり、歌合は和歌を用いた一種の遊戯である。出席者を左右に分け、その人たちが詠んだ和歌を左右一つずつ組み合わせて判者が優劣を判定し、優劣の数によって勝ち負けを決するものである。平安初期から宮廷・貴族の間に流行した。組み合わせの単位を一番といい、小は数番から大は一五〇〇番にのぼる。

椿が題材とされた歌合はいつごろ行われたのかをみると、天喜二年（一〇五四）は平安時代末期の後冷泉天皇の治世であり、寛治五年（一〇九一）は白河上皇が院政（一〇八六年に開始）をはじめられて間もなくの頃であり、永久三年（一一一五）も白河上皇の院政の時代である。年代のわかる歌合はいずれも平安時代末期であり、椿の歌が収録されたはじめての勅撰和歌集『後拾遺和歌集』の撰進以降のことである。勅撰和歌集に収録されることで、なにか押さえつけていた蓋がはずれたとも考えられ、ぽつぽつであるが椿の歌が詠まれるようになった。

『夫木和歌抄』に収録されている椿の歌の主題は、八つ尾の椿三首、玉椿九首、八千歳椿一首、みやま椿一首とに特定されている。なお『万葉集』の椿の歌が四首収められているので、これは除外した。収録された椿の歌から、椿とは長寿を祝う玉椿とされ、八千代にも及ぶのだと詠わなければならないものだと類型化されていたように感じられる。そして椿は、八つ尾とよばれる数多くの山々か、みやまとよばれる山地に咲く花だともされていた。このように類型化された椿にならなければならないものだという認識と、実際に椿の生態を観察することの少ない状態では、新しい歌はうまれる筈はなかった。

平安から鎌倉期の庭木と椿

すこし時代をさかのぼるが、清少納言は『枕草子』（池田亀鑑校訂『枕草子』岩波文庫、一九六二年）の「木の花は」といえば、濃い色でも薄い色でも紅梅、花びらの大きな桜、藤の花、白い橘の花、梨の花、桐の木の花、楝（おうち）の花だといっている。清少納言も兼好も淡白な花を好んだようで、椿の花のような強い赤色（紅色）は好みでなかったのか、椿にはついに触れることもなかった。

鎌倉時代（一一九一〜一三三三年）の貴族で歌人として名高い藤原定家（一一六二〜一二四一年）の邸宅

の庭園については、彼の日記『明月記』に基づいて詳しく調べられている。定家は出生から官位があがるにつれて、邸宅を変わっており、晩年の貞応年間（一二二二〜二四）から死去までの邸宅であった一条京極第には、樹木等を植えた記録が多い。飛田範夫は『日本庭園の植栽史』（京都大学学術出版会、二〇〇二年）で「藤原定家の一条京極第の植栽（『明月記』より）」を取りまとめているのでそれを参考にする。

安貞元年（一二二七）三月二五日　椿・躑躅を植える

寛喜元年（一二二九）九月八日　心寂房が送ってきた夏梨・真木・椿・大柑子・御山ウツギ・白萩・高宗薄・躑躅（つつじ）等を植える

椿のことが触れられているのはこの二日だけである。椿はどれだけの本数が植えられたかまではわからない。定家は梅を特に好んだようで、白梅、八重白梅、紅白梅、一重紅梅、八重紅梅、薄紅梅、八重薄紅梅、木紅（もっこう）といった種類のものが挙げられている。

鎌倉時代の知識階級の人が屋敷において鑑賞したいと考えていた樹木とは、図らずも兼好法師が『徒然草』（西尾実・安良岡康作校注『新訂徒然草』岩波文庫、一九九三年）の第一三九段「家にありたき木は」で記している。そこには、松、桜、五葉松、柳、楓、橘、桂の七種を掲げている。そして桜花は一重のものがよく、梅花は一重で白または薄紅梅、八重咲きだが匂いのいいものは良という。

鎌倉時代は武家中心の時代であり、その活動の原動力となったのは簡素な食風ではあるが玄米食と獣肉を自由に摂取し、その上に精進料理を加えた食生活であった。和食の完成への第一歩をふみだし、和食の発達時代を迎える素地が築きあげられた。禅宗の渡来とともに中国風の食品・調理法・食法が伝来し、それが禅寺でおこなわれると、禅が武家に信奉されたため必然的に武家が禅宗風の食風をとりいれることとなった。菜種、大豆、胡麻、榧（かや）、椿などから各種の油をしぼり、食物を油であげることが盛んに行われるようになった。宋から豆腐も輸入され、油であげた。調理用の油には当然椿油も使われている筈なのだが、どれほどの量の椿油がどこで絞られ、使われたかは不詳のままである。

椿の花を彫刻する

鎌倉時代に至ると食器具としての木器に、鎌倉の特産として鎌倉彫があらわれはじめる。木器に花形や雲形を浮き彫りし、黒漆を加え、さらにその上に朱漆で装飾したものである。鎌倉彫食器の図柄は、平安時代の金色燦爛とした蒔絵と比べると素朴であるが雅趣がある。

鎌倉彫りで椿を表した漆芸品としては、重要文化財で「椿鶴亀彫木漆塗笈」とよばれる、岩手県平泉中尊寺の地蔵院につたわる山伏の笈がある。大きな椿を中心に、紅花緑葉風にした朱緑弁柄の彩漆、花芯は金箔で、表面三段の扉の中央の椿をかこんで鶴亀松竹が配されている。この笈は源義経が奥州に追われたとき、従者亀井八郎が使用したものだと伝えられている。同寺にはもう一つ椿文の入った笈があり、こちらは扉表の電文彫り地に椿二枝を左右同形に配した、朱漆と金箔の素朴なものである。笈とは行脚僧や修験者などが仏具・衣服・食器などを入れて背負う箱のことで、つづらに似ており、四隅に脚があり、戸によって開閉する。

元井能は「椿と文様」（嶋田玄弥・五来重・渡辺武・元井能・河原正彦著『日本の文様　椿』光琳社出版、一九七二年）のなかで、「椿が文様として明確なあらわれ方をするのは室町時代である。鎌倉彫の笈や香合に椿文がつけられているものである。（中略）現存する室町時代の笈の文様に椿文が多い理由は詳らかでない。修験者と椿と何らかの関係にあったのか、鎌倉時代の牡丹文が日本的な椿花文として転化したものと考えられる」という。

荒川浩和は「椿の模様」（株）第二アートセンター編『日本の文様10　椿・藤・柳』小学館、一九八七年）で、「平安・鎌倉時代の漆工芸にも、椿の模様は見当たらない」といい、椿が工芸品の模様に登場するのは、南北朝時代（南朝〈大覚寺統〉と北朝〈持明院統〉が対立抗争した一三三六年〜一三九二年までの五七年間）以降であり、その代表例をつぎのようにいう。

> 代表的な例としては、阿須賀神社古神宝の松椿蒔絵手箱（注：この手箱は国宝指定）とその内容品があげられる。手箱の蓋表・蓋裏・側面と、二枚の懸子、櫛箱には蒔絵で土坡に松椿や松と椿の枝が表され、内容品のうち銀製の歯黒箱二合、白粉箱二合、薫物箱二合、櫛払の軸・解櫛の棟等にも松椿を線刻して鍍金を施している。この手箱は、明徳元年（一三九〇）に足利義満によって、熊野速玉大社に奉納されたと伝える古神宝類の一部であり、現在知られている椿の模様としてはもっとも古い例であろう。なお、同社の古神宝類の中には、緯白椿唐草文綾織の表袴があり、これも椿模様の古い遺例として貴重である。

阿須賀神社は、熊野速玉大社の一三ある摂社の一つである。熊野速玉大社は和歌山県新宮市にある元官幣大社で、熊野三社の一つ（他の二つは、熊野坐神社〈現在は熊野本宮大社という〉と熊野那智神社）である。

また荒川浩和は前に触れた「椿の模様」のなかで、「椿は日本文化の深層に古くから生き続けてきた植物の一つ」とし、椿は吉祥文とされてきたことを、次のようにいう。

> すでにあげた阿須賀神社伝来の手箱に表された松椿文が古い例であり、この手箱は熊野速玉大社の十三の摂社に奉納されたものの一具である。一三合の手箱の模様は、桐二種、桐唐草、菊、牡丹、橘二種、菊唐草、唐花唐草二種、梛、楓、松椿であり、これらは単なる植物文として描かれたとは思えない。例えば桐文手箱の蓋裏には竹が描かれており、これによって鳳凰を暗示したものと知られ、瑞

禽嘉木(きんかぼく)を表す。牡丹の富貴、菊の清廉は共に中国で尊ばれる植物であり、橘は不老不死の木の実といわれ、椰は熊野の神木である。これらはいずれも吉祥文として選ばれたのであり、しかもその背景にある思想は中国の影響とみられる。松と椿は共に常緑が賞され、ツバキは寿葉木(つばき)の義ともいわれるように、長寿を表す模様であることは間違いない。

前に触れた『花と木の文化　椿』の「その2　ツバキと美術工芸」も、「わが国で、文人墨客の間でもてはやされてきためでたい植物の代表としては、松竹梅の三幅対がある。しかし、これは時代が下ってからのことで、古くは松竹椿が主体であった。中国では自生するツバキが発見されなかったので、早春の花としてウメ、日本では中国から伝わったウメが普遍化されなかったので、自国のツバキを歳寒（冬季）の三友、益者三友（正直・信・多識）にあてた」という。さらに「これは、縁起を祝うものに発展して、鶴亀と並んで蓬莱とし、さらには松に鶴、竹に月、梅に鶯をそれぞれ配して、正月や慶事に欠かせないものになっている。ツバキも同様に、松椿、竹椿、梅椿、小鳥と椿、松竹椿など、歳寒の吉祥図や文様となっているものが多く見られる」と、荒川浩和と同じ見方をしている。

松・竹・梅という三種の植物が同じ図幅のなかで同じ格をもって描かれたのは、筆者不詳の「雪裡三友図」で、この図は室町時代初期の一四一三〜一四二〇年ごろ描かれたとみられている。また、ここで『花と木の文化　椿』は間違いを犯している。というのは、梅が中国から渡来してきた時期は弥生時代初期であり、『万葉集』が編集された時期には、梅の栽培は西日本ではほとんどの地域で行われている。『万葉集』での歌数は萩に次いで二番目の数である梅が普遍化されていないとは言い切れない。松と椿の組み合わせは『万葉集』巻一に収められた長皇子(ながのみこ)の次の歌にみられる。

吾妹子(わぎもこ)をはやみ浜風大和なる　吾(われ)松椿吹かざるなゆめ（七三）

この歌の「われ松椿」は、万葉仮名では「吾松椿」と記され、松に待つを、椿のツバに妻をかけていると、解釈されている。松も椿も長寿を言祝ぐ（ことほぐ）吉祥の植物であり、待つと妻にかかるだけでなく、別の意味をもっているのかもしれない。

椿と松・竹・鶴亀等の文様をもつものは、京都国立博物館蔵の阿須賀神社古神宝の一つ「松椿蒔絵手箱」（室町時代）、奈良の薬師寺蔵「松椿蒔絵硯箱」（室町時代）、岩手県の中尊寺蔵の「椿鶴亀文鎌倉彫笈」（室町時代）、東京国立博物館蔵「椿鶴亀文鎌倉彫棚」（室町時代）等がある。

室町将軍と庭の椿

椿の文様をもつ蒔絵手箱の逸品を奉納した足利義満は、室町幕府第三代将軍で、南北朝の動乱を統一し、幕府の全盛を築いた。明（みん）に入貢し、勘合（かんごう）貿易をひらいた。その義満ははじめて幕府将軍の居館である室町殿を造営した。初代の尊氏（たかうじ）・二代の義詮（よしあきら）のときは世の中が完全に静まっていなかったので、将軍の居館はなかった。義満が造営した居館は俗に花の御所あるいは花亭ともよばれたが、これは室町殿の造営をはじめるにあたってまず桜をあつめ、桜の名花が多かったためである。花の御所とはいわれるけれど、そこは花の咲く樹木をたくさん集めたという意味ではなく、平安時代から花といえば桜花を指したことからきたものであり、いうなれば桜花御所である。『花と木の文化　椿』は「さまざまな花木を植えたとき、ツバキが、花木としての生命を与えられた」としている。義満は後に鹿苑寺（ろくおんじ）（通称金閣寺）を造営した。

明徳三年（一三九二）に南北にあった朝廷が一つになったのであるが、それより前に北朝方の光明天皇は建武四年（一三三七）に土御門東洞院殿（つちみかどひがしのとういん）に移り、応永八年（一四〇一）二月に焼失するまで、ここを内裏とされていた。現在の京都御所はこれが基になったものである。後小松天皇は、応永九年（一四〇二）

一一月に再興され土御門殿に遷幸された。このとき禁裏の庭園にはたくさんの庭木が植えられている。庭園の樹木は多くの貴族たちから献上されたものであり、『看聞御記』の応永三一年（一四二四）一一月二六日の条には、伏見の寺院などが内裏に献上した樹木を記している。

伏見宮貞成　梅木一本
前宰相　庭松二本
大光明寺　椿一本

足利義政が造営した東山殿（通称銀閣寺）の観音堂（通称銀閣）。松や椿などが献上され、庭に植えられた。

蔵光庵　白榛一本、羅漢槙二本
行蔵庵　梅一本、岩躑躅一本
退蔵庵　松三本
静隠庵　松一本

松などの針葉樹が多いのだが、椿も花木の一つとして献上されている。植えられた場所は不詳である。なお伏見宮貞成親王（後崇光院）は、『看聞御記』の著者であり、この邸宅は京都の伏見にあったので、伏見殿あるいは伏見御所と呼ばれていた。伏見殿の建物の近くには紅梅、八重桜、梨などが植えられていたが、椿の有無は不詳である。

貞成親王は長子彦仁が天皇（後花園）になったことから、永享七年（一四三五）に洛中の一条東洞院に転居し、庭園に梅、桜、柳、躑躅、松などを植えたことを『看聞御記』に記しているが、椿についての記述は見当たらない。

前に触れた『日本の庭園植栽史』は『蔭涼軒日録』の永享一一年（一四三九）八月二五日の条に、第六代足利将軍「義教から雑木を庭に植えることを山水河原者の虎菊が命じられ、翌九月二三日に相国寺蔭涼軒から、楓・椿・柏・躑躅が献じられている」と記している。義教は父義満が建てた室町殿を再興し、永享三年からここに移り住んでいた。足利八代将軍義政（一四三六〜一四九〇）が宝徳元年（一四四九）に将軍の位についたのは、父の第七代将軍義勝が急逝したためで、居住していた日野資任の烏丸殿をそのまま御所にしていた。ここの改修が終わる直前の長禄二年（一四五八）に、義満・義教の御所であった室町殿に移転することを決め、諸大名に築造を命じた。このときに庭園に植えられた植物には、『蔭涼軒日録』でみると椿が植えられている。

寛正二年（一四六一）　一〇月三日　椿樹九本　慶雲寺進呈
同年　一〇月二九日　千葉椿樹　相国寺蔭涼軒進呈
同年　一一月三日　千葉八重一重接ぎ山茶　相国寺蔭涼軒進呈

このほかに進呈された樹木は、ビャクシン八本、梅・柏樹（カヤ）各五本、松四本以上、檜三本、石榴・五葉松・梔子各二本、一本のものに柊、桃、蘇鉄がある。椿は一一本と最も多く、その中には千葉椿樹という花びらが八重どころではなく更に数多い種類も相国寺蔭涼軒から進呈されている。さらには、「千葉八重一重接ぎ山茶」という千葉種に八重一重のものを接ぎ木して育成したものが進呈されている。なお山茶とは椿のことである。中国ではツバキのことを山茶、山茶花、雲南山茶花（トウツバキ）と記しているので、日本の知識人は日本のツバキにも中国名の山茶を使用して文献に残している。

平安時代から鎌倉・室町時代にかけて椿に関する文献は極めてすくなく、椿の暗黒時代ともいわれたりするのであるが、それは文献に記されていないだけであって、椿の愛好者があって数多くの樹が栽培され、そのなかで花びらの大きさや数など、花を鑑賞するに足る栽培品種の育成が、着実に行われていたことをこの文献は示している。

義政はまた東山に文明一四年（一四八二）から東山殿の造営をはじめ、翌一五年六月に常御所が竣工し、義政はここに移り住んだ。東山殿は義政が死去するまでの八年間にわたって徐々に作られていった。ここは後、遺言により慈照寺（通称銀閣寺）と改められた。東山殿でも槙、檜、松、梅など多数の樹木が献上されている。『大乗院寺社雑事記』によると、長享二年（一四八八）一〇月一三日大乗院から「松一本、椿一本、白真（びゃくしん）一本」が献上されている。椿の木の大きさについては触れられていない。観音堂（銀閣）の近くにこのときの椿が残っているとされていたが、現在は見あたらない。

石畳道をふみしめて銀閣寺を訪れる人が最初にくぐるのが西向きの総門で、総門を入って右に折れて真っすぐに見えるのが、銀閣寺垣の名で知られる参道である。総門から中門まで五〇メートルもある細長い空間があり、両側は低い石垣の上に高く刈り込まれた藪椿（やぶつばき）や山茶花（さざんか）、梔子（くちなし）など四季おりおりに花を咲かせる常緑樹の豪壮な生け垣となっている。奥にある銀閣をのぞき見させることを惜しんでいるようでもあり、初めて訪れた人は期待がいやがうえでも高まることになる。中門を入って、銀閣の横を通り、庭園へと足を運ぶと、椿と名木の侘助（わびすけ）の大樹が見られる。侘助は椿の一つの系統で、ツバキ属のなかでも葉も花も小ぶりである。

室町時代にいたって椿の遺品などが多くなってきた。室町時代の代表的な椿の絵画に、真珠庵（曽我宗誉画）の「つばきとひたき」の図がある。

義政の妻日野富子の推す御尚（よしひさ）と、義政の弟義視（よしみ）との将軍職の相続争いが発端となって、約一〇〇年にもおよぶ戦国時代の口火となった応仁の乱が応仁元年（一四六七）にはじまった。

伏見桃山期の椿

乱れに乱れた戦国の世を統一した豊臣秀吉も、椿に興味をもっていたというと、人びとは意外な感じがするにちがいない。史料からは秀吉の椿好みをうかがうことはできないが、京都の寺に秀吉ゆかりの椿といわれるものが、現在も生存している。豊臣秀吉は、伏見城とともに絢爛豪華な椿文化を京の町にのこしている。

茶道の祖といわれる村田珠光によって室町時代に流行がはじまった茶道は、茶庭、茶花の主なものとして椿の世界を拡大していた。

京都市中京区にある通称椿寺は、五色散り椿の最も雄大なものがあるので、こう呼ばれているが、正しくは昆陽（こや）山地蔵院で、この寺の西側は直接西大路に面し、西大路一条東南角にあたる。寺名の由来は、行基菩薩が神亀三年（七二六）聖武天皇の勅命によって地蔵菩薩を彫り、はじめ摂津国の昆陽寺に安置したものが、のちにここに移されたことによる。

椿樹の高さ四メートル、地上一〇センチでの幹周り一・三メートル、すぐその上で幹が五本に分かれ、各々五〇～六〇センチ、枝は低く四方に垂れ気味にひろがり、支柱で支えられている。花は毎年三月中・下旬から咲き始め、四月まで咲く。花の色は紅、桃色、純白、白、淡桃色の筋の入ったもの、半分は白などで、五色を超えている。散り椿といわれるので、花弁は一つ一つ、離れて散る。この散り椿は、もと朝鮮の蔚山（ウルサン）城にあった。文禄の役のとき加藤清正が持ち帰り秀吉に献上したもので、北野大茶会を催したとき秀吉はしばらくここを別荘としていた縁で、散り椿をここに寄進したと伝えられている。

この椿花は遅咲き、八重五色咲き散り椿という数少ない品種である。千利休ゆかりの尼門跡寺院の西方尼寺にも巨樹が現在も残っており、洛北にも数株同じ品種の大樹がある。西方尼寺（西方寺）は京都市北野の真盛町にあり、ここは京都の花街の最も古い上七軒の中にあたる。もとは洛北衣笠山麓に開かれた草庵で西福寺と号していたが、永正九年（一五一二）に現在地に移った。寺内に後二条天皇ゆかりの本光尼門跡があり、築地御所とよばれている。恵心僧都観経曼荼羅、織田信長・豊臣秀吉の寄進状などの寺宝がのこる。

さらに千利休が茶室を営み、井戸を掘らせて茶の湯に使ったと伝えられる利休の井が前庭にあり、中庭の茶室の脇に利休手植えと伝わる利休椿がある。この椿は植物学者北村四郎の報告では、豊公（秀吉）遺愛の椿寺の八重五色散り椿と同種のもので、樹齢もほぼ等しいといわれる。利休忌にはこの散り椿の下で例年茶会が開かれるという。茶道と椿、豊公と椿の関連を物語る京都の銘椿の一つである。

京都伏見の御香宮。この境内に小堀遠州遺愛の「おそらく椿」がある。

一休禅師と縁の深い京都市紫野の大徳寺の塔頭（たっちゅう）の一つ総見院にも、秀吉寄進の侘助（椿の一種）がある。南の小門から入るとすぐ向こうにこの侘助の大樹が見える。樹高九メートル、地際での幹周り約二メートル、少し上で三本の幹に分かれている。

この樹は利休遺愛の侘助といわれているが、石碑は「豊公遺愛のわびすけ」の銘であり、織田信長の祭主になった秀吉が、主君の菩提寺に寄進したと伝えられている。

京都市伏見区の御香宮の拝殿は、かつての伏見城の車寄せを移したものであるが、その豪華な遺構には、正面には太閤桐の蟇股(かえるまた)、軒回りの蟇股には花鳥のなかに椿花がみられる。また庭造りの大家として知られる小堀遠州遺愛の「おそらく椿」がある。

第四章　近世初期に大流行した椿

徳川初期三代の将軍は花好き

応仁の乱を発端とした争いはその後一〇〇年近く続き、俗に戦国時代とよばれ、時代を区分する名称となった。その長年にわたる日本国内での戦がなくなり、平和が訪れ、それが長く続いた近世では、政治の中心地となっていた江戸で市民たちの間で園芸ブームが起こった。まず「寛永（一六二四～四四年）の椿」とよばれる椿の流行があり、続いて「寛文～貞享（一六六一～一六八八年）の躑躅（つつじ）」があり、「元禄～享保（一六八八～一七三六年）の楓（かえで）」があった。椿、躑躅、楓という三種類の花木を栽培し、鑑賞するという園芸に人びとは熱を上げたのである。楓の鑑賞はもっぱら春の若葉、秋の紅葉の美しさといった葉っぱを愛でるものであるから、花木とはかならずしもならないのであるが、秋の一面の紅葉は花より美しく感じられる。また早春に葉と同時か、葉に先だって咲く花は、雄しべ、雌しべともに紅色で群がって咲くので、よく目立つ。

近世の園芸ブームの先駆けとなった椿は、江戸時代の政権の中心であった徳川将軍の初期の家康、秀忠、家光という三代の将軍がきわめて花好きであった影響が大きい。とくに二代将軍秀忠（在職一六〇五～二三年）は花卉（かき）ことに椿を好み、それが一代の流行を生んだ。家康の椿好きを反映するものに、日光東照宮

咲き連なるヤブツバキの花。徳川2代目の将軍秀忠は特に椿好きであったという。どんな花を好まれたのだろうか。

と久能山東照宮の椿の欄間があげられる。塚本洋太郎監修、渡辺武・安藤芳顕著『花と木の文化　椿』（家の光協会、一九八〇年）は江戸時代の椿趣味を、「ツバキは東方の木、破邪尚武の花木ということから、東都江戸の代表樹とされ、征夷大将軍徳川家のシンボルツリーとなった。当時の儒教思想の影響もあって、徳川家の親藩尾張・水戸・紀伊の各藩から会津藩や松江藩など、諸国の大名の間にもツバキ趣味は拡大した」と分析している。

『義演准后日記』の慶長八年（一六〇三）二月二一日の条には「白椿ホリテ将軍へ令進之了」と記されていると、神宮司庁蔵版『古事類苑　植物一』（普及版、吉川弘文館、一九八五年）は記している。

慶長一八年（一六一三）の『武家深秘録』には「将軍秀忠花癖あり。名花を諸国に徴し、これを後園吹上花壇に栽えて愛玩す。此頃より山茶流行し、数多の珍種を出す」とある。後園とは、家の後にある庭園のことをいう。その生涯のほとんどを戦乱に明け暮れた家康には、花好きとはいってもほとんど花を楽しむ余裕はあまりみられないが、諸大名もそれぞれに封地の統治態勢をかためつつあった二代目ともなれば、自分の城の一角に花畑を造営し、趣味の世界を楽しむような余裕が生まれてきたのであろう。『額波集・名将言行録』（『台徳院殿御実記』）には、つぎのように秀忠の花好き、椿好みが述べられている。

> 花卉を殊に愛玩し給ひしゆへ、各国より種々の珍品ども奉りける内に、広島しぼりという花辨に斑の入りたる椿を接木にして献りしものあり。殊に御けしきにかなひ、後圃にうへしめられ、いつしか咲出んと、月日をかぞえて待たしめ給日、からうじて咲出ければ、告奉りしに、見事なるかと仰ばかりにて後圃に出まして見そなはすこともましまさず。其頃いささか触穢の事おはしまして、つつしみ給ふ程なれば、もし園庭に出まして、天日の光に当らせ給はば、天を敬の道にあらずとおぼしとりて、かくつつしませ給ひし也。また厳冬の比、窖養せし牡丹を奉りし者あり。いとうるはしと宣ひて、花瓶にも挿させ給はず、その儘置れしなり。かく時ならぬものは、何ほどめずらしとて、御手にもふれ賜はず。もとより御美質におはしましければ、自然と御行状の聖賢にもかなわせられ、いとたうたく仰ぎ奉るとぞ。

将軍の花好みに対して、大名たちは花卉の珍品を献上し、ご機嫌を伺ったのである。そして椿では広島しぼりという花弁に斑の入ったものを献上したものがあり、それを秀忠は殊のほか喜んだというのである。そして江戸城西の丸に構えていた花畑（花圃）に移植して、いつ咲くのかと花の咲くのを待っていた。将軍秀忠に献上した広島しぼりという椿は、接ぎ木はしてあるが、花を付けない若木であったようで、その花を描いた絵を見たか、あるいは口上で花の姿を想像したものか、秀忠は珍花の咲くのをいつになるのかと待ち兼ねていたというのである。

この花は植えてから三年後、つまり元和三年（一六一七）に至り、はじめて開花したから、係のものが椿の花が咲いたことを上申したが、たまたまその年の四月、父家康が薨去していたため服喪中であり、残念ながら見ることができなかった。

秀忠も自分がもっている西の丸の花園（花畑）には、前に触れたように献上されたものや、植木屋から取り寄せたものなど、当時出回っていた種々の椿を栽培していた。国立歴史民俗博物館所蔵の『江戸屏風図』は、寛永一〇〜一一年（一六三三〜三四）ごろの江戸城の威容を一望するために一七世紀に描かれた六曲一双屏風であるが、江戸城の堀外に設けられたお花畑（吹上花壇）には、左半分を椿が占めている。この図には将軍秀忠の居城であった西の丸が描かれており、西の丸は秀忠没後の寛永一一年に出火・焼失したが、炎上前の姿が描かれた貴重な資料となっている。

寛永元年（一六二三）の春、秀忠は自分の花園に天海僧正を招いた。天海僧正は、江戸時代初期の天台宗の僧で、徳川家康の知遇をうけ、内外の政務に参画、延暦寺の復興と日光山の整備にも尽力し、上野の東叡山寛永寺を創建した僧である。秀忠が天海を招いたとき、花園では木々には花が鮮やかに咲いていた。秀忠は「いま、種々の椿花が世に出ている。加えて数多くの草々や万の木々の花が珍しく、それらを愛している」と話した。これに対して天海は「国の文学が盛んであれば、すなわち花の色が増す」との言い伝えをもって答えたと、『東叡山慈眼大師伝記』は伝えている。

江戸市民はよく花を栽培

徳川二代将軍秀忠と三代将軍家光は、慶長（一五九六〜一六一四年）以来しばしば諸侯の邸を訪れた。これは種々の記録に記されているが、それは偃武（えんぶ）（戦がやんで平和になること）の当初は家康が定めた諸法度（しょはっと）に基づき、幕府創業のための基礎づくりとした、一門・普代を含む大名の改易などの政略上、必要なものであった。それによって、大名諸侯の間に建物や庭の壮観をきそう者がでてきて、いわゆる御成門（おなりもん）、御成書院の建物ができることとなった。

とくに将軍が花卉（かき）を愛し、林泉（りんせん）（林や泉水などのある庭園）をよろこぶため、庭園を築造する者の数が多くなった。それというのも寛永六年（一六二九）六月、家光は西の丸新山里に路地をつくり、西の丸の庭に山を築き、泉水をかけ、水を溜めた。そして泉水のほとりには三畳台目の囲茶屋(かこみちゃや)を作り、その脇に六間（約一一メートル）に三間（約五・五メートル）の鳥籠を作らせたからである。

江戸が政治の中心となってまもない秀忠治世当時の江戸市民たちは、裕福な人も、そうでない貧しい人も、わずかばかりの庭のほとりにも花木を植えて、雅(みやび)な暮らしをしていた。花が一つ開くと、四方(よも)の春はのどかに、紅花の朝、『古今集』の花のようなにぎわいとなる。柳行邨下(りゅうこうそんか)の詩に、洛陽三月春錦のことと作っているが、花のために江戸はさながら花の都であり、花の香りが紛々とただよっていたのであった。そしてその花について『慶長見聞集』(けいちょうけんもんしゅう)はつぎのように椿であったという。椿の花を愛でることが大流行し、江戸市中の誰かれとなく、各所に植えられていたのであった。

江戸の町衆には、こてふ（注・胡蝶(こちょう)のこと）や生まれ来ぬらん、荘周の分身したりけん、花のもとの狂は、はかなき夢のたはむれをなせり。見しハ今、庭に植おく木たち色々ありといへとも、椿にますハあらじ。其の上勧学の文にも、草に霊芝、木に椿ありとほめられたり。椿にハ異名多し。やつをの椿、浜椿、玉椿、はた山椿、八千とせ椿、春椿、かた山椿、山峰椿、つらつら椿、いづれも古歌に見えたる。かいつミのつらつら椿つらつらに、見れともあかぬこせのはるのとよめり。此つらつら椿のせつ、様々に記せり。当世皆人の好ミ給ひけるハ、白玉こそ面白けれと、尋求(たずね)めて植る。白玉椿やちよへてと詠せり。

『慶長見聞集』は三浦浄心が著作した全一〇巻にわたる仮名草子で、慶長一九年（一六一四）の成立とされているが、寛永（一六二四〜四四年）初年ごろまでの記事をふくんでいる。浄心は永禄八年（一五六五）、後北条氏普代の武士の家に生まれたが、後北条氏滅亡ののちは江戸に出て商人となった。新興都市江戸での激しく変化する世相風俗に興味を抱き、その見聞を説話形式で語っている。正しくは『見聞集』という。

江戸の市民たちは花好きなので、胡蝶の生まれかわりだろうか、あるいは荘周（そうしゅう）の体がいくつにも分かれたものなのであろうか、とまずいう。荘周とは道教の代表的な著書『荘子（そうし）』の著者のことであり、『荘子』の中の内編・逍遥遊に八千歳の齢（よわい）をもつ大椿のことが記述されている。この大椿とは、本当は日本のツバキとは全く関わりのないチャンチンとよばれる種類の樹木であるが、『慶長見聞集』の著者は多分オオツバキ（大椿）と読んだのであろう。そこから荘周は椿の化身と考えて、椿好きの江戸市民はその分身だとたとえたのであろう。

『慶長見聞集』はいま江戸の庭に植えられる樹木の種類はいろいろとあるけれども、椿より多く植えられる花木はないと、江戸市民のなかで椿が持て囃されていることを記している。さらに浄心は、学問を奨励する書では「草に霊芝（れいし）、木に椿あり」と褒められたとするが、その語源は詳らかではない。霊芝はキノコの一種で、万年茸（まんねんたけ）の漢名で瑞草とされており、『諸国話』には「聖人の世に生える」といわれている。

椿の異名は『藻塩草』にあげられたものを掲げているが、「はた山椿、かた山椿」について『古今要覧稿』第三〇七・草木部・椿は、「按（あんずる）に八雲御抄に万葉集を引て、はたやまつばきと見えたるはまさしく伝写するものの、かた山椿の「か」を誤りて「は」に作りしものなるに藻塩草にはそれを二つの名としてならべ出せしはあやまり也」と、「はた山椿」は間違った異名だという。また『万葉集』巻第一・雑歌の「川の上のつらつら椿つらつらに　見れども飽かず巨勢の春野は」（五六）をすこし間違えて収録している。間違えてはいるが、『万葉集』のこの歌がここに引用されるほど、人々に椿の歌として知られていたことを物語っている。

そして人びとの椿の好みは、真っ赤な花ではなくて、白い花の白玉椿のほうで、白花の椿をあちこちに探し求めてはこれを植えているという。そして白玉椿と八千年という年数の関わりが記されている。椿の品種としては、慶長期（一五九六〜一六一五）のこの時点ではまだ白玉椿と広島しぼりが、文献にあがっているにすぎない。

二つの百椿図

三代将軍家光の治世の寛永一二年（一六三五）、幕府の儒官で、家康以後四代の侍講となった林羅山は「百椿図序」（『羅山先生文集』巻第四九）を記した。漢文で記されているので、その一部を意訳して紹介する。

松平伊賀太守源忠晴、もっともこの花を愛す。然ると雖も夙夜（一日中）公務あり、塢を築き花に水を灌ぐ遑なし。是に於いて諸方に有るところの品色その名は一百種有るに及び、その図、その形をもつ様、目を怡す慰めと為。丹や青、煥発（火が燃え出るように美点や精彩が輝きあらわれる）、四時（一年中）凋ことなく、一歳一枯栄えるものと、日を同じゅうせず。而、嘗聞くのは、山陰韋氏の百梅、携李張氏の百菊播の語也。于ここに至る如く百椿の美中華に聞かず。太平の勝事好文の嘉徴也と謂う可。（以下略）

林羅山は松平伊賀守忠晴の求めに応じ、序文をしたためたものである。それによると、松平伊賀守忠晴は椿を最も好んだが、日夜公務多忙で自らが椿の世話をすることができないので、諸方から名花を集めて百種の彩色画を描かせた百椿図で目を歓ばせることにしたいということであった。そこに描かれた百種類の椿の名と図とは不明のままである。

前と同じ寛永一二年に京都の藤原光廣が記した「百椿図序」（『扶桑拾葉集』巻第二八）がある。世に椿が持て囃されている事例としたいが、句読点なしの仮名ばかりなので、読みやすいように適宜漢字を補って紹介する。

このごろ花の中に椿をもてはやす、思いを立てて、諸共に競い、弄び物となれり。爰にこと好む人、春夏秋冬途絶えあらせしがため、つくり絵に鴫の羽根がき百までかき集めし、鍛えの枕事となせり。誠に由ある仕業、人よりは勝りたりけり。凡日本に花といふは桜になん、それすら中ごろの事にて、昔は梅をぞ申したるなん。その時は、世に専ら珍ずるを押立て、この花といはば、いま椿の事にぞあるべき。菊はそのかみは、さのみ歌にも詠まざれければ、万葉集に漏れぬとか、さるにより、古今にその数入りたるとかや、さてこの椿、品様々出できたる故に、あまた名ありしがあれど、四の体を出でず。あるはその主により、又その自らの色、形により、又理は違いたれども、元より言い付けたるに言付けていい、その他事のたよりにつけても言えり。これは花の主を名に呼びたる。大方多く主によりて、物を尺するに当たれり。この椿の雄々しさを、君は八千代をかけて祝い、霞のほらの陰を深み、妹背の仲の久しき試しにも引らんかし。玉葛の初瀬に詣でし時、海石榴市に宿りけん事なども、ふと思ひ出られぬ。かかるそぞろ事までよしなきは筆の迷いなるべし。

この中に「椿、品様々に出できたる」と記されているように、この時期に至って夥しい椿の品種が人の目にとまるようになり、記録されたのである。

現存する『百椿図』は豪華な絵巻であり、松平忠晴が描かせ林羅山が序文を記したものとされているが、これには烏丸光廣（藤原光廣）の序文もあるところから、二つの『百椿図』をあわせて筆写されたものではないかとみられている。

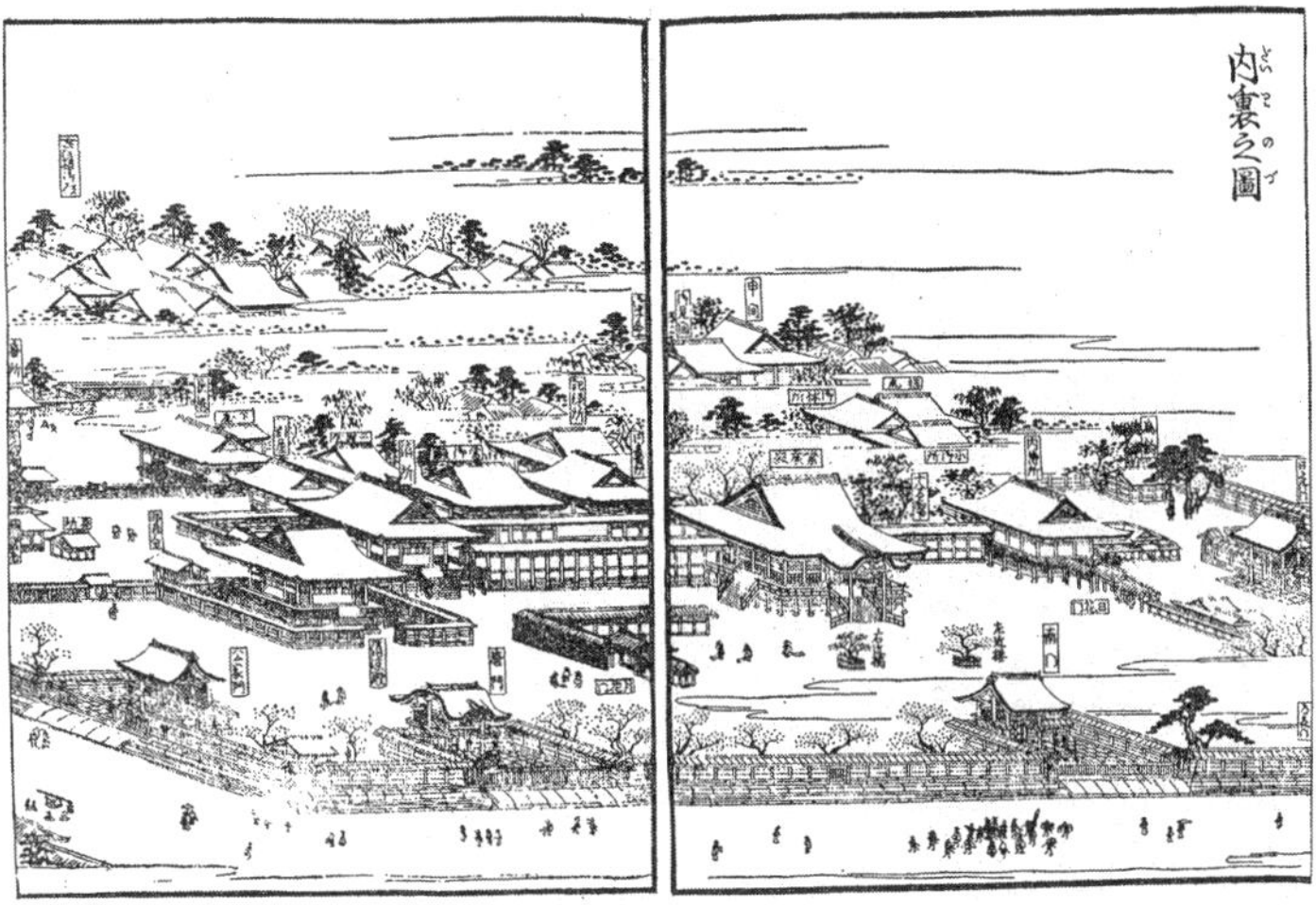

後水尾院の仙洞御所は図には描かれていないが、第108代天皇として在位のとき住まわれていた内裏である。御水尾院は椿好きであったことが知られている（『都名所図会』巻之一、近畿大学図書館蔵）

京の椿好みの後水尾天皇

一方、文化の中心地であった京では、後水尾天皇（在位一六一一〜二九年）が椿好きであった。後水尾天皇は、後陽成天皇の三の宮として生まれ、第一〇八代天皇として即位された。即位されたのは慶長一六年（一六一一）で、ときの徳川将軍は二代目の秀忠であった。徳川二代将軍秀忠の娘和子（東福門院）を中宮として迎えたが、紫衣事件で幕府と対立し、寛永六年（一六二九）に、東福門院とのあいだに生まれた第二皇女である明正天皇（在位一六二九〜四三年）に譲位した。以後四代五一年にわたり院政をおこない、延宝八年（一六八〇）に薨去された。洛北に修学院離宮を造営した。仙洞御所の院のサロンは、公家のほか町衆も参加し、自由な広がりをもつ文化サロンとして文化面で大きな業績を残している。

　後水尾院の仙洞御所には椿を数多く植えた花畑があったことが、公卿の近衛信尋との往復書簡で知られる。後水尾院と椿の関わりの資料はなかなかないので、傍証として院のサロンに出入りし院に気に入られていた相国寺九四世住持鳳林承章が、寛永一三年（一六三六）から寛文八年（一六六八）に至る三十数年にわたり書き続けた日記『隔冥記』の記録から、たずねていく。

鳳林承章は文禄二年（一五九三）、権大納言勧修寺晴豊の子として生まれた。承兌に参禅して、その法を嗣ぐ。山城の景徳寺・等持院・鹿苑寺（通称金閣寺）などを歴住し、相国寺の住持となった。のちには後水尾上皇、茶人の金森宗和・千宗旦、儒学者の林羅山、陶工の野々村仁清らの文化人と親交した。『隔冥記』は江戸時代初期の公家、武家、庶民の状況を知る重要資料となっている。『隔冥記　第一～第六』（赤松俊秀編・校注、鹿苑寺発行、一九五八～一九六七年）の原文は漢文で記されているので意訳して記す、ここで仙洞（太上天皇の称）というのは、後水尾院（上皇）のことである。鳳林のいた相国寺は御所からすぐ近い北側にあたり、仙洞御所との行き来はたやすい。

寛永一三年（一六三六）八月一六日　仙洞より諫早椿の寄せ木拝領。

同　一六年三月七日　仙洞より珍しき椿花があるので進上致す可き旨仰せ出される也。椿花の図を画かれる故也。

同　一六年三月八日　小谷を呼び、北野小左衛門の所において、椿三本買う。大村、白腰簑、吉田、この三本の椿也。

同　一六年三月一七日　尾張散椿を明王院投げる。予また馬場に至り椿を栽える。

同　一六年四月廿二日　今日悪花の椿樹を四～五本掘りて、除く也。

同　一六年六月廿六日　吉権の弟の山田市左衛門から椿の接穂を所望され、これを切り、遣るなり。

同　一七年二月廿五日　仙洞より予の所労はいかがと勅命あり。芝山大膳公より勅命の為の使者あり。

椿花両輪を見るを許可、椿は大半これと察しられる。即ち白雲椿也。
同　一七年五月廿三日　斎（とき）前より久栄をよび、椿五〜六本を接ぐ也。
同　一八年三月廿七日　仙洞より江戸名物のツクシと野老（ところ）を一折拝領。芝山大膳公より尊書きたる。
　院の侍ご使者として来られ、椿花一輪下される也。一輪の中、紅白染め分けの椿也。奇妙な椿也。
同　一八年五月五日　今日、椿の残り花一つ二つ枝にあり、端午に見る椿花は希有、希有。
同　一九年三月一九日　伊藤九左衛門所有の小椿の飛び入り、三好を仙洞に献上す。
同　一九年七月九日　森八郎兵衛より椿の接ぎ穂を所望される、七色を遣（や）る。白雲、諫早、腰簑、五
　郎左衛門、等安、炭屋、大白玉の分を遣る也。
同　二十年七月廿三日　仙洞において、今日椿花開くを見る。
正保二年（一六四五）三月十日　仙洞より椿花十輪拝観を許される。永井信濃守尚政より献上された椿で、目を驚かされる也。獅子椿、宗圓腰簑、腰簑、大白玉、一重星、八重獅子、粟盛椿、実盛、
　大村、一重獅子、この十種也。

相国寺住持の鳳林承章と後水尾院はよほど親しかったのであろうか、これ以降も鳳林から院に椿を献上したり、院から椿を賜ったりしている。鳳林和尚は正保三年（一六四六）二月二三日には明王院圓盛が高雄からかえり、目を驚かすほどの赤花大輪咲き椿をくれたので、院に献上している。正保四年八月十日には、敦賀椿の花が一輪到来し、八月のうちに椿の花を見ることは一生の初めてのことなので後水尾院に献上した。慶安元年（一六四八）三月一日には、後水尾院から八重獅子、唐星、天下という三種の椿花を仙洞で鑑賞することを許されている。この三種は、後水尾院が永井信濃守尚政から献上されたものであった。
慶安二年二月廿五日には、仙洞に伺候（しこう）（つつしんでご機嫌伺いすること）し、御対面のうえ賜り物の御礼を

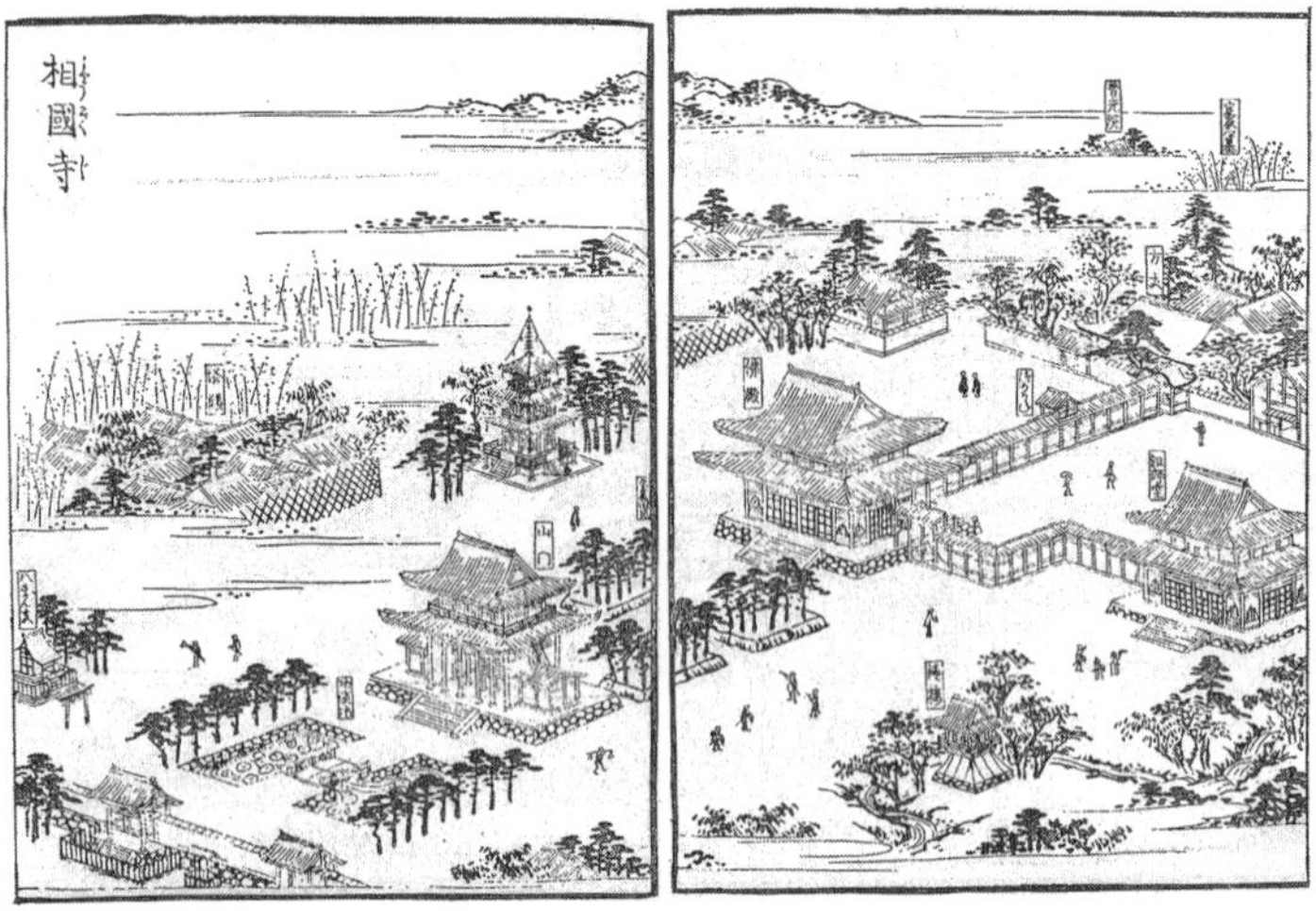

後水尾天皇と交流のあった鳳林和尚が住持を務めていた相国寺。御所から近距離にあり、往き来は容易であった（『都名所図会』巻之一、近畿大学図書館蔵）

言上（ことあげ）している。

鳳林和尚『百椿図』に画讃

慶安三年（一六五〇）三月十日には仙洞御所で花見が行われ、鳳林和尚も、青蓮院御門主尊純法親王、中院前内府公通村、静閑寺前大納言共房、飛鳥井前大納言雅宣、藪入道大納言宗音、土御門左兵衛督二位の六人とともに召されていた。このとき鳳林和尚は大椿と小諌早（いさはや）という二種類の椿を持参し献上した。慶安五年二月四日には、後水尾院から砂金一折とともに珍しい椿花と、黄梅、紅梅を拝領している。

　鳳林和尚と後水尾院との友好は『隔冥記』が終わる寛文八年（一六六八）までつづいている。同年三月廿六日にはケンポナシを持参して仙洞御所に赴（おもむ）いて、ご機嫌を伺った。御対面ののち御前でお菓子を戴いたうえ、お庭におり、一緒に牡丹の花を拝見し、残花の椿五花を拝領している。なおケンポナシ（玄圃梨）は、クロウメモドキ科の落葉高木で、高さ五メートルになる。秋に成熟した花穂の枝は赤みを帯びて肉質に変じ、甘みをもち、食用とされる。テンポナシ、ケンノミともいう。

寛文三年（一六六三）一〇月一五日には、厚西堂より頼まれ、椿ばかりの絵巻物のなかにある椿の絵に讃を書き付けることを求められた。諸椿之図には、僧俗、御門主方（山門の座主、門跡寺の住職など）、親王方、堂上方（公家の称）など諸人の詩歌の讃があり、絵巻は二巻あった。鳳林は源氏椿と題されたところに讃をした。絵の主は江戸大名のよし、絵は三楽の筆の由であった。

この絵については小笠原左衛門尉亮軒著『江戸の花競べ　園芸文化の到来』（花林舎編、青幻社、二〇〇八年）からの孫引きだが、伝狩野山楽筆の『百椿図』として、現在は根津美術館が所蔵している。絵図は丹波篠山城主の松平忠国が絵師狩野山楽に依頼し、収集した椿の各品種を描かせたものと伝られている。花だけでなく、さらに鼓や扇、花籠、花入、高坏（たかつき）、水指（みずさし）、三方（さんぼう）、硯（すずり）など、さまざまな調度や文具に配した椿の名花百余種が、精緻な画技と優れた意匠をもって、二巻六八図で表されている。その図に、当時の高名な文化人、八条宮智忠親王（皇族）、水戸藩主徳川光圀（大名）、幕府儒官林羅山（儒者）、松永貞徳（国学者）、里村玄的（連歌師）、半井卜養（狂歌師）、北村正立（俳諧師）、大徳寺天室宗竺（僧侶）など四九名が五二首の画讃をしているので、そこから讃のいくつかをのぞく。

酒顛童子（椿名）　八千歳幾つの東風を際（きわ）め
誰れの使いか南華の化工を奪う
春の木花の邊（あたり）蝶鬼と為す
夢の中に酔殺す酒顛童　　羅山

とくなか（椿名）　玉椿花のひもとくながめ哉　　紹尚

ゆら（椿名）　君が見むさかりもゆらく玉椿花もやちよの春をかさねて　兼賢

つしま（椿名）　えにうつしまことすくなき花の枝も八千代の春の色はみえけり　永慶

ところが肝心の鳳林和尚の讃の掲載がなかった。『隔冥記』の椿を記述していて、鳳林和尚讃の記述は無視できないので、寛文三年（一六六三）には成立したと見られている伝狩野山楽筆「百椿図」を載せている『江戸の花競べ　園芸文化の到来』の著者で江戸の園芸研究家の小笠原左衛門尉亮軒氏（本名亮・平成一九年襲名）に鳳林和尚の讃をお尋ねしたところ、快く当該部分のカラーコピーを恵贈していただいた。昭和八年（一九三三）生まれの氏は、若年より花作りに情熱を傾け、昭和三二年（一九五七）に名古屋園芸株式会社を創業、平成一九年（二〇〇七）より同社取締役隠居で、江戸時代の園芸資料収集と研究に没頭されている。

鳳林和尚が讃をした椿花の図は、四角な内敷（うちしき）（金襴で作られた仏具などの敷物）の角の一つを手前にして広げ、手前の角に白花で赤の縁取りのある開花した花二つと、咲きかけのもの一輪が描かれていた。絵の右上に讃があるが、鳳林和尚は禅者なので讃も漢字の白文であり、下のように筆者は読み下した。

源氏椿

元是八千鐘不衰此枝　是元（これ）より八千の鐘のため不衰（おとろえず）
齢算更無涯園中凝固　此の枝の齢（よわい）を算すること更に無し
源家塁一樹椿花似白　園中の涯（はて）に凝固（ぎょうこ）する源氏の塁（とりで）
旗　椿が一樹、花は白旗に似たり

北林承章題　鳳林

もとよりこれ（椿花）は八千歳の鐘（椿の花の形をこういう）であるため衰えることはなく、したがってこの（椿の）枝の年齢を数える必要性などさらさら無い。庭園の涯となる隅っこに固まった源氏のとりでがある。そこに椿樹が一本、その花は源氏の旗印の白旗に似ていると、読んだのである。

鳳林和尚が讃をした源氏椿の、源氏とは『源氏物語』に由縁をもつものからの命名ではなかった。ここの「源氏」とは、いわゆるある語に冠して紅白二色を表す語であり、源氏椿とは紅白二色の花びらをもつ椿の花のことである。そして讃のはじめに、八千歳ともいわれる椿の寿命をもつ花であることを述べ、そこから枝の年齢も数えること、さらに必要性がないとする。最後にこの花は白色の部分が多いので、あたかも源氏の旗印である白旗に似ているとしたのである。

さて『隔冥記』に記載されている椿の品種は、諫早椿、因陽椿、尾張散椿、白雲椿、紅白染め分けの椿、赤椿、腰蓑、五郎左衛門、等安、炭屋、大白玉、白玉椿、桔梗椿、獅子椿、祇園腰蓑、一重星、八重獅子、粟盛椿、実盛、大村、一重獅子、赤大輪咲、越前大椿、元和椿、不動之大椿、阿波大椿、早咲白玉椿、唐星、天下、豊田、小海棠椿、仏光寺椿、小諫早椿、大椿、本因坊椿という三五種もの多数にのぼる。

これら椿の品種名は、明確に記されているので、椿花をやりとるする場合は品種名を記した札がつけられ、品種管理が十分に行われていたのであろう。鳳林和尚が後水尾院から拝領した椿は、永井信濃守から献上されたものが多いが、院はまたサロンに出入りする者たちから、数多くの品種の椿を献上されていたものであろう。それらの椿を後水尾院は、庭で栽培されていたものと考えられる。鳳林和尚は庭の椿を接ぎ木するために、枝を拝領した旨を『隔冥記』に記述した場面もある。

策伝の『百椿集』

後水尾院によって自由な文化サロンが開かれていた京都では、安楽庵策伝によって『百椿集』（塙保己一編・補太田藤四郎『続群書類従・第三十二輯上・雑部』続群書類従完成会、一九二四年）が作られている。策伝は美濃国に生まれ、帰依して浄土宗西山派に属し、のち長老までなった僧侶で、晩年は京都の誓願寺の塔中竹林院に庵をかまえ、また茶を金森宗和に学び、安楽庵流茶道の流祖として知られている。策伝は戦国末期から江戸時代初期のお伽衆全盛の時流にのって、武将との交遊もひろく、説教の芸が身をたすけて、蓄財も多かったらしい。また策伝には『醒酔笑（せいすいしょう）』という滑稽話集とも教訓物語ともとれる小話集を七〇歳のとき書き残し、七七歳の寛永七年（一六三〇）に『百椿集』を書いている。

策伝は茶道と関連する趣味に、造園と植木集めがあった。策伝は椿を特に愛し、慶長一八年（一六一三）誓願寺の法主となってからは、数寄三昧の生活のなかで椿の名木をあつめ、収集に熱中したらしい。造園の大家の小堀遠州からも、椿を譲り受けている。『百椿集』に記されている一〇〇種の椿は、すべて策伝が収集したわけではないが、その大多数は収集していたようである。策伝は『百椿集』の巻頭に、椿をあつめはじめた経緯を次のように記している。漢字カタカナ文で、ふりがなを付されていないが、当て字も多いので、ふりがなをつけて紹介する。

抑（そもそも）文禄三稔（ねん）甲午、某（なにがし）和泉ノ境、正法寺ニ住セシヨリ、慶長十九載（さい）ニ至リ、心ヲ深ク花ニ染メ、近国遠里ヨリ様々草木ヲアツメシカドモ、椿トテ赤キ山椿一重ニ咲ト、薄色抜白ナラデハ替（かわり）タル色稀ナリシ。適（たまたま）白玉ヲ一輪床ニイクレハ、有間（ありま）敷物（じきもの）ニ思ヒ口ヲ揃へ誉（ほめ）ソヤシ、興ヲ催（もよおし）テ、慰（なぐさめ）キ。其比曾（そのころかつ）テ見馴レヌ赤椿ヲ持来者アリ。是（これ）ハト問（とう）ニ、伊勢椿トナン云ツルヲ求兼（もとめかね）テ心ヲ盡（つく）シタリツルカ、不慮ニ大坂騒動ニヨリ、逃テ京都ニ上ル。慶長二十年乙卯ノ夏、家康征夷大将軍大敵ヲ鏖（みなごろし）。同七月十三日改元アリテ元和ト号（ごうす）。其年ノ暮ヨリ椿日月ニ増益（ぞうやく）ス。昔木ニ百梅（ひゃくばい）、草ニ百菊（ひゃくぎく）アリと聞ケド、名有リて実（じつ）無シ、親（したしく）見ント要スレハ其数不多（おおからず）。椿若（もし）実ヨリ生ジ、種ニ因色相（よりしきそう）ヲ変ゼハナンスレゾ古（いにしえ）ヨリ此趣無乎。今仁王百八代の帝、後陽成院ノ御宇ニ預メ芽シ。今上皇帝ノ御代ニ甚以盛也。白玉椿ト賀スル物。某前栽ニ集レルダモ漸百椿ニ及ベリ。（以下略）

策伝はこのなかで「慶長廿年乙卯の夏、家康征夷大将軍七月十三日改元あり、号元和、其の年の暮れより椿、日に月に増益す」とか、「後陽成院の御宇に預め芽し、今上皇帝の御代に甚だ以て盛也」と記している。これからみると、元和・寛永期（一六一五〜一六四四年）から椿の品種を珍重しはじめていることがうかがわれる。そして前栽に植えた椿が一〇〇種になったことを記す。

策伝は名椿を賜った人たちを、品種名とともに記述している。

「菊ノ盃」は、尾張大守大納言義直から拝領、
「帰山人」は、摂津高築（高槻）城主松平紀伊守より賜る、
「瀬田ノ長橋」は、近江国膳所城主菅沼織部正定芳から賜る、
「腰簑」は、加賀能登越中三ケ国の太守前田肥前守殿の臣本田安房守から頂く、
「唐錦」は、江州三和山の城主井伊掃部頭の家来岡本半介から頂く、
「昔男」は、洛陽誓願寺塔頭の善知という僧から、
「鷹ノ爪」は、綾ノ小路の勝谷宗和から、
「我カ儘」は、京の仏光寺の南坊から、
「三五四」は、高台寺益長老から、
「賤屋の茶箋」は、南都一乗院の御坪の内から得ている。

また花数寄の町人からのものもあり、
「元和」は、京の三条衣棚の亀甲屋道円という花数寄から、

「瀧の白糸」は、京の材木町の水口五郎衛門という花執心から、
「桂ノ花」は、角屋の道恵という花数寄から、
「戸難瀬川」は、都松原通りの友廣から、
「大薄色」は、芸州（現広島県）広島の薄屋（はくや）宗善という町人から、
「角倉椿」は、嵯峨の角倉与一から、
「カスメル月」は、京三条の永原屋意休から、など

いずれも風流をもてあそぶ新興の町人たちからのものであった。

園芸の椿は、世の中が平和になるとともに、政治的あるいは経済的な支配階級の人びとがもてはやすことによって、ブームが生まれたものだといえよう。かれらにとっての椿は、万葉時代の人たちのように春を象徴する神聖な植物ではなく、ただ愛玩と鑑賞の対象となるもので、ひたすら他の人とは異なっていること、美しいこと、稀にしか見ることのできないものを追い求めるものであった。

『百椿集』の品種

策伝の『百椿集』は、自慢の収集品と垂涎（すいぜん）品に関する記録であるが、百とした理由は明確ではないが、小話や怪談にある百物語に由来しているのであろうか。冒頭の序文らしきものに「木ニ百梅、草に百菊有」としているので、椿にも百椿があっても差し支えないと考えたのであろう。百種の椿は、それぞれ花の特徴から六種類に分類し、百種の品種について命名の由来、花の特色、入手の経緯などを記したものである。

白玉の分（二〇種）……　光、朧月、蟬の羽衣、桔梗椿、桂ノ花、白妙ノ衣等

赤椿の分（二五種）……　緋之玉垣、唐錦、遅紅葉、菊ノ盃、腰簑、富貴、角倉椿等
咲分け咲交じり飛入の分（三八種）……　洛中洛外、木枯、富士ノ高嶺、源氏等
紫種の分（二種）……　石山寺、五山之上
替わり物の分（一一種）……　摺墨、春ノ色、第四ノ調子、狐ノ祝言、庚申の供等
薄色の分（四種）……　我カ儘、不難、本因坊、大薄色

椿に関する命名には、被（かつぎ）ノお方、狐ノ祝言（ことぶき）、染屋の亭主などの民俗的な命名例や、桂ノ花、遅紅葉、花ノ盛、菊ノ盃といって、植物に関するものもある。花の特徴についての説明は極めて詳細であるが、これは図譜にすれば一目で判ることであり、策伝は花を絵として描く能力が乏しかったのであろう。策伝の命名法などの記述をみるが、漢字カタカナ書き、当て字もあるので、ほぼ原文にちかいひらがな表記とする。

蟬の羽衣

これは千葉の白玉なり。濃州岐阜の辺りにて、徳永左馬助求め得て、随分秘せられたるによりて、自然と欄の中なる花は、斯すから色香も深く、思いなせる類多し。花の模様は大概先の朧月の如し。されども替わりたることあり。朧月は一葉一葉に背械（せがい）ありて、花先きつし。これはせがいなく花平めにして、打ぼけて言語道断の姿なり。見ると斉（ひと）しく心涼しくなれば、重くても猶あかぬ面影やと愛をなして名とす。

今日とてや大宮人の白妙に重てきたる蟬の羽衣　　山階入道前左大臣

狐の祝言（ことぶき）

花は五葉の小輪にて、紺の色の咲くなれば、中々言の葉の及ぶべきにあらぬ色あいなり。手をつけて讃（たたう）べき様なし。世話に言う。狐凶事あるは声哀音にひく。吉兆有んは、律に短くコンコンと喜ぶ。

これを従句して名に顕すのみ。笑うべし笑うべし。この椿は当世数奇の道の名誉ある、小堀遠江守の前栽にありしなり。

また元和という大輪の赤花で冬に咲く椿の命名は、京の三条衣の棚の亀甲屋道圓という花数奇が一枝携えてきて、名前がないので命名を希望した。策伝がその花はいつから咲き始めたのか尋ねると元和元年だという。策伝はしばらく考え、大相国天下を掌に握り元和と年号を改められたのでそれを祝い、元和と命名したというのである。

策伝は文禄三年（一五九四）に和泉国堺の正法寺に住んでいたころには、一重の山椿と白玉椿ぐらいしか知らず、人が伊勢椿といって持ち込んできた赤椿を買うこともできなかった。それが元和二年（一六一六）から集めはじめて一四年間で、百種の品種をそろえることができている。爆発的な流行があったことが示されている。

策伝の椿の十徳

『百椿集』の序ともいえるところに、「凡万木最頂莫如之」として、「自然ト椿ニ十徳アル事ヲ辧ヘタリ」と述べている。策伝がいうところの椿の十徳を順次たどっていく。漢文で十徳を記し、その後にそれに応じた和歌を記している。原文は漢文なのでまず読み下しをし、それから意訳していくことにする。

一　歳月を経ると雖も老衰を見ず。

久しさも唯相生に見へにけり椿に双ふ峰の松か枝　藤原為尹

長い年数を経過しても、樹姿は老衰の様子をまったく見せないということであり、長寿の樹木だとする。

二　落葉無く而して木下は自ずから清し。

此の徳に秋をもしらじ常盤山夏こそなけれ松の下影　慈鎮

他の樹木のように落葉することもないから、木の下は自然ときれいである。落葉しない樹木はないが、落ち葉をほとんど見つけないので、樹下はきれいに見える。

三　接ぎ木の術を以て寄せに応じ求め易い。

露ながら色に移て秋の野の小花にまじる月の影哉　草庵集

接ぎ木という技術で用いると容易にふやすことが出来るので、寄せ集めることに応じられるし、さらには求めやすい。

四　蒼生之地に在(あ)りと雖も、花容は勝絶なれば、則(すなわ)ち忽ち内園に昇る。

冬枯れの芝生のもとに住しかど春は雲井にあがる雲雀か　（注・無記名）

椿はおよそ1か月（四時）という長い間花を咲かせ、人々の目を楽しませると、策伝は「椿の十徳」でいう。旧家の土塀からのぞく椿の花（大阪府交野市にて）

草深い地にあっても、花の容(かたち)は極めて優れておるならば、見つけだされ、たちまちのうちに高貴な人の庭に移される。

五　専ら清水を楽しみ、偏(ひとえ)に穢(けがれ)を禁ずる。

池水の世々に久くすみぬれば底の玉藻も光見えけり　仲務大輔

もっぱら水の清らかな場所に生育しており、穢(けがれ)たところには生育しない。

六　他家を継ぐも、而(しこう)して己(おのれ)の徳位を失わず。

　処せき岩かき沼にやどりても同じ空なる秋の夜の月　（注・無記名）

台木に接ぎ木されても、その穂木は台木から影響されず、本来の品位の樹姿や花容を保つことである。

七　春も、秋も、緑の長枝を生じさせる候（こう）に当たる。

　山影や秋の木のもと色深み浅くね花を思ひれる哉　（注・無記名）

春でも秋でもつねに緑の枝を伸ばす季節にあたるとは、一年中みずみずしい緑の枝をつけていることをいう。

八　霜雪に逢うて而（しこうして）色を変えじ。

　住吉の庭も少木も霜枯れて冬こそ松の色はありけれ　慈鎮

霜や雪という厳しい寒さでも緑の色を変えることはない。

九　四時、花を開き観るを改めさせ自ずからを悦ぶ。

　さびしさを花に忘るる宿なしは見せばやとのみ人ぞ待るる　草庵集

四時（一か月）という長い間花を咲かせ、観る人の気分を新たにさせて悦（よろこ）ばせる。

十　実ると則ち油と変じ、寂寥（じゃくりょう）を照らし、梳（くしけずる）則粧（よわい）と為し受用さる。

　燈（ともしび）のすきまにもるる光りかと見ゆるや窓の螢なるらん　藤原為尹

実は椿油となり、灯火に、食物の調理に、整髪につかわれ、生活を潤してくれるという意味である。

椿の十徳を順にたどると、長寿である、落葉がない、接ぎ木で増殖、人手が掛からなくても見事な花が咲く、清らかさ、接ぎ木でも影響されない、常緑の枝、艱難に耐える、長期にわたる花期、実から椿油、ということになろう。もっぱら鑑賞と実用を重んじたものとなっている。策伝が『百椿集』を著した時代は、いまだ椿栽培は公家や高級武士の趣味の範囲で、庶民の段階にまで広まっていなかったせいか、この著作の前に著された滑稽話集の『醒睡笑』には、椿に関する滑稽話は収録されていない。

寛永期の椿流行のありさま

後陽成院（在位一五八六〜一六一一年）の御代に儒教と仏教の優劣利害を弁じて一流の説を打ち立てた儒者である坂上韋林庵が寛永一五年（一六三八）に出版した『清水物語』（上）には、「此頃椿の花のはやるやうに付きても、聞もをよばぬ見事なる花あまた、あなたこなたより出たり。このむ人ありて、はやり候はば、おもしろき物もありなんかし」と記されている。

寛永期に椿が流行したとき、江戸の市民たちは他人と異なった椿の花をもつことを好み、数多くの種類を栽培していた。

寛永の終わり（一六四四年）ごろから正保（一六四四〜四八年）にかけては、椿花を愛玩することが流行し、僧も町人も、洛中とか田舎といった区別もなく、ひたぶるに、あたかも昆虫に夢中の者が蝶の後をおいかけ、その気配を訪ねることとの相違はみられない。花園のある家といえば、尊い人の家であるとか、町人であるとかは問わず、案内もなく入り込む。椿の花の種類が多いと特別な色のものを見つけだしては、この花を一枝下さい、接ぎ木して庭の飾りとしたいと言っても、我も秘めておくものなのでどうして分けられようかと言い、簡単には与えることもない。後には珍しい色のある椿は、一枝とはいってもその値は千金に等しく、高家富族もそのために目を背けるほどである。

貧しい人は蓄えた金銀を尽くすほどの値段で求めることは出来ないので、深い山に忍びこんだり、遠方の野原を愚痴をこぼしながら、この花はいつ頃咲くであろうか、その花の色はどんな色であろうかと、寝ても寝ていられない状態で、日々を送る人もあるという状態であった。

物集高見著『廣文庫　第十三冊』（廣文庫刊行会、一九三七年）からの孫引きであるが、慶安元年（一六四八）の序文をもつ中山忠義の『飛鳥川』上一五には、「村々家々ら、まがき結ひまはしたる園生の中には、ことのやうなる椿五十本三十本うえならべぬはなし。（中略）惣じて、椿は白きと赤き、ひとへと両花ならでなきやうに、此の時までおもひつるに、もてあそぶにしたがひて、花の品々百品にあまれり」とある。あちこちの村の曲垣で囲まれた花園の中には、「異のような」つまり通常とは異なった花をつけた椿を五〇本、あるいは三〇本という数多くの本数を植え並べている。一体に、椿は白と赤と、花びらは一重とそれ以上のものであればよいと、このときまでは思っていた。愛玩するにしたがって、椿の花の種類が増加し、一〇〇品を超えるようになったというのである。

『飛鳥川』はまた珍しい花の咲いた椿の花を川で見つけたため、その椿を他の人に与えるのが惜しくて、他国へと逃げた僧侶のことを述べているので紹介する。安芸国広島というところに、取るにたらない沙門（僧侶）がいた。歩きながら清らかな流れの溝川の上流を見ると、見慣れない花の一枝が流れてきた。拾い上げてみると、花色の優れた椿の花であった。この僧は天の恵みとおもい、人に見られてはと胸を騒がせながら寺に戻り、急いで若木に接ぎとめた。水やりなどの手入れをしていたが、近くの権勢家からたびたび欲しいと望まれた。それでこの僧侶は璧を抱えて泰王に向かうような心地、つまりいつ召し上げられるか心配で、安心することはなかった。そして密かに椿を小さな器に移し植え、夜とともに父母の国を去り、呻吟苦行して長門国（現山口県）に至り、そこでこの椿の花を植えて楽しんだというのである。

このように、江戸時代初期の園芸に椿がなぜ登場し、一〇〇種を超える種類の品種が出まわり、絢爛とした椿園芸を構築したのは何故だろうか。その理由を富野耕治は「ツバキ愛好と園芸の歴史」（『花材別いけばな芸術全集3　椿・水仙』主婦の友社、一九七三年）のなかで、つぎのように分析している。

①椿は常緑花木であり、その分布はわが国至るところ自生し、性強健で栽培も容易である。
②その開花期が秋から始まり冬を越し翌春に及び、約半年以上にわたる長期間鑑賞できる。
③園芸的改良以前の自生種にも自然変異が多く、変異性に富むところから、花色・花型・開花期などに大きな変化がみられる。
④繁殖がきわめて容易で、実生・挿し木・取り木・接ぎ木などいずれでもよく、園芸化するに有利な条件を具えている。
⑤育種的には種間交雑の可能なものもあり、品種間交配も容易で成功率が高い。
⑥生け花、茶花、庭木など装飾的利用に重要な地位を占め、生活に密着し、親しみやすい。

以上のような多くの特性をもつことが注目され、椿は園芸植物として大きくて、重要な地位を占めることができたのである。

最初の園芸書に記された椿

四代将軍家綱治世の寛文五年（一六六五）に、水野元勝は日本最初の園芸書である『花壇綱目』を著し、延宝九年（一六八一）に刊行された。上中下の三巻三冊があり、刊行以前は写本で広まっていた。昭和四年（一九二九）の東京市役所編・発行の『東京市史稿　遊園篇第一』（復刻　臨川書店、一九七三年）からの孫引きであるが、刊行本は花壇用に草花を四季にわけ、上巻は春の部三五種と夏の部八一種、中巻は秋の

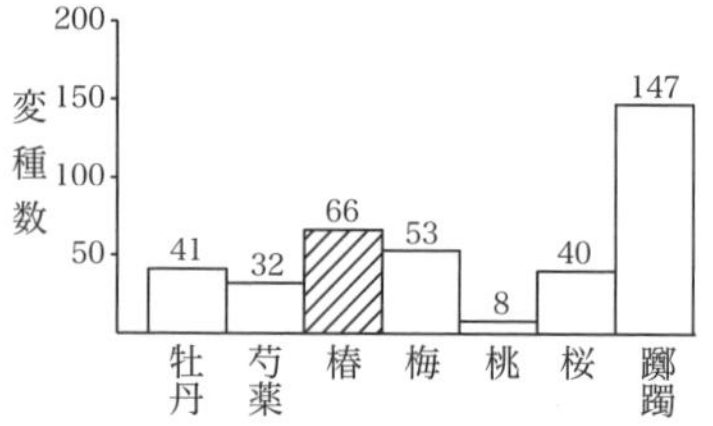

『花壇綱目』の花木の変種数

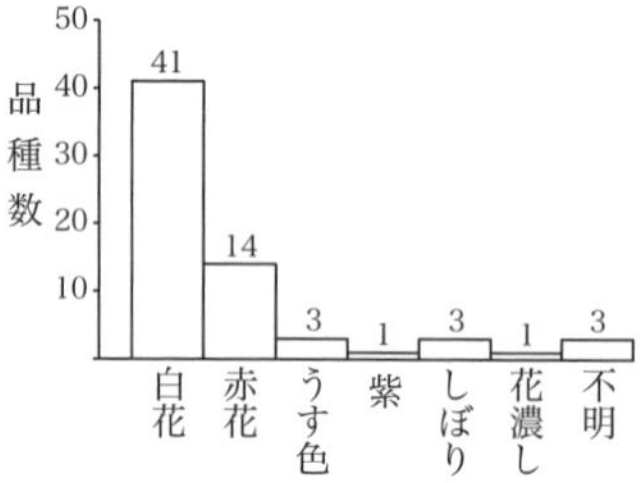

『花壇綱目』の椿の花色別品種

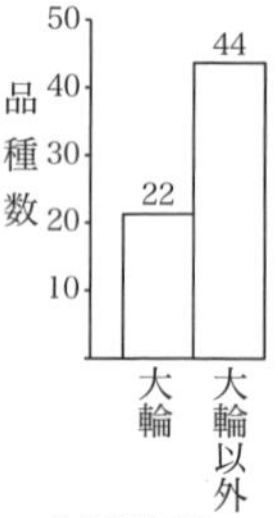

『花壇綱目』の花の大きさ別品種

部五七種と冬の部五種、雑の部六種を、それぞれの種について花色、花形、花期、および養土、肥料、分植などを記したもので、園芸上もっとも貴重な著作とされている。下巻はこれらの草花を養うべき土質および肥料について詳しく記述し、加えて牡丹、芍薬、菊、椿、梅、桃、桜、躑躅の変種、花の銘、花形を記し、おわりに特に牡丹と蘭の培養法を詳しく記している。そしてここには、次のような種類が掲げられている。

牡丹の変種	四一品
芍薬の変種	三二品
椿	六六品
梅	五三品
桃	八品
桜	四〇品
躑躅	一四七品

椿は二代将軍秀忠がとくに好んだことにより、寛永年代（一六二四〜四四）に流行し、その後も椿を好む人が多くいたので、各種の花品が出てきたため、寛文〜延宝（一六六一〜八一）の頃には、六六種という多さになっていた。これは著者の水野元勝が直接関わったもので、椿の末尾に「此外にも品々あるべ

し」とまだまだ未見のものがあることを記している。

椿珍花異名の事

しら雪（白き八重に赤飛入り）　雨が下（白八重の大輪赤飛入り）　いづも椿（地白く紫のしぼり也）
人丸（白の八重大輪なり）　つるがしぼり（地白く紫のしぼり也）　本周坊（千よの赤大輪なり）
まつかさ（しぼりの大輪なり）　そこつ（白の八重小あか飛入）　国しらす（地薄色の八重赤飛入）
松かぜ（しぼりの大輪なり）　むら雨（白き八重に赤飛入）　と宮（白き八重に赤飛入）
八幡しぼり（赤き八重の大輪）　舟井待（赤き八重のすじ椿なり）　国づくし（白き八重に赤飛入大輪）
竹生島（白き八重に赤飛入）　ひのした（白き八重の大輪なり）　あさ日（白き八重に赤飛入）
八幡飛入（赤き八重に白の飛入）　大はく（白のうへ重なり大輪）　青こしみの（白の八重咲の大輪）
大白玉（白き一重の大輪也）　ほうくわ（白き八重に赤飛入）　うぐひす（赤の八重咲大輪なり）
ほととぎす（白き八重に赤飛入）　きぶね（白き八重に赤飛入なり）　大いさはや（赤き一重の大輪飛入）
いわた（白の八重大輪なり）　なぎのみや（白き八重に赤飛入）　妙義院（赤き千重白き飛入）
奈良の都（白き八重に赤飛入）　しら菊（白き八重の大輪也）　清がんじ（白き八重に赤飛入）
参園（紫の八重赤飛入はた白）　壬生萬よ（白に赤の飛入）　玉じろ（大輪なり）
光とく寺（赤き千よに白飛入）　めい山（白き八重の大輪なり）　せいわうぼう（薄いろの八重也）
ちんくわ（白き八重に赤飛入）　大つま白（地薄色の八重に赤飛入）　京飛入（花こしみの大輪なり）
千本飛入（赤き八重に白飛入）　をぐら（白き八重に赤飛入）　初のみ山木（白き八重に赤飛入）
與一椿（赤の萬よ咲大輪也）　して椿（千よ赤に白の飛入）　高尾（白き八重に薄色飛入）
あられ（八重の大輪なり）　一せき（赤き千重に白飛入）　名月（白き八重に赤飛入）

金杉（白き八重に飛入赤）　いだてん（白き八重也早咲）　ほの椿（白き八重に赤飛入也）

八重しぼり（大輪なり）　たるま（赤き八重の大輪なり）　清水しぼり（白き八重にしぼり）

みやこ（白き八重に赤飛入）　かうらい（白の大輪なり）　さひふ（赤き千重に白飛入）

八坂飛入（白き八重に赤飛入）　ぬき白（八重咲の大輪なり）　しゅしやか（白き八重に赤飛入）

とつ（白き八重に赤飛入）　初夜のはた（白地うす色に一重早咲）　藪椿（赤白一重八重色々有中輪也）

右は椿の銘なり。此外にも品々あるべし。

『花壇綱目』に記された椿の銘とその特徴は前記のとおりである。『花壇綱目』は、わが国で最初に、椿に品種名を命名して公開したもので、園芸史上特筆すべきことがらである。そしてその中で、しら雪（白雪）、大白玉、せいわうぼう（西王母）、まつかさ（松笠）、雨が下、さひふは、約四〇〇年前当時の花がそのまま伝えられているのかは不詳であるが、その名は現在でも使われている。

ここに掲げられている花の色や大きさ、花弁数などについて集計してみる。なお日本の椿の花の大きさの基準は、極大輪（一三センチ以上）、大輪（一〇～一三センチ）、中輪（七～一〇センチ）、小輪（四～七センチ）、極小輪（四センチ以下）となっている。

白花　四一種（うち八重二七種、八重大輪一〇種、大輪一種）
（うち赤飛入二六種、うす色飛入一種）

赤花　一四種（うち八重四種、八重大輪一種、一重大輪二種、すじ一種、千重五種、萬よ（花弁の数が千重よりも更に多いもの）大輪一種）

うす色　三種（うち八重三種）

紫　一種（八重）

しぼり　三種（大輪三種）
花濃し　一種（大輪）
不明　三種（藪椿の赤白色々有を含んでいる）

全体が六六種あるなかで、白花の種が四一種の六二%、赤花が一四種の二一%となり、そのほかに花の色（赤色）が薄いもの、濃いもの、しぼりのものがある。さらに名だけあって、花色が記載されていないものや、藪椿のように赤も白もあるものがある。

江戸時代初期に椿の花の鑑賞がブームとなったのであるが、椿本来の花色の赤色ではなくて、突然変異で発生した白花の系統がもてはやされていた。それも花弁全体が白色ではなくて、赤の飛入りのあるものが好まれた。花弁は八重であった。一方の赤花では赤花に白色の飛入りがあり、花びらの数が多い八重から千重、萬よ（万重）のものが好まれた。

染井の植木屋著『花壇地錦抄』

『花壇綱目』が寛文五年（一六六五）に世に出てから三〇年後の元禄八年（一六九五）、江戸染井村の植木屋（花屋）の伊藤伊兵衛三之丞は『花壇地錦抄（かだんちきんしょう）』を出版した。三之丞は農家に生まれたが、近くの藤堂大学頭高久の下屋敷に出入りして庭の世話をしているうちに植木屋となった。そしてのちには江戸第一の種苗商人となった。『花壇地錦抄』はいわば種苗商人として、わが商店で商っている商品カタログであったともみられる。しかしながら、現在となってみると、この書は日本の園芸の発展史を語るうえで、大変重要な書物となっている。

三之丞は序のなかで、「千草万花の名ありて其の草を知らぬハほひなし。ここに染井の畔（ほとり）、菴閭（ひきよもぎ）に耕夫（こうふ）

のそれがし、農業のいとまいとまに、からの、やまとの、くさぐさをあつめて、五風十雨の潤み、時候をかんがえ、種まき、根を植かえ、接木、さし枝につちかふことをゆだねたり。自然に橐駄か傳に通ぜしや。かつて筆耕して花壇地錦抄と題し、之を和訓に地錦とよぶ（以下略）」と記しているが、農業の合間に、諸方から種をあつめ、草木を培養してきたのである。『花壇地錦抄』は全六巻で、椿は木之類巻二にある。木之類巻二には、椿のるひ（類）、茶山花のるひ、躑躅のるひ、さつきのるひ、さつき八木の事、梅のるひ、桃のるひ、海棠のるひ、桜のるひが収められている。巻一の牡丹も花の美しい樹木である。花木として、どんな木が好まれたのか『花壇地錦抄』に記載されている品種数を掲げてみる。

牡丹	四八四種　（うち　白牡丹二六〇種・赤牡丹二二四種）
椿	二〇六種
山茶花	五〇種
躑躅	一七四種
皐月	一七〇種
梅	四八種
桃	二一種
海棠	三種
桜	四六種

品種数の最多は牡丹の四八四種で、次いで椿の二〇六種となっている。これからみると、元禄時代の前期は牡丹の大流行時期に当たっていて、『花壇地錦抄』が全六巻のうちの一巻を牡丹に割いていることもわかる。牡丹の中でも筑前牡丹名寄せという項目があり、そこに白牡丹八一種、紅牡丹五八種の品種名が

掲げられている。

『花壇地錦抄』木之類巻二の椿の記述は「椿のるひ　木春初中」とされる。樹木で春の初中（春を三分割したときの初めと中ごろという意味）に咲く花のことで、二〇六品種が、花色、一重か八重か、どんな斑(ふ)や絞りか、花の大きさ、全体の評価などが記されている。いくつか記載例を掲げるが、品種の説明文には句点の記入はないが、そのままにしておく。

ある川　くれない八重色成程よし雪の如くなる白きほしありまたハさしまぜ也
わかくさ　うす色八重に赤キかすりいろいろあり花さきしろ中りん
指(さし)まぜ　せんやう菊のごとくもりあげ赤白のさしまぜ小りん
あまがさき　白五重中輪少色ありべにかすりいろいろくるひさきつつしべ（注・しべは芯(しべ)のこと、筒芯）
りうさ川　桜色八重小りんべににてとび入りかすり内ニしべ有

『絵本江戸桜』に描かれた染井の植木屋。ここの植木屋の伊藤伊兵衛が園芸書『花壇地錦抄』を生み出した。（都立中央図書館特別買上文庫蔵）

花の色は『花壇綱目』の六種類だけとちがって、実に多種多様な色彩の花が説明されている。どんな花色が好まれていたのか、品種数の多い順に整理してみる。

白六一種、赤四六種、紅二一種、うす色二〇種、　さらさ一〇種、雪白一〇種、桃色九種、桜色七種、玉子色四種、少色四種、柿色三種、紫二

種、白赤咲まぜ二種、指しまぜ一種、浅黄色一種、不詳五種

このように、一五種類もの色をもつ椿となっていた。そして『花壇綱目』でもみられたように、赤色よりも白色が好まれ、より白い色の花がほしいと、雪白という雪のように白い品種まで生んでいる。これは単純に地の色を集計しただけであり、『花壇地錦抄』はこの地の色にいろいろと斑(ぶち)や絞り、飛び入りなどがあることを記している。この書に掲げられている品種は一つずつ異なっているので、とりあえず花の色に関する部分だけを記し、その後にカッコ内に品種名を記す。

くれない、成る程よし、雪のごとくなる白き星あり、又はさしまぜ（ある川）
くれない、白ほし飛入りいろいろ狂い花さしまぜも有（乱拍子）
くれないに、白飛び入りさしまぜいろいろ咲く（春日野）
くれない、白き星、鹿ノ子あり、また白き花に赤星鹿ノ子もあり（通鹿子）
くれない、白飛び入りかすり有り（見さん）
くれない、白ほしもり上げ（もの川）
くれない、白星雪のごとし（加平）
くれない、白ほし少し有（しょうじょう）
くれないに、白星飛び入り（金水引）
くれない、白星さしまぜ、水引のごとく（ミやまぎ）
濃いくれない、白星たくさん入り（ミなもと）
濃いくれない、紙に包みても外まで赤く見ゆるほどの色（八代）
白、かすりなるほどこまかにあり（初花）

白、紅飛び入りあり（大もミぢ）
白、紅かすりいろいろ（あまがさき）
白、ひろく紅かすりちらちらとして（かんか）
白、赤く縁取り（くちべに）
白、飛び入り（小しぼり）
白、赤大かすり（塩田飛入）
白、赤かすりあり多く咲く中にはももいろも有（おとなし）
白、赤ほしとびいり上下おしえへしのとびなり（なら坂）
白、赤かすり飛び入り（あらい）
白、赤とび入り（かんたん）
白、赤とびいりいろいろ（千代）
白、赤はきかけとびいり有（松風しぼり）
白、大小のかすり有（加州）
白、くれない飛び入り（ちん重）
白、あかとびいり半分咲分もあり（横川）
白、あかきとびいりかすり又はこまか成るほし色々（平吉）
白、花さき少し色有り、花中に玉子のようなる色有り（しばがき）
白、小さきかすり有り、大かすり交じり咲く（晴天）
白、まわりに金水引のごとく取りくまわし（高砂）

白、かすり飛び入り（ミをつくし）
白、色よき紅ふとく飛び入り（一重松風）
雪白、赤かすり有（大白菊）
雪白、赤ほしとびいり又はかすり（黒星）

花の大きさを記述にしたがって集計すると、次のようになる。

大輪　八五種（うち、白花は二九種、赤花は一六種）
中輪　七三種
小輪　一九種
不詳　二八種

大輪の花は全体（二〇六種）の四一％、中輪では一五％となり、大輪の花を好む傾向がみられる。

花弁の数では、一重、八重、千重（千葉）、萬よ（万葉）となっている。

花の形では、菊花の如く、平花、桔梗咲き、蓮花、細く短く先丸、細くこまか、細く長く尖り、花先ほそい、花形しゃんとしてきれい、花形巴の如く重なる、となっている。

花期は表題では春初中つまり陰暦一月〜二月とされているが、それ以外にも九月時分より咲く（いだてん）、十月ごろより咲く（千鳥）、十月時分より咲く（平吉）、九・十月のころ自然に咲く（みなもと）といった品種があげられている。

また従来はなくて、『花壇地錦抄』に初めて取り上げられたとわかる品種も、載せられている。「通鹿子（かよいかのこ）」がそれで、この品の説明には「くれない八重大りん白キほしかのこあり、また白キ花ニ赤ほしかのこも有、いろいろりんちがひのさらさ也。実生（みをい）にて元禄戌の春初咲き也」とある。なお、「りんちがひのさらさ也」とは、花弁の先端の周囲が花ごとに違って紅白がまじって、布のサラサに似ているという意味である。また通鹿子という種類は、実を蒔いて育成したもので、元禄戊の年はただちに何年とは判らないのであるが、『花壇地錦抄』の序文の日付は元禄七年（一六九四）であり、元年からこの年までの間である。接ぎ木や挿し木で育成した苗であれば、どこからかに親木があるから新品種とはいえないが、実生から育成した花なので新品種と認められる。

『花壇地錦抄』巻六は草木植作様之巻であり、いろは順に記してある。椿については、「植替は五月中旬、春をきらふ。接木・指木の五・六月、よびつぎは常なり」とし、接ぎ木などの要領を説明している。植え方については「すべて椿は根をことごとく切り捨てたるよし。根のよきは枯れるものなり。山台といひて、根のあらき（荒いもの）を上とす」と説明している。

『花壇地錦抄』の発刊から一五年後の宝永七年（一七一〇）、三之丞の息子である伊藤伊兵衛政武は『花壇地錦抄』を増補し、さらに自分で画いたところの図を加えて『増補花壇地錦抄』を著した。政武は三之丞のあとを継いで種苗商人となり、江戸城にも出入りして八代将軍吉宗にも知遇を得ている。吉宗は政武の苗木畑を見に行ったこともある。椿は同書の巻之二「椿のるひ」として一四種と四種に図が描かれている。白花五種、紅四種、うす色三種、桃色一種、咲き分け一種となっている。

伊藤伊兵衛政武は享保四年（一七一九）、九年前に出版した『増補花壇地錦抄』の後編ともいうべき『広益地錦抄』を著した。ここに椿の品種一〇種と、一二種の図を載せている。また享保一八年（一七三三）には『地錦抄付録』を出版した。巻之三の花木之類に、六種の椿と、四種の椿図を載せている。そして巻末に「正保年中以後渡リ来ル草木ノ類」の項をつけている。その項の「延宝年中渡ル品々」として、唐椿、朝鮮椿、柊椿の三種を載せている。

そして柊椿の説明を「今植るいろいろの花椿は、和朝にて出来たる物が大和本草に、天武の御時白花の椿を貢す。寛永の初めより紅白ひとえやえ、品々出来す。烏丸光廣卿の百椿図席に、此頃世に品多く出来たりと書りしとあり、唐椿は延宝に来る」と記している。さらに元禄年中に海外から来る品々の中に「椿樹（今云きゃんちん）」を入れている。

貝原益軒の『花譜』

元禄七年（一六九四）、儒学者・教育家・本草学者の貝原益軒は『花譜』（益軒会編纂『益軒全集　巻之一』益軒全集刊行部、一九一〇年）を著し、椿の栽培法を述べた。上巻は総論で、「樹を栽え、種を下す、枝を挿す、樹を接ぐ、護り養う」ことについて述べている。中巻は正月から六月まで月ごとに、その月に関わる草木について述べ、下巻は七月から一二月までの草木のことを述べている。椿は中巻の正月の項で、梅・山茶花・福寿草・金盞花の四種が記されている。

益軒は椿を「山茶花」と記載している。これは中国の本草学による影響であり、中国では隋や唐の時代にはツバキのことを海石榴と記していた。その後南宋（九六〇～一二七九年＝わが国の平安時代から鎌倉時代）や明（一三六八～一六四四＝わが国の南北朝時代から江戸時代初期）の時代になると、中国の中・南・西部に野生するツバキ属のいろいろな種が知られるようになった。茶もツバキ属の一つの種であるが、茶は唐時代から広く飲用され、栽培されていたので一般によく知られていた。ツバキ属の他の種は、茶に似て山にある樹木として山茶とされた。それにツバキは中国に渡ってから年月を経ており、外来植物としての珍しさはなくなって、他の種とともに山茶に含められた。

現代では、中国におけるツバキの通称は山茶花である。江戸時代のわが国の本草学に関する書物、たとえば『尺素往来』（室町時代の長享元年＝一四八七年に完成）、『大和本草』（江戸時代の宝永六年＝一七〇九年成る）、『本草綱目啓蒙』（享和三年＝一八〇三年成る）には、ツバキのことを山茶または山茶花と記されている。

つぎの文は『花譜』の記述である。

山茶花(つばき)　つばきは、さかり久しくしていとめでたし。春にいたりて、いとさかんなり。花は歳寒をおかしてひらき、春にいたりて、いとさかんなり。葉は四時におひてしぼまず。これ又君子の操(みさほ)ありといふべし。日本にむかしより、椿(ちん)の字をあやまりて、つばきとよむ。椿(ちん)は漆(うるし)の木に似て、其葉かうばし。近年唐(もろこし)よりわたる。又日本紀及順和名抄には、つばきを、海石榴とかけり。むかしは、つばきの数、すくなかりしが、近代人のこのむによりて、其品類はなはだおほくいできて、あげてかぞへがたし。からの書にも、其類おほき事をしるせり。山つばきいとよし。いろいろの変色は、よきもあり、あしきもおほし。九月より花さくもあり。凡(およそ)つばきは六月につぐ。水つぎよし。さすは赤土よし。正月或梅雨(つゆ)の中に、させばよく活(つ)く。さして数年の後、花をひらく。葉虫を生ぜばさるべし。さらざればいたむ。赤土、黒土を好む。砂土はよろしからずといへども、凡、余木に比すれば、さまで地をきらはず。凡、山木は赤土、黒土を好む。桜、栗、山茶(つばき)の類みなしかり。村

檜林の中に生育する椿。益軒は『大和本草』の中で「山つばきよし」という（岐阜県南宮大社の境内林）

民山茶をおほくうへて、其実をとりて利とす。山城の日野のさとには、つばきばたけあり。

益軒は、むかしは栽培される椿の種類は少なかったが、近ごろは人が椿を好んで栽培するため、種類が多くなり、その種類を計上して数えることは難しいほどだ。唐（中国）の書物にも、椿の種類が多いと記す。山椿はよろしい。いろいろある変種には良いものもあるが、悪いものが多い、と評価を下している。接ぎ木、挿し木の時期を記し、植える場所の土質を赤土か黒土が良いとする。最後に、村人たちは椿の木を多く植え、その実を採取して利益を得ているという。この利益と言うのは、椿の実を絞って椿油をとり、自家用の灯火用としたり、多ければ販売して銭をかせぐことができるという意味であろう。椿油のことについては、別のところで詳しく述べたい。

椿畑ありという山城の日野とは、現在の京都市伏見区日野である。益軒は「京城勝覧」（益軒会編『益軒全集』全八巻之七　国書刊行会、一九七三年）の洛外・第四日南の日野の項で「梅多し。ちかき頃の俗語に、よし野のさくら日野の梅といふ。洛外にては梅おほき所、これを第一とす。つばき多し。（以下略）」と述べている。

ついでながら益軒は『花譜』下巻・木・椿（ちん）で「椿（ちん）　香椿とも云、近年もろこしよりわたる。葉も木も漆に似たり。日本にあやまりてつばきとよめり。根のかたはらに小木多く生ず、二八月にわかち植べし。荘子の大椿八千歳を以て春秋とすといへるは、是なり」とし、椿（ちん）の字を日本人は誤って「つばき」と読んだという。

享保年間（一七一六～三六年）に成立した『槐記（かいき）』に、後西（ごさい）上皇（第一一一代の天皇。在位一六五四～六三年）が椿の絵巻を作られていたことが見える。『槐記』は山科道安が近衛家熙（いえひろ）の言行を、家熙に近侍して聞き書きした書であり、茶道・花道・香道に関する記事が多い。

後西院ノ御時、山茶(つばき)ヲ御好ミアリケレバ、処々ヨリコレヲ献上ス。珍花ハ手鑑ニシテ極彩色ニテ、片表ニ九ヅツ花ヲ記サレシニ、年々ニ冊数多クナリケルホドニ、ツヒニ五十巻バカリニナリ、所詮限リナキコトトナリテ止ラレタリ。コレニヨリテ思フニ菊ノ椿ノと云モノ、人ノ数寄ニヨリ数多ニナルモノト見エタリ。

天皇が椿を好んでおられるとのことから、ご機嫌を伺うため、公家たちや武家たちから椿が献上されてくる。珍しい花の場合は椿を鑑賞するための手本として、極彩色で図を描き、それを紙に貼付しておかれた。片面に九図の花をまとめられた。年々に献上者が多く、それに従って綴った冊数が増加して、ついに五〇巻となった。所詮、限りのないことなので、止めた。このことから、菊とか椿というものは、人が好みによって作り出すものであるから、いくらでも数多くの品種を生むものだと結論づけたのである。紙の片面に九図づつで、それが五〇巻になったというのだから、単純計算で四五〇図となる。同じ品種があったかどうかは不明であるが、四五〇図も見ればいい加減に飽きるというものであろう。それほど珍品の椿が献上されていたのである。

第五章　近世本草学と椿

植物の知識を育んだ本草学

江戸時代初期に「寛永の椿」とよばれ、椿は江戸市民や京の町衆の間にも大流行した。江戸時代の日本を代表する二つの大きな町で、椿の花が、人びとを魅了し、競って椿を栽培し、その花の美しさを鑑賞しようとしたのが、流行の源泉である。しかし、その底は浅いものであった。人びとの美しい椿花を見たいとする欲望、人よりも優れた花、あるいは人のもっている花とは形も色も変わったものをもちたいとする欲望を、裏で支えていたのは、苗を栽培し販売している種苗屋であった。とくに江戸の染井の種苗屋は、手間暇をかけて、椿の花の色形、花の大きさ、咲く時期などの特徴をもとに、品種名を特定し、それぞれの品種の苗を育成していた。

園芸の流行は、花木では椿から躑躅（つつじ）へと移っていった。

大場秀章は『ツバキとサクラ　海外に進出する植物たち』（大場秀章・秋山忍著、岩波書店、二〇〇三年）のなかで、「江戸時代には三度ツバキの流行した時期があった。すなわち、元和〜寛永（一六一五〜四四年）年間、寛文〜享保（一六六一〜一七三六年）年間、享和〜文政（一八〇一〜三〇年）年間である。流行（はや）ったとはいえ、それは好事家の間のことで、キク、アサガオ、オモトなどの鉢もののひろがりと人気には

江戸初期、椿は流行したが、やがて流行はツツジへと移っていった。

比較にならない程度のものであった」と述べている。

前章で元和から享保期における椿の流行について述べたが、主として園芸に関わるものであった。大場は前の著書で「江戸時代に植物の知識を育んできたのは、園芸とともに本草（ほんぞう）学である」と、指摘している。本草学とは本来、生活に必要な自然物、とくに薬物や食物となる自然物（草〔植物〕や動物、鉱物など）について、その形態、生態、製薬法、薬理などの総合的な知識を記載する学問で、いうなれば薬物学といえよう。薬物研究にとどまらず今日でいう医学、薬学、博物学をあわせたような学問であった。

中国で本草書がまとめられるようになったのは漢代と推定され、『神農本草』がまとめられている。西暦五〇〇年ごろには陶弘景により『神農本草経』『神農本草経集注』が大成された。以後唐・宋にかけて知識が補われた。明末には李時珍（一五一三〜九六年）が薬物数約一九〇〇種をもつ最も完備した『本草（ほんぞう）綱目（こうもく）』を完成した。『本草綱目』は、薬理説と処方に重点があるとともに、博物学的色彩がつよい。

本草書のわが国への渡来は、欽明天皇一三年（五五四）の呉人・智聡の来朝とされている。中国では百科全書的本草書のほかに、数多くの本草書があらわされ、日本に渡来してきた。中国本草書を手にした日本人はその中から知識の吸収につとめ、平安時代には『本草和名』（わが国最古の本草書。延喜一八年＝九一八年成る）などが現れた。『本草綱目』は慶長一三年（一六〇八）に渡来し、江戸時代に盛んに研究され、貝原益軒（かいばらえきけん）の『大和本草』、稲生若水（いのうじゃくすい）の『庶物類纂（しょぶつるいさん）』、小野蘭山（おのらんざん）の『本草綱目啓蒙』が現れた。

『大和本草』と椿

『大和本草』は貝原益軒の著作で、本草学の対象となる和漢の本草一三六二種を収録・分類し解説している。付録とも一八巻で、宝永六年（一七〇九）・正徳五年（一七一五）に刊行され、日本独自の本草学の先駆となった。貝原益軒は寛永七年（一六三〇）一一月、福岡藩祐筆（ゆうひつ）の子として城内で生まれた。名は篤信（あつのぶ）、通称は久兵衛、ながらく損軒（そんけん）と号し、晩年に益軒と改めた。はじめ福岡藩二代目の武断派黒田忠之（ただゆき）に仕えたが、その怒りに触れ浪人となり、医者として身をたてようと医学修行に励んだ。数年後父のとりなしで三代目文治派の光之（みつゆき）に仕えることができ、約一〇年間京都に藩費遊学した。博物学では江戸期本草書中もっとも体系的な『大和本草』をはじめ、『花譜』『菜譜（さいふ）』を残した。宮崎安貞の『農業全書』の成稿と出版にも積極的に助力した。

椿は『大和本草』（校注者代表矢野宗幹『大和本草　第二冊』有明書房、一九八〇年）巻之十二・木之下・花木で、梅・桜・彼岸桜・垂絲海棠（いとざくら）・熊谷桜・海棠・棣棠（やまぶき）・躑躅（つつじ）・杜鵑花（さつきつつじ）に次ぐ第一〇番目に「山茶（つばき）」として記されている。前半を掲げるが、漢字カタカナ書きのうえに句読点がないので、読み易くひらがなと句読点を補い、ツバキは、そのままカタカナ表記とした。

日本紀天武天皇十三年三月吉野人宇閇直弓（うへのあたひ）白海石榴（しろつばき）を貢す。延喜式にもツバキを海石榴とかけり。順和名抄も同。その葉厚し、あつばきのきと云う意なり。花は単葉あり、重葉あり、千葉あり、紅あり、白あり。山ツバキは紅の単葉なり。ツバキは実に脂あり、無毒。好事の者、油をとりて諸品物を煎じ食す。味、胡麻よりかろく無毒と云う。本草に婦人の髪、ねばるに研（す）りまとめ、これをぬる。又本草綱目に、山茶に、海榴茶・石榴茶あり。是（これ）ツバキの品類なり。日本の古書にツバキ海石榴と書けるも由ある事なり。酉陽雑俎続集に曰（いわく）、山茶は海石榴に似る。然らば山茶と海石榴は別なり。凡（およそ）山茶

益軒は『大和本草』の中で、ツバキの語源を「あつばきのき」つまり「厚葉木の木」だという。

は花の盛り久し。葉も花も美し、多くうへて愛玩すべし。つつじを植えれば、枯れやすし。山茶は枯れやすからず。昔は本邦に紅の単花（ひとえばな）のみありて、白ツバキもまれなり。寛永の初より、やうやくツバキの数多く出来にしや。烏丸光廣（みつひろ）卿の百椿図序に、此比（このころ）世にもてはやし、品多くいできたる事をかけり。天武の御時は、古代なれば草木の奇花まれなるべし。白ツバキをめづらしき物にせしは、むべなり。今はツバキ、紅・白・単葉・重葉・千葉、その品多くして、数をしらぬ。玉島山茶（つばき）は、蕊（しべ）無し。葩（はなびら）多く、一花に凡（およそ）七十余片ばかりあり。白あり、紅あり、山茶の奇品なり。又南京山茶あり。葉長く、葉の色常のツバキに変れり。花も葉も異なり、是（これ）奇品なり。十輪山茶あり、一樹の中、紅白数種、異品多く開く。（以下略）

『大和本草』は椿の表記の仕方から記述している。『日本書紀』・『延喜式』・源順（みなもとのしたごう）の『和名抄』も海石榴と書く。そして「つばき」とは、その葉が厚いので「厚い葉の木」という意味であると、命名法をいう。椿の実には油が含まれているが、その油は無毒で、物好きな者は油をしぼり、もろもろの食品を煎じて食べる。煎じた物の味は、胡麻油よりも軽く、無毒という。益軒は椿油で「諸品物を煎じ」、その煎じた物を食べるとしているけれども、「煎じ」とは物を煮てその物のエキスを抽出することをいい、煎じた物の味は煎じ出されてなくなっている筈である。しかし、煎じた物の味は、胡麻油を用いたときよりは軽いというのだから、てんぷらとして揚げたに違いない。益軒は学問はよくできたが、物の調理については、やや疎いように感じられる。それはそれとして、『大和本草』以前の椿の書物はいずれも椿花についてのみ述べられており、実の油をしぼり、それを食べ物の調理につかう事などは、本書がはじめてのことである。椿油については、別に詳しく検討していきたい。

椿の種類は寛永（一六二四〜四四）のはじめごろから世に出てきた。烏丸光廣卿の『百椿図』にもこの頃持て囃す品種が多くなったと書かれる。天武天皇の時は白椿を珍しいものとしているが、今の椿の花は、花の色は紅・白があり、花びらは一重、重葉、千葉、そのほかの品種が多く、どれだけあるのかその品種数は知らない。玉島椿という品種は、蕊がなく、花びらが多く一花におよそ七〇余片ばかりあって、花色も白あり、紅もあって、椿の奇品である。また南京椿（唐椿のこと）があって、葉が長く、葉の色も普通の椿とは変わり、花も葉も異なっている。これもまた奇品である。十輪椿という品種は一樹の中で、紅、白、数種の色が多くある花が開くと、特別に変わった花を咲かせると紹介している。なお玉島椿とは乙女椿、十輪椿とは「はつかり」という品種ではなかろうかと、前掲の有明書房版『大和本草』の校注者は記している。

『大和本草批正』益軒の誤りを正す

その後井岡冽により、『大和本草』の誤りを正し、新説を付け加えた『大和本草批正』（未刊）が著わされた。『樹木大図説』（上原敬二著、有明書房、一九六一年）から孫引きする。本草家の井岡冽は、本草を小野蘭山に学び、侍医・侍講として作州（現岡山県）津山藩の三代の藩主に仕えた。享和元年（一八〇一）蘭山に従い、常陸国（現茨城県）、上野国（現群馬県）、下野国（現栃木県）の諸山での薬草採取に携わり、『常毛採薬』二冊を作った。

山ツバキ、花小にしてツツジの花形なり、故に本草に躑躅茶の名あり、一名ヤブツバキ（ツバキの実に油あり云々、木の実の油と云う。鉢うえの上に虫のわきたるとき此油注げばよし）。（海榴茶）花小さし、俗にコテウと云。（石榴花）下に大葩五弁ありて上に小葩数片あり、俗に伊勢ツバキと云。（海榴石）朝鮮ザクロなり木も花も小なり、小木も花実あり、美なり、一名火石榴。（玉島ツバキ）カサネ至て多くしてまん中は玉の如くなり、全開せぬ者なり、一名玉テバコ、漢名宝珠茶と云、蕊は現れず。（南京ツバキ）カラツバキとも云、葉は常のツバキより色薄し、花大さ五寸許、紅白飛入等あり、花数多し。（十輪ツバキ）一樹の中に数種の花をつく、葉形も種々、変葉雑る、俗にナナバケと云。（サシツギ）さしつぎとは其接がんとする枝の本を地中に挿むを云、或は器に水を盛り下に承け枝、本を浸すも可なり。（椿）古名タマツバキ誤て今のツバキとす、昔より誤来れり、薬方雑記に日本山茶為椿ことを云り、椿を漢種のみと思ふは非なり、和産もあり。

『大和本草批正』は山ツバキ、海榴茶、石榴花、海榴石、玉島ツバキ、南京ツバキ、十輪ツバキという七種の椿の種類を説明する。山ツバキは一名ヤブツバキのことだといい、現在の改良された園芸種の原種となるものである。海榴茶は花が小さいので俗にコテウ（胡蝶）と呼ばれているという。石榴花とは俗に伊勢椿とよばれる品種だという。伊勢椿とは、時代がぐっと下がるが昭和七年（一九三二）発行の伊藤武夫著『三重県植物誌　上巻』（三重県植物誌発行所）には、「伊勢椿　多気郡丹生村大字馬宝殿三千九百九十九番地丹生神社（拷幡千々媛神を祀ル）社前、三本互ニ相接シテ、大ナルモノ根周囲約一m、小ナルモノ根各六〇cm」と記されている。伊藤はこの神社の椿を伊勢椿の原種と考え「郷土的名木として永久に保護したいものである」と結んでいる。そして伊勢椿の名称が文献に現れるのは、策伝の『百椿集』だと述べている。「椿」は古名をタマツバキ（香椿）という中国産の樹木であり、誤って日本では（江戸時代の）

いまはツバキのことだとしており、昔から誤ってきたという。『薬方雑記』には「日本では山茶、椿と為す」といい、椿を中国産の種だけだと思うのは間違いであり、日本産のものもあるという。『大和本草批正』は、中国の椿（ちん）と日本の椿（つばき）とを混同しているように思われる。漢字に振り仮名がないことが、そもそも勘違いを生む源である。

江戸での椿の見所

江戸時代となって国内の平和が長く続き、人びとの生活が豊かになるにしたがって、娯楽を求めてまず社寺を参詣するようになった。江戸時代初期の名所は、神田明神、日枝神社、浅草寺などが主なところであった。一七世紀の中頃になると、浅草寺周辺が庶民の行楽地として賑わいをみせた。明暦三年（一六五七）の大火のあと、江戸庶民の行楽は顕著となり、江戸見物の手引き書として『江戸名所記』（寛文二年＝一六六二年刊）がまずあらわれ、それ以降も案内書は刊行された。行楽も社寺参拝から、花見、紅葉見物、納涼での舟遊び、螢見物など四季折々の風物を楽しむものへと変わった。

享保二〇年（一七三五）正月に刊行された『続江戸砂子』（東京市役所編『東京市史稿　遊園編第二』臨川書店、一九七三年）には、江戸市民が四季にわたって遊観するところは「或いは鶯時（うぐいすどき）（鶯の鳴く時期のこと）、鳥、虫を聴き、或いは梅、桜、躑躅（つつじ）、藤、螢、蓮、月、紅葉、雪を観（み）、或いは納涼、舟遊びを事とす」と記されており、春には椿の花が見所となっている場所があった。梅屋敷、根岸、椿山、上野、大窪、飛鳥山、染井、亀戸、佃島、高田、白山、芝切通、駿河台、落合、両国橋、浅草川、品川海晏寺などであった。

椿山　牛込関口の近所、水神の社あり。

この山の前後一向に椿なり。この所を向ふ椿山といふ。戸塚の内にも椿山といふあり。蓮華院と云。宝泉の持也。

『続江戸砂子』は享保期の江戸の名木類聚を掲げているので、樹種別に本数を拾う。

松樹の部　上野の相生松など三九本
梅樹の部　亀戸の臥竜梅など六本
桜樹の部　上野の吉野桜など二〇本
雑樹の部　榎　上野の臂掛榎など九本
柳　牛込御門の印の柳など四本
榧　浅草寺の三本榧の一本
杉　麻布善福寺の楊枝杉など二本
椿　牛込の椿山の椿など二本
銀杏　麻布善福寺の杖銀杏など二本

そのほか、沙羅双樹、楓、楠、藤、紅葉、竹などが掲げられている。

椿をもういちど、詳しくみる。

椿山の椿　牛込一本にあらず。
三股椿　牛込宗参寺にあり。根より四五尺過ぎて三方に開く。高さ五〜六丈の大椿也。

三股椿は、根元から一二〇〜一五〇センチくらいのところから、幹が三本に分かれているから名付けられたようである。そして高さは一五〜一八メートルもあるというのだから、椿としては大木である。残念ながらどんな花が咲くのかは、記されていない。

時代は少し下がるが、文政一〇年（一八二七）に刊行された『江戸名所花暦』（古市夏生・鈴木健一校訂、筑摩書房、二〇〇一年）には、春の巻として、鶯、梅、椿、桃、桜、彼岸桜、梨花、款冬（やまぶき）、菫草（すみれ）、桜草という一一項目がたてられている。そこには、『続江戸砂子』よりも詳しく、椿の名所も増加している。

椿

向島　秋葉権現の門前より東のかなたへ十四、五間もさきなる家に、二百種の異なる花をあつめ植ゑたり。

平井聖天　西葛西領下平井村。渡しをわたりてむかふの河ぎし通り、いろいろの椿多し。

妙亀山総泉寺　橋場にあり。このところを古名、石浜といふ。（略）この寺の奥庭に椿あり。他にこととなる大樹あり。（略）

椿山　同　関口の通り、上小橋を渡り、右のかたへ上る坂（さか）のうへ一円をいふ。今はたえたり。

上野下寺　同　東叡山中屏風坂の手まへ、寺院のうしろ下寺通りより見めぐれば、椿つらなりて巨勢（こせ）野もかくやと思ふばかりなり。（注・巨勢野は、『万葉集』に椿が詠われた現在奈良県御所市にある野のこと）

『江戸名所花暦』の椿の名所の紹介は、『続江戸砂子』よりもかなり具体的で二〇〇種におよぶ違った花の咲く椿を植えているとか、『万葉集』がつらつら椿と詠うようにみえる場所があるという。享保二〇年（一七三六）の『続江戸砂子』から文政一〇年（一八二八）の『江戸名所花暦』の間には九二年の歳月の経過があり、椿山の椿は事情は不明だか絶えてしまっている。

『本草綱目啓蒙』の椿

『本草綱目啓蒙』は明の李時珍の著作である『本草綱目』をもとに、小野蘭山が日本の本草について講義したものを、その孫や門人などが整理し享和三年（一八〇三）に出版した書物である。自然物の分類配列は『本草綱目』に従っており、記載したそれぞれの自然物についての名称・異名・産地・形状・利用などについて詳細に解説されている。蘭山の多年にわたる文献の渉猟と、実地での観察経験に基づく自然物研究の集大成である。江戸時代の日本的本草学の長所を十二分に備えた百科事典的本草書である。

小野蘭山は江戸時代後期の本草博物学者で、京都に生まれた。松岡恕庵について本草学を修め、二五歳のとき任官の意思をすてて、京都丸太町近くに学塾衆芳軒を開いて本草学を講じた。中国本草を宗として発達したわが国の博物学を大成の域に進めた。七一歳のとき幕府の召しに応じて江戸に下り、医官に列せられ医学館で本草学を講じた。著書はこのほか二十数種あり、刊行されたものに『花彙』（島田雍南と共著）、『救荒本草・同野譜』などがある。

『本草綱目啓蒙』は椿をつぎのように記す。漢字カタカナ書きなので、ひらがなに改め、句読点は補った。なお椿の品種名はわかりやすくカタカナにした。

> 山茶略して単に茶と云。其品甚多し。花史左編、群芳譜、秘伝花鏡等に詳なり。和産殊に多して、数百種に至る。此條下に数名を出す。宝珠茶は俗名タマテバコ、大和本草にはタマシマツバキと云。千葉にして蘂なし。中心の弁開かずして、宝珠の形の如し。凡そ七十余弁ありと、大和本草に云へり。紅白の二色あり。海榴茶は俗名ワビスケ、又コチヤウとも云。石榴茶は俗名イセツバキ、又レンゲツバキとも云。下にある五弁大にして、中に細弁多く簇りて千葉の御米花の如し。躑躅茶は俗名ヤブツバキ、山中自生のツバキ、単弁にして躑躅茶の形に似たるを云。山茶中の下品なり。宮粉茶、串珠茶の二名共に、只粉紅色とのみ云ひ、形状を説ず。故に詳ならず。一捻紅は俗名アメガシタトビイリ、白色にして指にて押たる如き紅点あるを云ふ。牡丹にも一捻紅あり。千葉紅は俗名ヒグルマ、千葉白

は俗名シラタマ、南山茶は俗名カラツバキ、大和本草に南京ツバキと云ふ。葉形尋常の山茶葉より狭長にして厚く、色浅し。花大さ四五寸、白あり、紅あり、間色あり、一名滇茶(てんちゃ)、鶴頂茶、別に一種チリツバキと呼ぶ者あり、花弁一片ごとに分れ落ち、尋常の山茶の形全くして落るに異なり、春に至て花を開く、故に晩山茶と名く。

『本草綱目啓蒙』は、椿について「和産殊に多して、数百種に至る」とその品種が多数に及ぶことに触れている。そして漢字書きの種名と、俗名とを対照させ、分かりやすく記述している。椿の種類は、タマテバコ（又はタマシマツバキ）、ワビスケ（又はコチヤウ）、イセツバキ（又はレンゲツバキ）、ヤブツバキ、アメガシタトビイリ、ヒグルマ、シラタマ、カラツバキ（別に南京ツバキ）、チリツバキという九種である。椿花の外見上の特徴を石榴茶（俗称イセツバキ又はレンゲツバキ）を、「下にある五弁、大にして、中に細弁多く簇(むらが)りて、千葉の御米花(けし)の如し」と記しており、唐子咲きの花冠をもつ園芸種であることがわかる。

『本草綱目啓蒙』がいう「宝珠茶は俗名タマテバコ」の花。紅白の二種がある。

『本草綱目啓蒙』に記された椿について、大場秀章は『ツバキとサクラ——海外に進出する植物たち』（大場秀章・秋山忍著、岩波書店、二〇〇三年）の中で「蘭山のツバキの記述には、雌しべの有毛性などにはまったく言及がなく、今日の水準からみると植物自体を観察し、認知するレベルは低いといってよい。このことは先人の益軒にもあてはまる。だが、蘭山は、今日でも分類のむずかしいグループについて、かなり的確に種を識別している。にもかかわらず、類似種との相違点を特段に明示してはいない。日本では江戸時代後半になるまで、観察したことを第三者にも理解可能なように記述（記載）する方法が確立していなかった。だから蘭山に限る問題ではないのだが、残念ではある」と評価している。

『古今要覧稿』の椿

わが国最初の類書として知られる『古今要覧稿』は、幕命をうけた屋代弘賢が編纂に携わり、諸般の事項を諸種の部門に分類し、その起源・沿革を考証し、文政四年（一八二一）～天保一三年（一八四二）にかけて五六〇巻を調進したもので、明治三八年（一九〇五）から同四〇年に刊行された。屋代弘賢は江戸時代後期の国学者で、幕府の祐筆の塙保己一に学び、該博な学識によって『古今要覧稿』二六四巻、正続『群書類聚』の編纂に従事した。蔵書五万巻は蜂須賀侯に遺贈され、阿波国文庫と称される。類書とは、内容を事項によって分類し編集した書物のことである。

『古今要覧稿』（屋代弘賢編、復刻版監修西山松之助・朝倉治彦『古今要覧稿』第四巻、原書房、一九八二年）に椿が記されているのは、巻第三〇六・草木部・椿上、巻第三〇七・草木部・椿下、巻第三〇八・草木部・椿図一、巻第三〇九・草木部・椿図二、巻第三一〇・草木部・椿図三、巻第三一一・草木部・椿図四、巻第四五〇・草木部・油料の内（つばき）、巻第五六三・飲食部・つばいもちい、である。

『古今要覧稿』巻第三〇六は、椿の沿革を『日本書紀』の景行天皇の土蜘蛛退治のことからはじめ、『出雲国風土記』『和名類聚抄』『藻塩草』『和漢三才図会』『大和本草』等を引用し、『増補地錦抄』『増補地錦抄付録』の椿の品種名も掲げている。『古今要覧稿』は類書といわれるだけあって、各種の書物から椿にかかわる部分を抜き出して、編集されており、本書でここまであれこれと述べてきたものばかりであって、この書独自の考えを記した部分は少ない。『古今要覧稿』の特色ある椿の花の捕らえ方を記しているものに、巻第三〇八の椿図一があるので、引用する。句読点は補った。

椿花品類数種ありといへども、花弁と花色と花形との三つを以て名を異にして、世にもてあそばる。世にもてあそばるるが故に、種養家利をあらそひ、培種に心を用ひ、実をふせて、以て異樹異花の生ぜん事を専要として、以て終に奇花をも得るに至れり。そもそも椿花の世にもてあそばるること二百年以前よりの事は、林道春の百椿図の序に見てしられたり。

扨（さて）、上にいふところの花色、花弁、花形の三を以て分別するときは、紅花あり、白花あり、たまたま黄花あり、間色をもっていふときは、あげてかぞふべからずといへども、紫紅色、或は淡紅、或は深赤、或は淡赤あり、淡赤の中にも淡の淡なるものあり。或は紅花弁に白点あるものあり、或は白花弁に紅点あるものあり、且点に大小あり、一々に弁ずべからず。花弁は単弁、重弁、八重、百重、千葉のものあり。百重、千葉の花に至りでは、花蘂あらじして、花弁簇出す。単弁の花の中に、一花かさなり出て開く有。尤（もっとも）奇なり。花形をいへば、只大小の差別と、横にひらたき物と、竪に細長きものとあり。花の大なるは、必ず重弁にあり、単弁のものにはなし。もゝへ千葉の花にも、大なるはなし。中花多くして、小輪もなし。小輪のも

『古今要覧稿』巻第三百八・草木部に記された山ツバキの図（『古今要覧稿・第4巻』原書房）

のは単弁の花に多し。さて其銘に至りては、国々の方言もあれど、多くは種樹家より出たり。

椿の花の品には、その種類が多くあるが、花弁と花色、花形の三つで、その品種名が異なることによって、世間では愛好されている。世間で愛好されるから、苗や種子の増殖を行っている者たちは、利益を得ようと、培養に心掛ける。そこから変わった樹、変わった花が生まれることを専らとして栽培しているから、ついには奇花が得られるようになった。そもそもは椿花が世間で愛好されるようになったのは、林道春（羅山）が『百椿図』の序でいうように、二〇〇年も前のことであるというのである。

花の種類を花色、花弁、花形の三つで、次のように分別することができる。

花の色　紅花、白花、紫紅色、淡紅、深紅、淡赤（含・淡の淡）

花弁の色　紅花弁（含・白点のあるもの）、白花弁（含・紅点のあるもの）（点に大小がある）

花弁の数　単弁（一重のこと）、重弁、八重、百重、千葉

花の形　大きな花、小さな花、横に平たい花、縦に細長い花

花の特徴　大輪の花は、必ず重弁で、一重にはない

千葉には、大輪なし、中輪が多く、小輪にもない

小輪の花は、一重の花に多い

百重・千葉の花には、花蘂ではなくて花弁が簇出する

一重花のなかには、もう一つの花が重なって開くものがある。大変珍しい

このように、椿花の特徴をまとめている。そして椿花の銘は、諸国での方言のものもあるが、多くは種苗家から出たものである。

檜椿の檜葉は寄生植物

『古今要覧稿』は、ひのきつばき、またはあやつばきという珍しい椿を記している。

ひのきつばきは一名あやつばきといふ。此樹は伊勢国鈴鹿郡つばきの社（やしろ）の境内及び同郡高宮村などに多し。即、椿の枝に檜の葉さしまぢりて、花は常のつばきなり。されども紅白の二種あり。寛保年中台名によりて、彼村より二樹を奉りしを、吹上の御園に植させ給ひしよし。今三縁山増上寺台徳院殿の御廟のうちに栄ゆるものは、後に移し植させ給ひしにてもあるべきにや。一説に檜椿は寄生にして、すべて南方暖和の地に生ず。薩摩、讃岐及び伊豆などにも、まゝこれありといへり。今按に、ひのき椿の伊勢国及び増上寺等にあるものは、予いまだ其樹を親見せず。今忍岡の稲荷（俗にこれを穴のいなりといふ）の境内にあるものは、即白玉椿にして、その樹極めて高大なりといへ共、その寄生は多く枝、梢にありて、本、幹、大枝には生ぜず。その形は朴樹（えのき）或は桑樹上の寄生とは異にして、扁柏（ひのき）に非ず。海柏（うみしば）に似て、海柏にもあらず。別に是一種の寄生なり。

さらに『諸国採薬記』から「伊勢国鈴鹿郡高宮村に檜椿といふ名木あり。椿の木より、檜の葉出る。惣じて此村の椿に檜木交り出る。弘法大師の檜木を椿になし給ふと申伝ふる由（以下略）」を、『国史草木昆蟲攷』の「式に鈴鹿郡椿太神社あり。今は椿の明神と申ける。友人村田春海が記に云、御社の前にいたれば、かなたこなたにいと陰ふりたる椿の花、白きと赤きがあまたたてり立。よりて見るに檜の木のさましたる葉の枝ごとに生いでたり（以下略）」を採録している。

『古今要覧稿』は椿の枝に檜の葉っぱが出現しているものがあり、それを檜椿あるいはあやつばきとよんでいる。出現するところは伊勢国（現三重県）鈴鹿郡高宮村だとし、まま薩摩（現鹿児島県）や讃岐（現香川県）、伊豆（現静岡県）にもあらわれるとする。椿の枝にあらわれる檜葉は、寄生したものだとしている。寄生を「きせい」と読むよりも、「やどりぎ」と読んだ方が正確かもしれない。

この檜椿について日野巌は『植物怪異伝説新考　下』（中央公論社、二〇〇六年）の中で、「この檜葉椿、あるいは檜椿というのは、西南の暖地にはすこぶる多く、九州辺では敢えて珍しくない。伊豆七島の大島、三宅島、三倉島（御蔵島）では大切な椿を害するというので嫌われている。方言ではヤギとかツバキヒジキと言っている」と各地に見られることを記している。そして「もとより椿の変化したものではなく、寄生植物のついたものであって、この寄生植物は学名を、pseudixus japoicus HAYATA。和名をヒノキバノヤドリギという。もと安永年間に来朝したスウェーデンの植物学者ツュンベリーが初めてわが国で採取して命名した」ものだと、その本体を明らかにしている。

椿の枝に檜の葉に似た植物体の生えたいわゆる「檜椿」の図（『古今要覧稿・第4巻』原書房）

和歌山県高野山ではこの檜葉椿のことを手水の木とよぶ。小野蘭山はその著『紀州採薬記』で、「手水の木。陰陽茶（伊勢）。熊野尾鷲辺に多し。躑躅、女貞、捩木等の木に多く寄生する。惣じて此れらの枝間より扁柏葉或は門刑葉の如きもの生ず。二、三尺の小樹にもあり」と記す。

寄生とはヤドリギのことであり、他の樹木に寄生して生活する樹木で、生薬の原料ともされていた。わが国ではヤドリギは、ホヨあるいはホヤと呼ばれてきた。

肥後椿と花連

江戸時代、椿の栽培は京、江戸、名古屋といった大きな町を中心に盛んに行われたが、九州の熊本でも独特の発達を遂げていた。熊本には「肥後の名花」または「肥後六花」とよばれる独特の園芸植物がある。肥後椿、肥後芍薬（しゃくやく）、肥後花菖蒲（はなしょうぶ）、肥後朝顔、肥後菊、肥後山茶花（さざんか）と、みな肥後の名を冠してよばれる六種で、それぞれが特色ある品種群となっている。六花に共通する形態上の特徴は、大輪で平開する一重咲きであることが基本で、花の中心となる蕊（しべ）の美しさを大切にして、花の色は濁りのないものを尊んだ。花だけでなく、花と茎葉の釣り合いと品位（花形（かぎょう）という）が重視された。六花のなかでは、肥後椿と肥後花菖蒲がとくに有名である。

「熊本の園芸は、藩主が武士の精神修養と品性向上を目的として栽培を奨励した菊だけでなく、他の花も武士が中心となって栽培をしてきた結果、武士道的な方向に発展したことが大きな特徴である。そのうえに自己の信念を押し通すモッコス性が加わり、全国的な流行とは別に、「わが道を行く」的な改良がおこなわれ、特別な栽培法が考え出され、独特の品種群が作り出された」と、『新熊本市史　通史編　第四巻　近世Ⅱ』（新熊本市史編集委員会編、熊本市発行、二〇〇三年）は記している。

肥後の園芸が形をなしてきたのは宝暦（一七五一～六四年）のころからである。それより前の時代は自分の好きな植物を庭などに植えて楽しむ程度であったが、参勤交代などの行事を通じて、京都や江戸を中心とする園芸文化の影響が徐々に浸透してきた。宝暦六年（一七五五）に肥後熊本の第八代藩主細川重賢（しげかた）によって開設された薬園の蕃滋園（ぼんじえん）は、薬草類の栽培を行っただけでなく、藩主の博物学、園芸趣味に関する植物を栽培する場として、肥後の園芸に大きく影響する施設であった。重賢は花を好んだので、肥後の園芸は宝暦期に芍薬と菊の栽培からはじまった。これは武士の精神修養と品性の向上のために藩主重賢が奨励したものである。

肥後椿が文献記録にはじめて顔をだすのは、文政一三年（一八三〇）の「江戸白金植木屋文助筆記」（肥後六花保存会編『肥後六花撰』誠文堂新光社、一九七四年）で、三〇品種の簡単な記載と、盆栽や庭に栽培されていたことが記録されている。江戸白金は肥後藩の江戸屋敷のあったところで、現在の港区芝白金一丁目にあたる。江戸時代のおわりごろの肥後では、植木とは別に鉢に植えて楽しむ椿が流行した。天保年間（一八三〇〜四四年）には藩主のお声掛りもあって、花連（はなれん）といわれる同好者のグループが結成され、熱心に研鑽を積み、技術をみがき新花をつくりだした。花連は武士中心の同好会ではあったが身分や階級を問わなかったので、その地の藩士、郷士、豪農などで組織されていた。菊、花菖蒲、芍薬などとともに、椿には椿連がつくられた。椿連は栽培技術をきそい、園芸品種の保存、改良につとめ、肥後椿が誕生した。現在肥後系椿とよばれる園芸椿もこの類にふくまれる。花連は自分たちが作り出した新品種を独占し、外部に持ち出すことを規約で禁止していた。花連は花卉の同好会として、このような閉鎖的な姿勢を長く保ち続けてきた。花連の閉鎖性について中尾佐助は『花と木の文化史』（岩波新書、一九八六年）のなかで、次のように分析している。

それが閉鎖的になったのは、日本文化がもつある一面性のゆえという解釈もありうる。日本の茶道、華道、諸芸能の家元制や、免許皆伝といった制度も、みなある種の閉鎖性のうえに成立したのだとみられよう。この閉鎖性がたまたま花の同好団体の肥後の花連にきびしくあらわれたのだというのである。また別の考え方もある。花卉園芸文化は、上流特権者から、中層、さらに下層へと浸透するのが常であり、肥後の花連が活動しはじめたのは下端の庶民に浸透する大きな流れのあった時代といえる。大きな流れがあれば、それに対してことさらさからった姿勢を選ぶ者も出てくるのは当然ということになる。時流にさからう精神、そのもとは肥後モッコスとよばれる心情にあるのだという説明もされている。

肥後椿の特色

肥後熊本にはおよそ一八〇年以上と推定される椿の羽衣種の巨木があり、そのころから多数の愛好家たちによって優良な品種が選出・育成されてきたが、肥後椿はとくに花の雄しべがうるわしく、花形が整い、色彩が純であるなどの特徴をもっている。

肥後椿の花は、雄しべは花糸（雄しべの柄）が根本近くまで離れた「梅芯」で、黄金色の葯（雄しべの花粉が入った袋）が中央にもりあがる。ふつうの椿（ヤブツバキ）の雄しべは花内に白く筒状になっていて、その上部だけが浅く分かれているのでふつう櫓芯とよび、花心子房のまわりは空いているのであるから、梅芯は肥後椿のもっとも分かりやすい特徴である。この梅芯の雄しべの数の多少、大小、長短、色彩等は花の品格に大きな影響をおよぼすとされている。肥後椿は花弁数は母系の一つと考えられるヤブツバキが普通にもつ花弁数と同じ五〜九枚であり、したがって肥後椿の花は一重咲きである。ヤブツバキの花弁は下部が長く結合して筒状または鐘状となっており、上部は広がって咲くのであるが、肥後椿では大きく平開して咲き、花形は正斉（正しく、ととのっている）である。花色に濁りのないものが上品とされている。

肥後椿は「梅心一重大輪」と称される独特の園芸品種群である。花の色は赤、白、淡紅（ピンク）、絞り（肥後では錦という）の四系統で、開花期は二月から四月である。

「江戸白金植木屋文助筆記」の三〇種のなかには、恐、笑顔、薄粧、紅梅、御所桜などの肥後椿系統とともに、八橋、一休、金水引、大更紗など、江戸時代の他の園芸書にものせられている品種も含まれている。肥後椿は山に自生しているものから山取り（山掘り）した根を台木にして接ぎ木し、盆栽に仕立てた独特の鑑賞法が基本で、花のない時期は樹形を楽しむ観葉植物のような利用が行われた。大場秀章は前に触れた『ツバキとサクラ』の中で、「一九一二（明治四五）年に出版された皆花園の『椿花競鑑』には、肥後系ツバキの七七の園芸品種が載っている」という。

肥後椿を系統的に観察した島田弥市は「肥後ツバキ」（雑誌『新花卉』四五号、一九六五年）のなかで、「ツバキ科ツバキ属の一種ヤブツバキ及び近似の種類を母系として選出した園芸変種椿に含まれる品種の一群である」という。そして「熊本付近の山地に広く分布するヤブツバキから直接改良されたるものではなく、他地方からの移入種であると熊本園芸界ではいわれている」とする。島田は系統としては次のようなものがあるとする。

白花系品種の白長楽（別名清源寺長楽）は、熊本県玉名郡長洲町清源寺より移植したものと信じられている。赤花系の熊谷は、京阪地方よりの下りものといわれている。現在の今熊谷種も、むかし寺院等を通じて移入されたようである。母系の一つにユキツバキが考えられる。日本海沿岸地方でユキツバキとヤブツバキが自然交配し、その良品種が栽培されるようになり、さらに仏教関係で京都に移植されたことは疑う余地はない。古く中国から輸入栽培されたトウツバキの交雑品が、上方でできたことも考えられる。これらの栽培品種が熊本の園芸家により改良されたものが、肥後椿の一群になったものであろうと島田はいう。肥後熊本に移入された先方は、確かな記録がないから明らかになっていない。

明治維新により花連を支えていた肥後藩がなくなり、近代化、西洋化の風潮の中で栽培が衰えたとき、盆栽として維持出来なくなり、地植えされたものがある。その株が生き残り、約八〇品種の肥後椿復活の原樹となった。

ついでに現代の肥後椿事情にも触れると、生残りの地植え原樹をもとに昭和三三年（一九五八）に肥後椿協会が設立され、原樹の保存と品種の管理がはかられ、世界的にも高く評価されるようになった。苗の生産も軌道にのり、誰もが庭木として簡単に楽しめるようになった。『新熊本市史』は、「産業化が困難な肥後の名花の中で、肥後椿は唯一産業化に成功した珍しい例といえる。しかし、産業化されたことによって最近は売れ筋の品種ばかりが尊重され、歴史的に価値ある古い品種が経済性の面から軽視される傾向があらわれ、文化財的視点からの保存が緊急課題となっている」と平成時代の現状を分析している。

奇品を収録した『草木奇品家雅見』

江戸時代後期の宝暦（一七五一～六四年）から明和（一七六四～七二年）以降になると、花卉園芸も花が美しい、大きいだけでなく、奇品とよばれる変わり物、珍しい姿形をした植物や、その変異種に目が向けられるようになり、一部の人が珍奇な品ほど価値があるして、それを共有するようになった。

奇品とは、普通の植物の状態ではない変わりもののことで、葉では縮れたもの（縮）、ねじれたもの（捻）、葉の色が緑でなくて他の色が交じったもの（斑入り）など、幹や茎が矮化したもの、帯化したもの、株立化したものなど、普通でない草姿樹型を示している植物のことである。こうした奇品は突然変異によって現れるもので、自然界のなかから、あるいは栽培している樹木や草類のなかから、わずかな変異や特徴をみつけだし、接ぎ木や挿し木で増殖したのである。このような奇品を好む愛好家たちは、奇品を収集し、自分で栽培することで楽しむと同時に、増殖した奇品を別人の要望で渡すとき、それなりの価格で取引された。利殖ともなったので、いわゆる趣味と実益が一致し、愛好家が増えるのであった。奇品の取引は、植木屋が仲介していた。奇品栽培という園芸は、世界的にも類のない日本独自の感性で生まれた。

奇品の栽培は、庭木として庭に植えて楽しむのではなく、植木鉢に植えられ、室内に持ち込むことができるようになっていたことも、愛好家の増える要因の一つでもあった。

江戸時代後期の文化文政期（一八〇四〜一八三〇年）は、江戸の繁栄を背景に、都市で生活する人々に支えられていた。江戸は上方とならぶ全国経済の中心地に発展し、多数の都市民を対象とする町人文化が最盛期を迎えた。この時代の文化は化政文化とよばれ、都市住民ばかりでなく、農村にまで普及し、内容も多種多様のものとなっていた。

化政文化の最盛期の文政一〇年（一八二七）、江戸青山に住む種樹屋金太が撰し、染井に住む花屋源二が補なった『草木奇品家雅見』（近世歴史資料研究会訳編『近世歴史資料集成　第Ⅴ期　第Ⅷ巻　園芸（2）草木奇品家雅見、花壇綱目、錦繡枕、花壇地錦抄』社会科学書院、二〇〇八年）という形態が特に奇異な園芸植物を載せた本が出版された。天地人の三冊、五〇二種の植物が載せられ、椿は二〇種の品種が記されている。撰者の金太は通称で、別の通称は金太郎、姓は益田氏、繁亭と号していた。この本は『草木錦葉集』と並ぶ二大園芸書と称されていた。なお、江戸において植木屋を花屋というのは、染井に限られていた。なぜ染井だけが「花屋」と名乗ったのか、その理由は不詳であるが、従来の武家屋敷や寺院の庭の庭木の整備をあつかう植木屋ではなく、花を育てて町の人々に供給することを主たる目的として商売していたので「花屋」と名乗っていたのではないだろうか。

この本には斑入植物の記事と図画が多く、枝垂れ植物、矮生植物、帯化植物などの記載もみられる。図画は、「生写は諸先生の筆力を乞うければ、生るをそのまま見るか如し」というように、数人の画家が写生しているので、白黒でありながら、美麗かつ正確なために、美術品のような印象がある。

『草木奇品家雅見』はその出版目的を、凡例として、「この書は草木の珎品奇種を嗜好のみにあらず、養生憂散の術なることをさとし、遠国他郷までかかる珎品あるをしらせ、弄玩の楽事なることを記す。今著す処の好人愛樹、譬ば一チ木と称するは、その人々の持伝へ給ふ樹に枝よりへんじ、或は実生よりかはりて世に類ひまれなるをさしていちぼくと唱ふる也」と記し、広く奇品のあることを宣伝する書でもあることを述べている。

内容は、一六〇名におよぶ奇品栽培家もしくは収集家の自慢の品揃えの図集ともみえるものである。この本に記載されている奇品愛好者は、武家六〇名、幕臣二九名、画家一六名、商人一四名、書家一三名、僧及び神官七名、詩歌詠者・儒者七名、大名七名、医者五名、農家二名（植木屋は別）という職種別の人数である。幕臣は、徳川幕府が直接かかえている家臣で、旗本や御家人も含まれる。武家は大名や旗本の家臣や、その次男や三男も多く含まれていたのであろう。大名が七名というのは、意外に少ない感じがする。植木屋は遠くは大坂まで含めて六六名に及び、当時の奇品愛好者と、その仲介をする植木屋は誰なのかを知ることができる情報誌ともなっていたとも考えられる。

『草木奇品家雅見』の椿

『草木奇品家雅見』に記された草木の名は、奇品家が云う通称で、依りどころのない作り名もある。奇品の愛好のはじまりを享保（一七一六～三六年）のころ、四谷に住んでいた永島先生だという。永島先生は、花木を好み、奇品を愛し器に植えて壺木とよんだ。尾張国瀬戸の陶工に、白鍔・黒鍔の鉢をつくらせて、もっぱらこれを用いた。享保のころから奇品が多くなり流行し、愛好者たちが組をつくり、結び付き、唱和して奇品をもてあそんだ。そのリーダーとして永島先生が推され、永島連とよばれ、珍品をもてあそぶ趣味の中興の祖だとされた。永島先生の弟子に朝比奈と初鹿野の二人がいて、この二人をもってさかんな愛好者の嚆矢とされていた。

初鹿野は赤坂の人で、たいへんな好人物との評判であった。葉っぱの斑入りのものを愛していた。ある日、一木の覆輪椿を、譲って欲しいと乞うものがあったが、固く断った。それに負けず、乞う者は切実に懇望し、この木を譲っていただけば、我の方もこれに報いるために美人をもってしようというが、主人は頭を振り、さらに告げた。「いやいや、その美人がたとえ西施や楊貴妃のような美しさがあるといっても、我が木もまた天女のような美しさだ」と云い、この樹をさして天女椿と名付けると云った。すべての奇品に、予測無く名をつけることは、この人（初鹿野）をはじめとされたのである。

『草木奇品家雅見』に誌されている椿には、次のものがある。

につほんいちつはき、荻生むるいつばき（つばきは葉形斑有とも他に稀なりと高銘す）、きふたみやつばき、すいしやうつばき、はせがはつばき（鋸歯つばきの黄斑にして斑形色あひとも上好の品なり）、延寿つばき、永島かがり椿、南平五七化椿、北沢金魚椿、左内出金魚つばき（その葉金魚の如し、実に不思議の珍産なり）、さらさ金魚つばき（斑入りのもの）、吉右衛門伽羅引椿、松本鵜頭は椿、昌慶桜葉椿、弁之助黄宦椿、染井伊兵衛柊椿、金王百合葉椿、松本うつつばき（渦つばきは葉つやよくくるひことにすぐれたり）等

これらの椿は花よりも、もっぱら葉の形や、葉に斑の入ったもので、鉢に植えてその姿形が愛でられたのである。なかでも葉っぱが金魚の形をした金魚椿がある。金魚椿は、枝は細く、葉は通常卵状楕円形で、先端が三つに分裂して凸出し、金魚のしっぽのようである。葉の長さ九センチ、幅四センチ。花は四月に紅色の一重のものが咲く。梢部分が立ち気味でラッパ咲き、一見ヤブツバキの花に似ている。葉の先は時に分裂するものと、分裂しないものがあり、個性による。栽培しやすく、庭木や鉢物とされる。上原敬二の『樹木大図説』（有明書房、一九六一年）は、「東京都五日市の開光院の中庭には四代の住職方叔和尚の

植えた二〇〇年の老木がある。椿花集は紅一重小中輪の斑入錦魚椿というのが記されてある」と記している。

『草木錦葉集』の斑入葉椿

『草木奇品家雅見』に少しおくれた文政一二年（一八二九）に、旗本であり園芸家の水野忠敬が、世界最初でしかも世界に類例のない斑入植物図鑑『草木錦葉集』を出版した。この本は、斑入植物と一部奇品植物を名前のいろは順にわけ、「い」から「む」までの一八音分を記載する。その数一〇三一種、すべて図入りである。図は正確で、一部は大岡雲峰が、大部分は彼の弟子の関根雲停が描く。

　著者の水野忠敬は旗本の水野守政の長男として明和四年（一七六七）に生まれ、寛政元年（一七八九）に家督を相続し、寛政四年に将軍家の拝謁を許された。江戸の四谷大番町辻番横町に居住しており、役職は小普請船越三番、禄高は十人扶持であった。この時代の江戸では、園芸技術とそれらの園芸植物を変異する研究が格段に進歩し、草木の珍種の鑑賞がさかんとなっていた。父の水野守政も園芸を好んでいて、水野忠敬も若年より文武の合間に園芸をたしなんだ。そして文政一二年に当時の斑入植物を網羅した『草木錦葉集』を自費出版した。

　斑入とは、もともと同じ色になるべきはずの組織体が、二種類以上の異なる色の部位が発生するモザイク現象をさしており、植物の葉、花、茎、種皮、花弁などにみられる。葉の斑入現象は、次の六種類が知られている。

　覆輪　外縁のみが異なる色を帯びる。

　掃込　刷毛ではいたように異色部位が見られる。

斑入りの樹木3種（左からサザンカ、マサキ、ナツヅタ）近世の終りごろこの種の草木を集めて『草木錦葉集』と称する書物が出版された。

切斑　中央部から半分が異色を帯びる。
虎斑　横に虎の縞模様に似た異色の筋が入る。
条斑　縦に異色の筋が入る。
うぶ　全てが異色。

斑入ができる原因は、植物ウイルスが引起こす変異だとする説、葉緑素（クロロフィル）の欠失とする説、表皮下細胞層に細胞層間隙が発達するためにできるとする説、表皮細胞の変形とする説、細胞が葉緑素以外の色素を含むためとする説等、さまざまな説がある。

椿は『草木錦葉集』巻五・つね之部に収録されており、布（斑）の種類により次のように分類され、合わせると八七品におよぶ。ここでは斑のことを「布」と記されている。『草木錦葉集』は三〇〇〇におよぶ草木の諸品の葉形を写生で画き、その品々の見定めに肝要とする秘密の伝をことごとく記している。なお三〇〇〇におよぶ葉形というのは、収録種数一〇三一種の、一種について葉の数二〜三枚が描かれているためである。

椿白布十九品……波鹿の出日本一、善右衛門白布乙女、永縞白布等
椿間の布八品……水の出間之布、長左衛門、亀五郎間の布、善右衛門獅子頭等
椿黄布廿四品……栄次金魚黄布、長谷皮出黄布、平太つばき、鎌吉等
椿砂子布九品……べつ甲松初雪椿、古砂子布、本所初雪、番町初雪等
椿覆輪十四品……波鹿野出弁天、善右衛門ふくりん、長寿盃椿ふくりん等

椿葉替り十一品……吉右衛門伽羅挽、北沢金魚、金王百合葉、平五郎七化等
黒椿
唐椿

『草木錦葉集』では斑入葉の椿がどのように記されているか、いくつかを例にみるが、記述内容のてにをはを一部補正している。

善右衛門白布乙女　葉は、つねの乙女のごとく丸形で厚葉、平にうけ、縁左右少し下へまく気味あり。芽出しは青く出、布（斑）の色の青く、布さらに見えず。後追追、影布より極白となるくせ一切なし。椿白布のうち最上の品。

長左衛門　葉形は極大葉、地合い黒く、光沢よし。葉にうねり少しありて垂れるかた、葉先、細く長し。芽出し青く、布見えず。追追しろく、布の色つやなきかた、花は白、八重大りん。花にては銀玉といふ。

栄次金魚黄布　芽出しうすく紅かけ、布の色も薄く出。段々上黄布になる。蔭にてハ、布に少し青み出る事有るべし。未慥ニハ見定ず。椿布珎物の内随一の品。

べつ甲松初雪椿　丸形で極小葉、芽出しより紅遣、夏の末までも色さめず。初雪かつらのごとく、砂子布にて見事なる品。当時、江戸に二・三本あり。

波鹿野出弁天　葉は丸く、初めよりふくりん深く白く遣る。永縞榊のごとく見ゆる。しかし、本ふくりんにてなく、布の入過たる物なるべし。むづかしき品。

吉右衛門伽羅挽　極小葉にて細くがかり、細にて葉あつく、うけ葉也。地の色あさぎ、芽出し青茶色に出る、花極うす色、猪口咲きの小りん。都此の色なる品を伽羅引と唱る事。此つばき名目のは

じめ也。元は浅黄椿といへり。此の品、ががり至て細にて、悉く揃ひたるかた、伽羅を挽鋸の刃に似たりとて、伽羅挽鋸椿と永縞名付る。あまり長銘にて呼にくい故、いつとなく伽羅挽椿と呼ぶ也。また何に寄ず、葉の縁に並で尖のことをががりといふも、竪にひく鑼に似たれバなり。

葉に斑の入ったものを『草木奇品家雅見』は「奇品」といい、『草木錦葉集』は「錦葉」とよび、二人の著者の呼び方は異なっているが、斑入葉の鑑賞は鉢植えで、しかも接木で葉っぱを数枚つけたもので行われていた。『草木錦葉集』では三〜五枚の葉っぱを描き、主として命名名札は上から二枚目と三枚目の間につけられているので、鉢植えかどうかははっきりしない。『草木奇品家雅見』の方は、植木鉢の台木に三〜四枚の斑入葉の枝が接がれた姿が描かれている。奇品を植えた鉢も中国製の高価な焼物で、鉢とともに鑑賞していたのである。それについて『草木奇品家雅見』の窪田延寿斎の項を紹介する。

六番町に住まいしている窪田延寿斎は、諸品を増殖し、家には奇種をたくさん栽培していた。しかし千金をもってしても、生涯一種といえども販売することがなかった。同好の人が切望すれば、ただ贈ることを楽しみにしていた。ある日、延寿斎が蓄えている鉢植えを見たいと云って、一人の客があった。延寿斎は許諾して看せると、客は舶来で品がいい植木鉢ばかり褒めて、肝心の延寿斎が自慢すべき植えられた樹に対しての話題にはおよんでいかなかったので、延寿斎はその植木鉢を叩き壊してしまった。この挿話のように、奇品栽培者たちは植木鉢でさえ、外国から輸入した立派なものを用いていたのである。

『本草図譜』と椿

前の園芸二大書のすぐあとの文政一三年（天保元年＝一八三〇）に、岩崎灌園著の『本草図譜』（岩崎常正著、岩崎伸正・小山廣孝校、同朋舎出版、一九八一年）が巻五（首巻）から巻十まで刊行、この後残巻が出

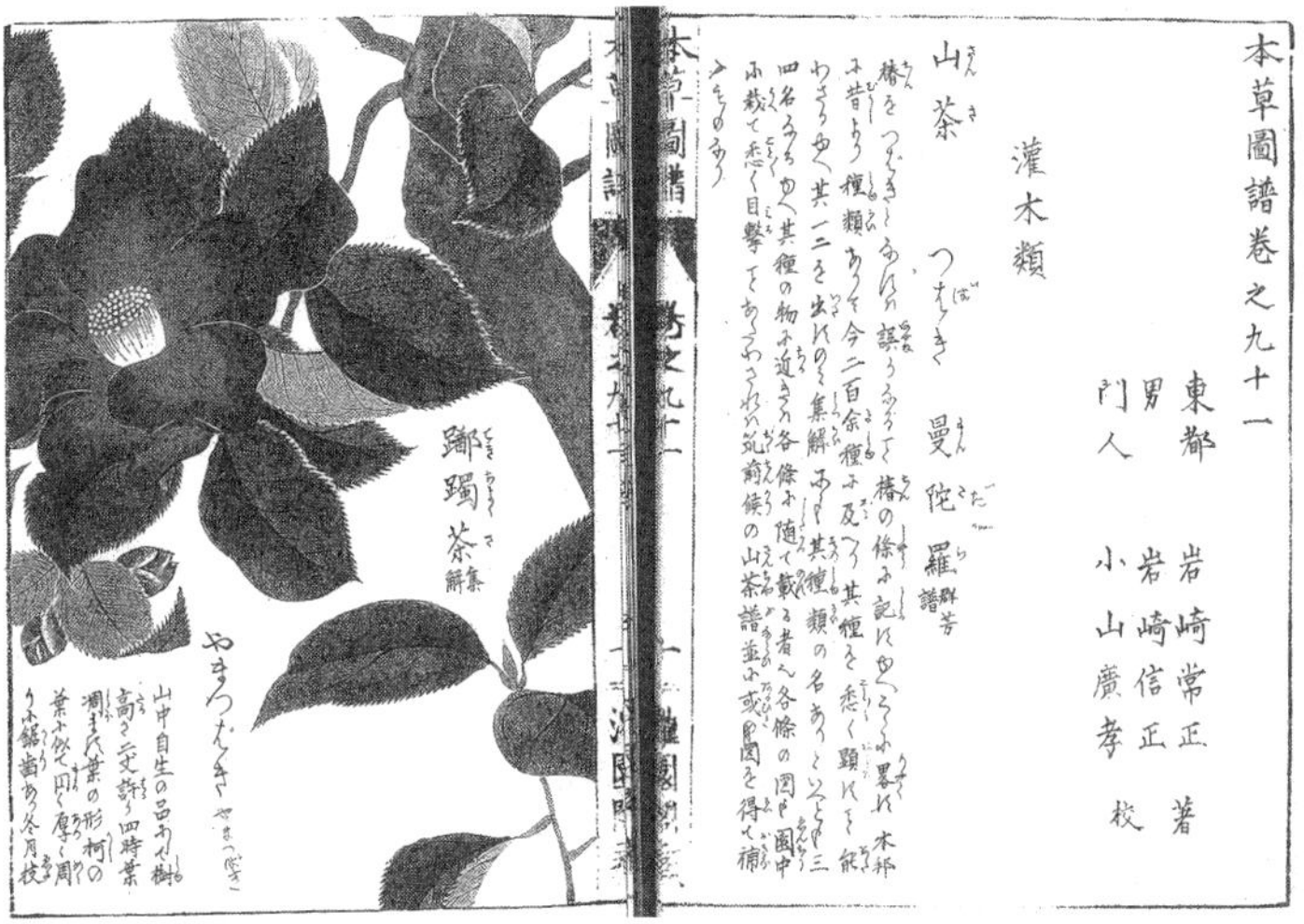

著者自らが写生した彩色図の『本草図譜』の一部。カラー版でないのが惜しまれる。図はヤマツバキ（岩崎灌園著『本草図譜』同朋舎出版複製より）

版され、天保一五年（弘化元年＝一八四四年）に完結した。わが国最初の本格的な彩色植物図譜である。本書は約二〇〇〇種の植物について草部、穀部、菜部、果部、木部に分類して記載・図説している。灌園は野生種ばかりでなく、園芸種に至るまで、みずから写生し、美しい彩色図としている。小野蘭山の『本草綱目啓蒙』とならんで、江戸時代の伝統的本草学の集大成ともいえるものである。

『本草図譜　巻之九十一　灌木類』の全一冊が椿となっており、次のように分類し、それぞれの品種について簡明な説明を付している。

山茶（さんさ）　つばき　本邦に昔より種類ありて、今二百余種に及べり。その種を悉く顕（あらわす）には能（あた）わざる故、その一二を出（いだす）にのみ。（中略）各條の図も園中に栽（うへ）て悉く目撃（みる）をあたわざれば、筑前侯の山茶譜（さんちゃふ）並びに或（あるひと）の図を得て補うものなり。

躑躅茶（てきちょくさ）　やまつばき　山中自生の品にて、樹の高さ二丈許（ばか）り。四時葉凋（しぼ）まず、葉の形、柯（しい）の葉に似て円（まる）く、厚く周（めぐ）りに鋸歯（つくり）あり、冬月枝の先には萼を生じ、花を開く。五辨或は六辨にして、深紅色也。花散るときは五辨散ぜずして、落るをば指頭の大さには中に三四子あり。
四種……千じゅ、上つま、しらつばき、ちりつばき
石榴茶　イセツバキ　花の形状外に大なる辨あり。中に細き辨数十ありて、紅色也。石榴の千葉に似たり。
四種……卜はん、唐子、すずかけ、大和さんがい
一捻紅
三一種……はるかぜ、関もり、かけはし、蜀こう、さざれなみ、なべしま、こきんらん、小まち、玉川ちどり、今出川、はくかん、ほしくれない、鹿しむら、わたしもり、しなつる、夕きり、志ぐれ、八重もみじ、かがぞめ、からにしき、かも川、かげにしき、をきのなみ、かごしま、かへい、からいと、つりかがり、さきわけ、いそあらし、みやこめぐり、はなたちばな
千葉紅
一四種……唐志し、しゅすかさね、からくれない、唐八重つばき、からつばき（南山茶）、おとめ、うすいろ、は洲雪、かきれんげ、ありあけ、はごろも、をわりちり、たまだれ、たがそで
寶珠
一種……たまてばこ
千葉白
一〇種……かきり、をのかは、ゆきのやま、白蓮華、しらゆき、白志し、白たへ、よし野、横江白、冬咲の志らたま

著者の岩崎灌園は幕臣で、江戸時代後期の本草学者である。名は常正、通称は源蔵で、江戸下谷三枚橋の家に生まれる。灌園は少壮の時より植物を好み、相模大山・下野日光山での採取をしたほか、江戸周辺は多年踏査をくり返して、その植物や動物を明らかにした。二〇年間を費やしてつくったその著『本草図譜』九十六巻（うち六巻刊行）は、わが国最初の一大植物図譜である。他に『武江産物誌』、『草木育種』、『救荒本草通解』等がある。岩崎灌園の号である「灌園」は、園の水を注ぐとの意味をもっており、本草は本業の学問であるが、園芸にも興味をもっていたことが示されている。著書の一つ『草木育種』（文政元年＝一八一八年刊）は園芸のハンドブックで、当時の温室である「唐むろ」や接ぎ木を図解しており、近世の江戸園芸の実情を知るうえでのよい資料となっている。「唐むろ」をはじめて刊本で紹介したのが、灌園の『草木育種』である。灌園の卓越した園芸技術を、園芸巧者として有名な『草木錦葉集』の著者水野忠暁は同書前編巻之二において、「草木の真物を勘訂（鑑定）するもの、物産家の人々は格別なり。其業にあらずして、かゝる精緻の妙に至れる事、此岩崎に及ぶもの、当時東都にはよもあるまじと覚ゆ」と絶賛している。

近世園芸の衰退

江戸時代には、椿栽培の流行した時期が三回あった。徳川二代将軍秀忠をトップとした大名などの階級に流行した第一期は元和～寛永（一六一五～一六四四年）年間、第二期は『花壇地錦抄』の刊行にみられる武士や富豪階級に流行した寛文～享保（一六六一～一七三六年）年間、第三期は珍しい斑入葉椿の栽培を中心とした享和～文政（一八〇一～一八三〇年）年間である。椿が流行したとはいえ、ある程度以上の階級層のなかでも好事家とよばれる人たちの間のことであった。園芸植物のなかでは、誰でもどこでも栽培できる菊、朝顔、万年青（おもと）などの鉢ものの広がりと人気には、とうてい比較にならないものであった。

『東都歳時記』（朝倉治彦校注、東洋文庫、平凡社、一九七〇年）の九月の最後の菊（景物）の条（くだり）で、「文化の末、巣鴨の里に菊花をもて人物鳥獣何くれとなくさまざまの形をつくる事時行（はやり）出して、江府の貴賤日毎に群集し、道すがら酒肆（しゅし）茶店をつらね、道も去りあへぬまで賑ひし頃、父とともに此わたりめであるきしも、幼き頃の事にして、今は廿とせの昔とはなりぬ。其後二三年にしてこの事絶たり。されど常ざまの花壇は今にかはらずして年毎に盛なり」と菊人形の流行したことについて記している。菊人形は江戸のあちこちで行われてきたし、流行のたびに単行本が出されている。文化一一年（一八一四）の『巣鴨名産菊の栞』、天保一五年（一八四四）の『菊のしおり』、弘化二年（一八四五）の『伝中染井王子造り菊ひとり案ない』等がそれである。一方、本書の主題の椿は、一冊の本も出ていない。椿は園芸書の園芸植物の一つとして、一部に載せられているにすぎない。椿が流行したとはいえ、このことからみても、椿に関心があった人は限られた一部であったといえる。

園芸の流行は、社会の経済状況と密接な関連があった。園芸が衰退したのは、佐渡一揆、若狭の年貢増徴反対一揆、佐倉騒動などのあった明暦（一六五五～五八）期、天明五年（一七八五）から同七年までつづく大飢饉、天保五年（一八三四）から同一〇年まで続く大飢饉と、同五年の江戸大火などによる。このような時期は幕府の引き締めが加わり、園芸が逼塞（ひっそく）した。園芸は遊び事とみられていたからである。

『剪花翁伝』の切花の椿

幕末には近世中期以降における庶民生活への「いけばな」の普及を背景とした「いけばな」のための園芸書として『剪花翁伝（せんかおうでん）前編』が、中山雄平によって弘化四年（一八四七）に著され、嘉永四年（一八五一）

には江戸、京、大坂の三都の書肆から出版された。前編とされているので後編が著された可能性があるが、現時点で存在が確認できるのは前編のみである。著者の生没年をはじめ、その詳しい履歴などは一切不明のままである。この書はこれまでの園芸書とは異なり、「いけばな」に用いる草花、樹木類に焦点をしぼり、とくに生きた草木を用いる「いけばな」にとって最も大切な水揚げ法をはじめとする保存技法について詳細な説明を施した点に大きな特色をもつ園芸書である。しかも、記述は畿内（大和・山城・河内・和泉・摂津の五か国）を中心としたものであり、これまでの江戸中心のものとはその点でも異色である。

浪花（摂津大坂・現在の大阪市）近辺では俗に剪出しと呼ばれている者が六〇～七〇人もいて、むかしから近郷・近国から二日・三日、また遠い場合には四～五日もかけてやってきて、切り出した草花や花木を花市で売って家業としている。この者たちの中には、代々その技を伝えて家業とする技術に熟達した者がいる。その者たちの技法をこの書では公開している。そして草木の名称は、剪花者と植木屋とでは呼び名が同じものもあれば、そうでないものもある。同じ草木の種類でも集荷人の呼び名は少なく、植木屋の呼び名は多い。この書は剪花者の呼び名を中心としており、植物本来の名称ではない俗称もすくなくないという。すべて世間一般のならわしにしたがって書かれている。

剪花者は大輪を好まず、「いけばな」用としてわびすけのような小さなものが良いとする。

「いけばな」に用いられる植物についての本から、椿が触れられている部分を抜き出していく。「梅・椿・桃・桜・牡丹・芍薬・瞿麦・百合・菊等、各々種類数多にして、悉く枚挙すべからず、よて、僅に其数種を出せり」としており、さらに、植木屋は大輪の花を好むが、剪花者は、格外の大輪を好まず、ただ「いけばな」に用いるものをかかげるとする。この本は一年の一月から一二月までの月毎に開花する花を分類して、掲げているので、椿をひろいあげる。

正月開花之部　豊後絞椿、卜庵椿、松毬、笹葉椿、物狂椿、玄庵椿、八重雨が下椿、八重一重椿
二月開花之部　角の倉椿、白角倉椿、熊谷椿、唐椿
八月開花之部　白露（椿）、初嵐（椿）、秋の山（椿）、せいひ大輪（椿）、たけなみ（椿）、両面（椿）
九月開花之部　物狂（椿）、わびすけ（椿）
十月開花之部　加島白（椿）、三色（椿）、腰簑（椿）田辺わびすけ（椿）、八重一重（椿）
十一月開花之部　白芥子（椿）、新家白（椿）、天神絞（椿）、白角紛（椿）
十二月開花之部　宰府（椿）、一重雨が下（椿）、小藤（椿）、赤芥子（椿）、われ角（椿）

以上のように、七か月にわたって開花する椿の種類三四種が挙げられている。その一つ一つの種類毎に、花の種類と色、開花時期、温室に入れるか否か、栽培する土壌、肥料の与え方、植え替えの時期、接ぎ木と挿し木の方法、花の保たせ方などについて説明が付されている。また別に附方之部を設け、「椿並びに山茶花の挿し木法」を詳しく説明している。開花する月ごとの代表的なものを紹介していく。

正月開花の部

豊後絞椿　花は八重咲きで、色は無地の紅色がある。また中ぐらいの紅地に濃い紅絞りの入ったものがある。一枝ごとに色々な花が咲き交じる。開花は一月上旬、冬は温室に入れる。日向で西北の風を受けない場所を好む。二〜三分湿りの土地がよい。土壌には回塵（堆肥の方言の当て字）がよい。肥料は寒中に大便を入れる。ただ木の大小により、その濃淡を考慮すること。植替えは春の彼岸まではよく、接ぎ木は寄せ接ぎとする。椿の挿し木の方法は後に述べる。開花した花しべの中に食塩を一

つまみ入れ、水を二、三滴落としておくと、花ぶさが抜け落ちず四、五日はもつ。「いけばな」の諸家はこの技法を秘伝としている。以下に述べる椿の育て方は、いずれも同じである。

二月開花の部

角(すみ)の倉椿　花は千重咲きで、花しべはない。花色は濃い紅色の白斑が入った絞り模様である。花の時期は二月上旬から三月下旬まで。一月の中(ちゅう)の雨水（二十四節気の一つ）のころから温室にいれる。花の一月下旬に花が咲き始める。花の形は大きい。外側の花びらは大きく、中心にいくほど花びらは小さくなり、開ききっていないものは球形になっていて、花しべが見えない。これが角の倉椿の本来の花形であり、珍重される花である。

八月開花の部

白露（椿）　花は大輪で、一重咲きである。色は汚れのない清らかな白。開花は八月中旬である。この花は椿の中で、最も早く咲く。

九月開花の部

秋の山（椿）　花は一重咲き。紅白の飛び絞り模様である。開花は八月中旬である。

峰の雪（椿）　花は一重で、色は清らかな白。開花は九月中旬である。花形は初嵐の大輪と同じようなものである。剪花者は、これを省略して「峰白(みねしろ)」とよぶ。これも近年に出た新品種である。

一〇月開花の部

三色(さんしき)（椿）　花は一重咲き。一輪の花に、黒みがかった薄紅色の花びら、薄紅色に白いぼかしが入るはなびら、濃紅色に白いぼかしが入った花びらがある。このように一輪の花に三色の花びらが現れる。開花は一〇月上旬である。

一一月開花の部

白芥子（椿）　大輪で一重咲き。花の中心部に細やかな千重咲きの花びらがあって、それが花しべを覆い包む形は、まるで金しべ菊のようでもあり、また芍薬の内側の花びらによくにている。大変美しい花である。開花は一一月上旬である。

一二月開花の部

赤芥子（椿）　花びらは外側に一重のものがあり、花の中心部に細かな千重の花びらがあって、花しべが見えない。薄い赤のものと濃い赤のものとがある。開花は一二月中旬。白芥子椿と同種である。大変美しい花である。

「附方之部」つまり付録の部には、「季咲花並びに葉を摘む口伝」がある。秋から冬にかけて花が咲きだす梅、椿、山茶花、冬牡丹などは、それぞれ開花の早さを賞する。ところが、これらの花を春になってもそのまま咲かせ、また実を付けさせておれば、木の勢いが悪くなり、翌年の秋の花は早く咲かない。したがって、早く咲いても不要の花や、また季節の終わりに咲く花はすべて摘み取り、寒中に大便を施すこと。また、苗木の蕾を咲かせるのは、木のために良くない。

第六章　神仏をまつる社寺と椿

神に奉る椿の葉と花

日本に自生している常緑広葉樹の椿は、他の樹木に比べて厚い葉をもち、黄色が多い春の花のなかで、よく目立つ濃い紅色の大きな花をつける。そのため一般に神意のあらわれるものと信じられ、神聖な木として崇められ、春を呼ぶ花として尊ばれてきた。伊豆の神津島では一月一四日に、子どもたちが椿の花をとって、神の祠(ほこら)に供えてまわる風習があった。祠前に赤い花がうずたかく積まれると、それが春のくることを思わせたという。椿の花が春の花だとすれば、同時に春を告げる木でもあり、この木を大切にする風習として神木とする例もみられる。

後光厳(ごこうごん)天皇（北朝の天皇、在位一三五二〜七一年）の勅宣によって撰せられた『新拾遺和歌集』（貞治三年＝一三六四年成る）に次の歌がある。

美濃山の白玉椿いつよりか豊明(とよのあかり)にあひはじめけん　従二位行能

美濃（現岐阜県）の山にある白玉椿がいつのころからか、一一月中の辰の日に行われる豊明節会(とよのあかりのせちえ)にあうようになったのだろうか、という意である。豊明節会は新嘗祭(にいなめさい)の翌日、宮中で行われた儀式である。天皇が豊楽殿（のちには紫宸殿）に出て新穀を食べ、諸臣にも賜った。その神聖な儀式のときに、白玉椿が奉られるのである。神事のお祓いは暖地では榊を使うのが常識だが、滋賀県大津市の日吉神社の正月祭には、神饌を椿の葉に盛る神事がおこなわれている。宗教学者の五来重は「椿と日本人」（嶋田弦弥・五来重・渡辺武・元井能・河原正彦著『日本の文様　椿』光琳社出版、一九七二年）のなかで、「椿が原始古代の宗教儀礼に必要な樹木であったことはたしかである。それは花よりも常緑のつややかな葉のためで」あると、次のようにいう。

> 古代日本人の原始信仰では常盤木はすべてサカキ（栄樹）であって、神霊の依り憑くべきものであった。すなわちその木や梢または穂に、神は出現すると信じられた。穂は同時にハナ（端＝花）であるから、常盤木の枝がまた花枝とよばれた。古代では常盤木を代表した樒が今も花枝、花柴、香花あるいは香柴とも花榊ともよばれ、『源氏物語』の「賢木」はこれであるという説が有力である。
> したがって椿も花枝として神霊の宿る木であるから、人間の使用がタブーとされたのである。『封内風土記』（巻九）に陸前亘理郡下郡村椿山の椿明神が、花の神をまつったというのも、椿が花枝だったことの証拠である。

奈良県磯城郡川西町の六県神社の御田植祭のとき、稲苗の代わりとして植える模擬苗は椿の葉である。宮崎県西都市上揚では、一月一四日に麦ドキと称して、ソノ（屋敷周辺の畠）の麦畑一枚ずつに、先端に餅をさした椿の枝をたてる。椿は早春に咲く赤い花とともに、光沢に満ちた常緑の葉も、活力の象徴として意識されていた。それとともに、椿は長寿の樹木でもあった。鎌倉時代の和歌集には、つぎのように椿の長寿性が詠われている。

> 八千代へん君が為とや玉椿葉かへをすべき程はさだめじ（『新勅撰和歌集』）
> 玉椿かはらぬ色を八千代共みかみの山はときは成べき（『続後撰和歌集』）

音羽山岩根に生ふる玉椿八千代はかへる常盤なりけり（『夫木和歌抄』）

このように、椿は八千代、葉替えぬ、常盤など、千代万世を含んだ意味と結びつけて詠われている。これは椿の葉が、一年を通してみずみずしい緑を保っているところから、永遠の生命をもつことに結びつけられたのである。

また椿の常緑性は、椿の字をかりてきた中国の書物『荘子』の大椿が八千歳の長寿を保っていることと結びつけられ、その寿が久遠なることとされたのである。『荘子』のいう大椿は、もともとから椿とはまったく異なる樹木であるが、「大椿」の「椿」の字をかりて、日本では「つばき」と訓み、音はそのまま「ちん」とした。そのあたりから「大椿」と椿の関係がおかしくなり、音で「だいちん」とよむ樹木はすなわち「おおつばき」のことであると、考えられるようになり、大椿の八千歳が、椿の異名としての八千代椿に結び付いた。

古代、常盤木の枝は花枝とよばれ、椿もまた花枝として神の宿る神聖な木とみられていた。

このようなことから、椿は聖なる木、長寿、結婚、破邪、尚武、吉祥の木として、社寺の建造物の装飾として、宗教上の行事の際には献木・献花されてきた。社寺は人びとの精神生活の基礎をなしている部分であり、興亡常ならず、また戦災のはげしい武家の建築物や庶民の住居などとちがって、権威をもち十数世紀の長年月の風雪に耐え、保たれてきた。

椿自生地北限の椿山神社

椿の名をもつ神社には、椿大神社（つばきおおかみのやしろ）（三重県鈴鹿市）、椿神社（愛知県名古屋市）、椿の宮（愛媛県松山市）、椿山神社（青森県平内町ほか）など数多くあり、ほんどが椿の自生地に鎮座されている。

青森県平内町東田沢横峰の椿山神社は、東田沢の集落の北約一キロからはじまる椿山の海岸部に位置している。祭神は塩土翁と猿田彦命で、旧村社である。創立の棟札の写しに「元禄十一年奉造立椿宮女人神霊、別当日光院六世山造法印」とある。菅江真澄は寛政七年（一七九五）三月にここにやってきたことを「津軽の奥」（内田武志・宮本常一編訳『菅江真澄遊覧記3』東洋文庫、一九六七年）で記しているが、そのときこの社にまつわる伝説も記している。すこし長いが、引用する。

> （椿明神という）神社の縁起は、むかし、文治のはじめごろ（一一八五年ごろ）とかいう。この浦に美しい娘がいたが、他国の船頭で、毎年来てこの浦々から宮木を伐り積んでゆく男と契り、末は夫婦になろうとなれ親しんでいた。その船頭が帰国するおりに、女が云った。
>
> 「都の人はいつも椿の油というものを塗って、髪の色もきよらかにつやつやとひかり、椿の葉のようにつやがあると聞いています。こんな賤（いや）しい漁師の娘でも、櫛をとるとき、すこし塗ってみたい。わたくしにふさわしいものならば、来年のみやげに椿の実を持ってきてください。絞って塗りましょう」と、名残を惜しみ、泣いて別れた。年があけると、この船頭が来るのを一月から十二月まで待ち続けたが、願いはむなしく船はこなかったので、つぎの年も春から一年待ちこがれた。どうしたわけか、つづいて二年ばかり船頭が来ないので、娘は、この男はほかの女に心をひかれたのではないかと、約束にそむいた男を深く恨んで、海に入って死んでしまった。その女の死体が波で寄せられてきたのを、浦人たちは悲しみながら横峰というところに埋めて、塚のしるしに木を植えて亡きあとをとぶら

った。

ちょうどその時、かの船頭が三年を経てここに漕ぎつけ、

「やむを得ない仕事に従っていて、二、三年も航海することができなかったが、このたびやって参りました。かの娘は無事でしょうか」と尋ねた。

浦人が、しかじかと事情を話すのを聞いて、船頭は、これは本当だろうか、どうしようと、倒れんばかりに嘆き悲しみ、血の涙を流して泣いていたが、いまはなんのかいもない。せめてその塚に詣でようと横峰に登っていって、苔の上に額をあてて、生きている人にものをいうように後悔のことばをいくたびも告げ、持ってきた椿の実を塚のまわりにまいた。

「今は苔の下に朽ちてしまう黒髪に、どんなにこの油をぬっても、つややかになろうか、なるはずはない」と、ただおおいに泣いて、やがて船を漕ぎ去っていった。

その椿が残りなく生いでて林となり、ことにみごとに花の咲いた枝を人が折りとると、清らかな女があらわれて、この花を折ってはいけないと、ひどく惜しんだので、漁師も山仕事をするものもみな恐れて、女の亡き霊をまつったのであるという。その神の祠も、今は横峰からこのように別のところにうつしてあった。


菅江真澄はまた「外が浜づたひ」（内田武志・宮本常一編訳『菅江真澄遊覧記2』東洋文庫、一九六六年）のなかで、ここの神のことに触れている。「田沢とかいうところには椿の山がふたつ、浜辺にあって、四月八日のころはたくさん花が咲き、その満開のころには波も紅色に染まって寄せては返し、朝日、夕日の海に映ずる光がみちみちて、巨勢（こせ）（注・『万葉集』に詠われる椿の名所）の春野はべつとして、世にたぐいない美しさだという。そこに神がまつられていて椿明神というそうだが、同じ名の社は五瀬（いつせ）の国（伊勢国の

こと）にもある」。椿明神とは、現在の椿山神社のことであり、伊勢国の椿の社とは椿大神社のことである。

椿の名をもつ神々

三重県鈴鹿市山本町に鎮座する椿大神社は、垂仁天皇二七年に創祀され、伊勢国一の宮である。別称を猿田彦大本宮といい、椿大明神とも称される。『日本三代実録』『延喜式』では椿神（都波岐神）が祭神とされ、椿大神ともされる。鎮座されている場所は、三重県鈴鹿市の鈴鹿山系にある入道ヶ岳（九〇六メートル）に続く椿ヶ岳（約四五〇メートル）（短山ともいう）を背後にして、御幣川の支流である鍋川の谷口に位置している。ここは椿の自生地で、昭和三一年（一九五六）までは椿村と呼ばれていたが、その後の市町村合併で現在鈴鹿市となっている。社叢や椿渓谷などには椿の樹林が多い。主祭神は猿田彦大神と、相殿に瓊々杵尊・栲幡千々姫尊・行満大明神ほか、明治末期に合祀された神が二〇柱もある。

『大安寺伽藍縁起幷流記資財帳』に「椿社」とみえ、『三代実録』『日本紀略』によれば、寛平三年（八九一）に椿神は従五位上から従四位下に昇叙している。

祭神の猿田彦大神は『古事記』で天孫の瓊々杵尊が降臨されるとき、天の八衢に「道別の神」として出迎え、風貌雄大・超絶した神威をもって恙なく天孫を高千穂の峰に先導した。後に倭姫命の神託により、磯津（鈴鹿川）の川上、高山短山（入道ヶ岳と椿ヶ岳のこと）の麓に「椿（道別）大神の社」として奉斎することになった。猿田彦大神のまたの名を、「大行事権現」「衢の神」「塞神」「山の神、庚申様」など一四の名とともに「椿大明神」と称えられている。

『古事記』の伝承で、全国の猿田彦命を祀った神社は山野に群生する椿との縁が深い。猿田彦命の猿と申(さる)とは意が通じるとして、庚申(こうしん)の日にこの神を祀る習俗があり、庚申社や庚申塚にも椿がみられる。猿は、奥山の椿樹のたっぷりと蜜をためた花や、その蕾(つぼみ)が好物であるところから、猿田彦の猿との関わりが生まれたのであろう。むかしの人は、山の動物たちをよく観察して、その好物が何であるかを知っていた。そして信仰の面でもそれを生かしてきたのである。

椿岸神(つばきぎしのかみ)は『延喜式』にでてくる神で、伊勢国（現三重県）三重郡の椿岸神社の祭神とされる。椿岸神社は椿大神社の別宮とされており、鈿女(うずめ)本宮と呼ばれている。鈿女本宮の祭神は天之鈿女命(あめのうずめのみこと)とされており、したがって椿岸神と名は違うが同じ神だということになる。ややこしいことである。天之鈿女命は、天孫の瓊々杵尊(ににぎ)が降臨されるときに従って天降られ、天孫一行を天の八衢(やちまた)に出迎えた猿田彦大神とともに日向の高千穂の峰に導かれた。その仕事を終えられた後、猿田彦大神と天之鈿女命は夫婦の契りを結ばれ、伊勢国鈴鹿の里に帰られ、祀られたのである。

天之鈿女命は、『古事記』『日本書紀』で天照大神が天の岩屋に隠れてしまわれたとき、天照大神を誘いだすため、大勢の神の前で神懸かりに踊られたという神である。そこから「鎮魂の神」「芸能の祖神」として、あらゆる芸道の向

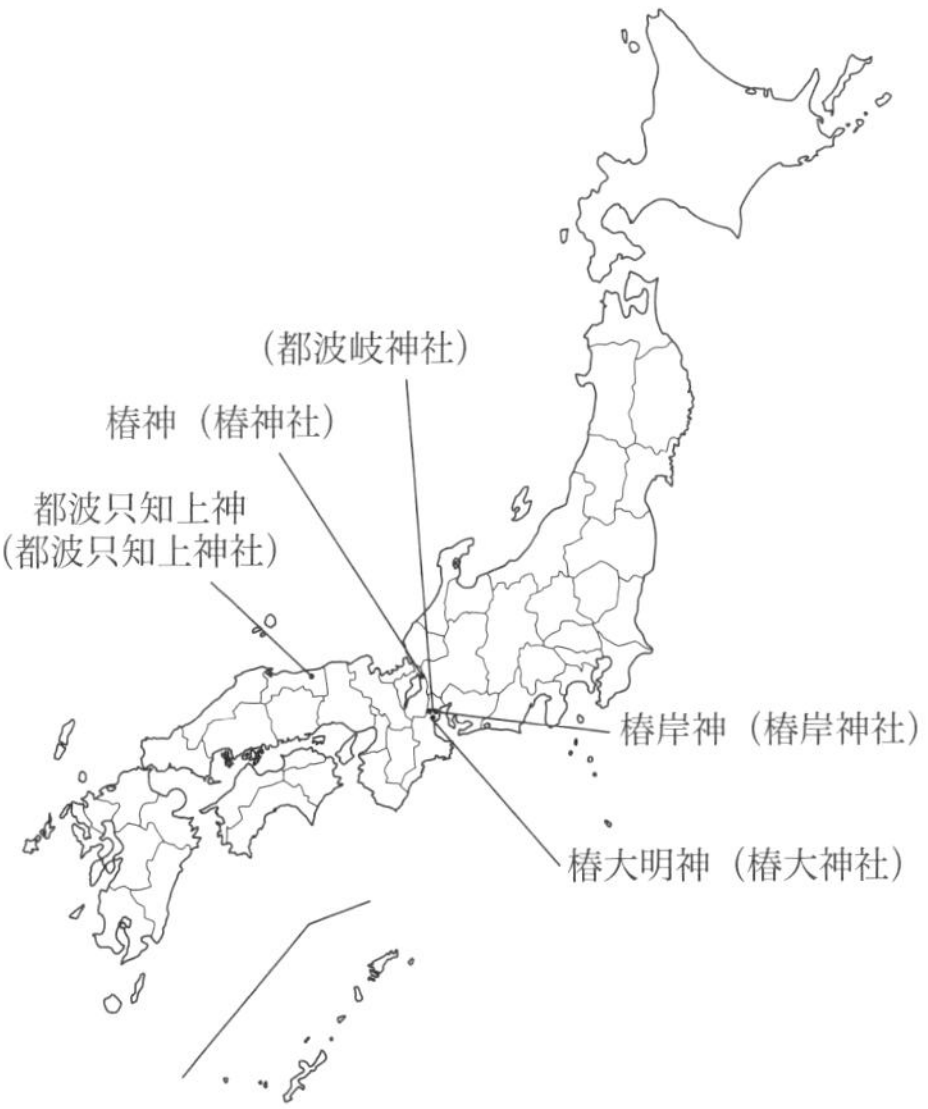

ツバキの名をもつ神とその神社の所在

上、また縁結び、夫婦円満の守護に霊験あらたかとして、古来より信仰されている。

前の椿大神社と同じ三重県鈴鹿市には椿とゆかりのある都波岐神社・奈加等神社があり、鎮座する場所は一ノ宮町中戸である。都波岐神社（祭神は猿田彦神）と、奈加等神社（祭神は中筒男命と天椹野命）を同じ神殿に奉祭するが、社名も併称する。ともに伊勢国河曲郡（現三重県鈴鹿市）の延喜式内社である。山本町の椿大神社とともに伊勢国一宮を称してきた。

社記に雄略天皇二三年、伊勢国造高雄束命が河曲郡中跡村に二社を造営したとしている。『中跡村神社記』には大和国山部直広幡の女多加屋姫に猿田彦神・中筒男命の託宣があって、二つの祠を同地に造営し、都波岐神社・奈加等神社の勅号を賜ったとする。同神社は明治期に山本町の椿大神社と、伊勢国の一宮の論争があり、二つの神社とも国幣神社に昇格することはできなかった。

椿神は、近江国（現滋賀県）伊香郡木之本町小山にある八幡神社の境内社となっている椿神社の祭神とされる。この椿神社は『延喜式』神名帳の伊香の「椿社」に比定されている。応神天皇が猿田彦命の道案内で無事、越前国（現福井県）の気比神社（敦賀市に鎮座）に到着できたので、里人が椿を猿田彦命の依代として祀ったといわれ、北陸に入る険路の守護神として信仰されてきた。なお八幡神社は、応神天皇が気比神社に赴く途中、当地に貯水池を造ったことを感謝し、大宮様と称して祀ったものである。今も池祭の神事がおこなわれている。

つばき（椿）の名をもつが表記が異なる都波只知上神は、『文徳実録』『延喜式』にでてくる神で、因幡国（現鳥取県）八頭郡河原町佐貫に鎮座する産土神の都波只知上神社二座の祭神とされる。同社は仁寿元年（八五一）に従五位下を受階した。藩政時代には一大明神とも称されたが、文化五年（一八〇八）に現在の社名に復称されたという。

連理椿をもつ縁結びの神

縁結びや厄よけの信仰で椿が神木とされている神社が多く、その筆頭に出雲国（現島根県）の八重垣神社がある。八重垣神社は島根県松江市大庭町にあり、祭神は素盞嗚尊（すさのおのみこと）とその妃奇稲田姫命（くしいなだひめのみこと）である。『日本書紀』の神代において、素盞嗚尊（『古事記』では須佐之男命と記す）は奇稲田姫命のために八岐大蛇（やまたのおろち）を退治され、姫の両親の承諾をえて結婚された。当時は略奪結婚が行われていたが、正式結婚の道を開かれ、宮造りされたところは、次の歌でよく知られている。

八雲立つ　出雲八重垣　妻ごめに
八重垣造る　その八重垣を

天神の素盞嗚尊と地神の奇稲田姫命の二つの神が、天下（あめのした）ではじめて正式結婚されたことで、縁結びの大神として篤く信仰されている。八重垣神社には、悪疫防除、開運、家運繁盛、厄難除け、和合、家庭円満の神としての神徳があり、国家鎮護の守護神とされているが、そのいずれも椿との関係が深い。伝承によると、出雲地方に多い椿を二株、結婚記念樹と植えたところ、成長して、地上部で癒合し一株になったとされる。これは二身一体を示すもので、連理の木とよばれている。現存するものは伝承にしたがって植え継がれてきたものであろうけれど、社前では神木「連理玉椿」の目通り幹周り一・二メートル、樹高九メートルの大樹が拝める。以前は縁結びや敬愛和合のお守りとしてこの神木の葉が添えられていたが、いまのお守りは連理玉椿の姿が写されたものに代わっている。

樹木の連理が瑞祥（ずいしょう）（めでたいしるしのこと）であることについて、日野巌は『植物怪異伝説新考　上』（中公新書、二〇〇六年）でつぎのように説明している。

連理は瑞祥であることは、古記に、

下部で連理となっている椿。連理の樹木はめでたいものと考えられていた。彦根城内にあるこの木は神木とはされていない。

　徳が草木に及ぶと木が連理する（『孝経援神契』）

　王者の徳化が八方にあまねく一家となると木が連理する（『瑞応図』）

とあるのでもわかる。

『延喜式』巻二十一治部省の祥瑞の項右下瑞に「木連理」があり、これに註がされ、「仁木である。木を異にして枝を同じゅうする。或いは、枝が傍出して上でさらにまた合する」と、連理とはどのような形態の樹木のことをいうのかを示している。

『三代実録』に「清和天皇貞観元年（八五九）八月四日丁亥、下野国が木が連理したことを上奏した。光孝天皇元慶八年（八八四）二月、尾張国に連理が生じた」という記録があり、その都度瑞祥を上奏している。しかし樹木の連理は瑞祥とするほど珍しくはない。

『摂津名所図会』巻一に、我孫子村（現大阪市住吉区我孫子）の大聖寺に連理の桃・椿があると記している。

　大聖寺　我孫子村にあり。

　　什宝竜の手、連理の桃、連理の椿云々。

また、同書巻第九には、連理は椿などには多くあるものだという。

連理枝、有馬郡香下村（現神戸市北区）にあり。柏の大樹なり。根本は一本にして半より二に分れ、又其の上にて一木に合し、梢は枝葉繁茂せり。多くは椿などにあるものなり。住吉郡吾孫子観音境内にもあり。

このように、椿の連理は数多いものとされるが、由緒ある神社で、祭神とされる神が植えられた神木の連理というものは、やはりめでたく、斎き祝うべきものではある。

縁あって男女が結ばれ結婚すると、普通であれば子どもが生まれるのであるが、なんらかの原因で欲しくてたまらない子どもが出来ないことがある。そんなときの神頼みとされる処がある。宮城県岩沼市蒲崎の港神社の神木の椿は、子孕みの椿とよばれ、不妊の婦人がこの椿の木に抱きつくと、子が授けられると伝られている。

兵庫県津名郡一宮町（現淡路市）多賀の伊弉諾神社の境内には、むかし子を生ましめたもうと信じられていた子生椿があった。淡路島の郡家川左岸の平地にあり、祭神は伊弉諾命と伊弉冉命で、淡路国の一宮である。『日本書紀』神代上に、伊弉諾命が国土や神々を生み終わった後、幽宮を淡路の洲に造り隠れたとある。社伝ではこれを当社の創建として、現在本殿の下にその陵墓があるという。子生椿も祭神が、国土や神を生み賜うたことにあやかったものであった。

椿紋を神紋とする神社

椿の名をもたないが、奈良県桜井市の大神神社は椿の花咲く山全体をご神体としている。『万葉集』巻一三には、つぎのように三輪山の椿を詠った歌がある。

三諸は　人の守る山　本べは　あしび花さき　末べは　つばき花さく　うらぐはし　山ぞ　泣く児守

る山（三二二二）

このように、三輪山の麓では椿の花が咲き、中腹からは馬酔木の花が咲く山であると詠う。この山を神体としている神のこもるべき御室は、五つの聖なる樹木でつくられていたと、五来重は前に触れた「椿と日本人」の中でいう。

大神神社は三輪山そのものを神体とするので、社殿がないなどというが、文保二年（一三一八）の口伝古記を写した『三輪大明神縁起』（永禄元年写本）によると、樫、柞、椿、青木、桜の五木を挿し立てて輪形の社殿をつくるという。これらの五木はいずれも三輪山の山の神、すなはち三輪氏の祖霊の宿るべき花枝だったし、そのなかに椿があったのである。

輪形の社殿をつくる五木は、常緑樹はカシ（樫）、ツバキ（椿）、アオキ（青木）であり、落葉樹はハハソ（柞）、サクラ（桜）である。ハハソとは、コナラ、クヌギ、オオナラなどの里山の林を構成する木々で、このあたりで普通に見られる樹種である。

愛媛県松山市石井（津脇）に鎮座されている延喜式内社の伊予豆比古神社は椿の宮とよばれ、祭神は伊予豆比古命、伊予豆比売命、伊予主命、愛比売命の四柱である。神社のある石井津脇は、上古は海岸であった。津脇の海浜には椿が多いので、津脇がツバキの語源の一つに数えられている。ここの神は開運の神として、正月初祭礼は「椿さん」の椿祭とよばれ、伊予の三大祭の一つに数えられ、数万の参詣者で賑わう。

高知県高知市洞ケ島町に、薫的様とよばれて信仰の篤い薫的神社があり、その本殿の右側には、薫的神社の祭神薫的和尚の師である牛的和尚を祀る白椿神社がある。薫的神社は、はじめ長宗我部氏の菩提寺であった曹洞宗瑞応寺境内に祀られ、薫的堂と称した。明治初年、瑞応寺は一時廃寺となり、薫的和尚の墓上に社殿を設け洞島（ほらしま）神社としていたが、昭和二四年（一九四九）に現在の社名に変更した。

白椿神社の岩間に食い込んで分岐し、二株のように見える白椿の大樹がある。祭神の牛的和尚が椿を愛したことから植えられたもので、後方の薫的和尚の霊光塔付近や、境内各所にも椿樹がみられ、みな献木されたものと伝えられる。神社の拝殿には、子供から老人までのさまざまな人が入学御礼、諸願成就、願事成就などの趣旨で献納した白、紅、一重、八重などの椿図が掲げられている。祭神の椿愛好と、信仰とがつながった習俗をみる。

椿紋を神紋としている神社に、筑後川沿いの河童（かっぱ）伝説で知られる福岡県久留米市瀬ノ下町に鎮座する水天宮（すいてんぐう）がある。椿紋は、一輪の椿の花を五枚の葉で包んだものである。この神紋は本社の鳥居、拝殿の軒身から軒瓦、賽銭箱までつけられている。祭神は天御中主神（あめのみなかぬしのかみ）と安徳天皇で、配神に安徳天皇の生母建礼門院平徳子、二位尼平時子である。建礼門院に仕えていた伊勢が、壇ノ浦の戦いで平氏が敗れたとき久留米に逃れ、祭神にお祀りしたのが神社の起源とされている。この水天宮は、舟人の守護神として尊信が深いうえに、農業や漁業、厄よけ、水難除け、子供の守護神、安産の神として霊験があるとされている。

久留米の水天宮が全国の総本社で、江戸にある水天宮は久留米藩九代藩主の有馬頼徳が文政元年（一八一八）に分祀したもので、日本橋蠣殻（かきがら）町の水天宮の神紋も椿紋である。東京の水天宮が本社とちがうのは、椿紋をはさんで碇（いかり）が添えられていることである。これは航海安全の神徳を強調されたものであろう。水天宮の神の使いは河童（かっぱ）である。河童は水辺に住む伝説上の動物であるが、水と関わりのふかい動物として知られているので、水天宮の神徳である水難除けの神使いとして活躍している。

椿と八幡宮

福岡県飯塚市穂波町椿には、椿八幡宮がある。神功皇后が三韓征伐の帰り道、鍔をおさめ異国降伏の祈願をして、ここに椿の御殿ができたといわれる。奈良時代以降は宇佐神宮の神領椿庄がおかれ、安芸大夫長晴が代官兼神官としてこの地に派遣された。

椿や南天には破邪の呪力があると信じられていた。京都市北区紫野今宮神社内にある疫神のやすらい祭は、桜の花が飛散する春の季節に、疫神が分散して人びとに害を与えるので、それを鎮めるためにはじまったといわれる。この祭には、やすらい踊という風流踊がおこなわれる。風流踊には風流の大傘がでる。この大傘は緋の帽額をかけ、その上に桜・椿・山吹・柳・若松をさしてある。この大傘の中に入ると厄を逃れると信じられ、人びとは争ってこの傘の中に入る。本社の今宮神社では、当日、御幣に桜と椿をさしたものを神前に供えることになっている。この場合の椿には、邪鬼を払う呪力があるという信仰が背景にあったと考えてよかろう。

石川県金沢市天神町に椿原天満宮がある。祭神は天満天神である。永仁五年（一二九七）国守の富樫義親が京都の北野天満宮から勧請した。社地は数回の移転を経て、慶長年間（一五九六〜一六一四年）前田利長が築城に際して椿原山、すなわち原社地に遷され、前田家の祈願所として城郭の鎮守とさだめられた。

山口県萩市大字椿字濁淵の茶臼山（三五四メートル）の北東側の麓の小高いところに、旧県社の椿八幡宮がある。祭神は仲哀天皇、応神天皇、神功皇后である。社伝によれば仁治四年（一二四三）長門守護佐々木高綱が鎌倉の鶴岡八幡宮を勧請したもので、のちに現在地に移っている。守護・地頭の尊崇も厚く、神領の寄進もあった。この神社名は、鎮座されている地の椿木郷から取られている。椿の地名の由来については江戸時代中期の「地下上申」は、「但椿と申名、往古椿山に無限椿木ノ大木御座候て霊現諸氏奇瑞之

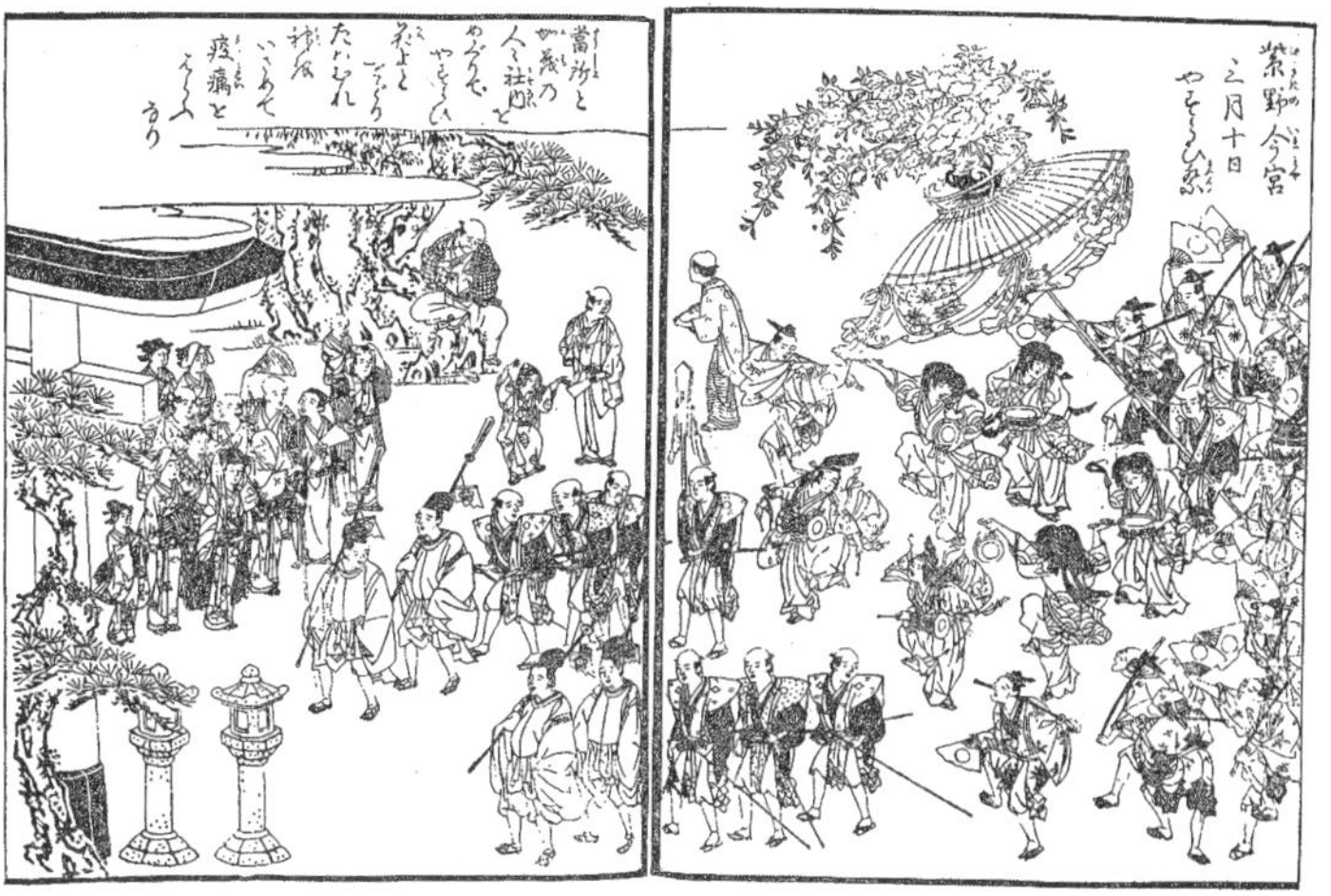

京都紫野の今宮神社内の疫神のやすらい祭のときの風流（ふりゅう）の大傘の上には椿、桜、山吹などが挿してある。この傘の下に入ると厄をのがれると信じられている（『都名所図会』近畿大学図書館蔵）

義有之、是を則神とあがめ候て、只今祇園神社此神にて候由古老申伝候、依之郷之名を椿と由来候由椿社記にも相見え候」とあり、古くから祇園社（現在は椿八幡宮の境内末社）に祀られていたという。

また別の説には、萩市の市街地南西にあたる面影山東側の麓にある大椿山歓喜寺の大椿山という山号は、往古歓喜寺の山頂に椿の大木があり、夜な夜な霊光を発したことにちなみ、この椿の大木が椿郷の名の起こりとも伝えられている。椿八幡宮は正和三年（一三一四）に現在地に遷されたのであるが、その地には祇園社があり、祇園社は境内末社とされた。祇園社は往古、椿郷の地にあった椿の大木の精を祀ったといわれるが、一説には開化天皇時代に素戔嗚尊が垂迹したので、祇園社を椿山に創設したともいう。祭神は須佐之男命・大国主命・稲田姫命で、明治二年（一八六九）に清神社と改称した。

大分県東国東郡武蔵町三井寺の椿八幡神社は、

武蔵川の支流三井寺川の上流右岸にある。祭神は応神天皇、比売大神、神功皇后である。天平神護元年(七六五)に宇佐八幡宮の分霊を、近江国(現滋賀県)の三井寺(園城寺)の寺領である御在所峰に勧請したという。その後たびたび火災にかかり、治安三年(一〇二三)に現在地に奉斎し、文永四年(一二六七)に御在所峰の麓にある椿の社地に神殿を建立したとされる。当社は宇佐八幡宮の旧神体を奉斎していた由緒ある神社である。

京都府八幡市の石清水八幡宮の九月一五日の大祭(石清水祭)では、午前一時の深夜祭には宮内庁から勅使が参進し、御花神饌の献餞が行われる。この御花神饌は、一月から一二月をかたどった一二花鉢の造花の供花であり、椿の花もその一つである。御花神饌は石清水八幡宮の田中弘清宮司の「鎮守の森の花」(廣江美之助著『京都　祭と花』青菁社、一九九〇年)によると、つぎのような内容である。

一月　真竹と茶梅　下に雪と鳳凰一羽
二月　白梅、紅梅、福寿草、五葉松　下に鶯二羽
三月　菊、秋海棠　下に鶴二羽
四月　南天、寒菊、下に兎二羽
五月　椿、根笹、下にセキレイ二羽
六月　水仙、藪柑子、下に雉子二羽
七月　黒松、藤、下に鳩二羽
八月　牡丹、石竹、下に蝶一羽
九月　橘、西洋バラ、下に鷹一羽
一〇月　桜、山吹、下に蜻蛉一匹

一一月　燕子花、河骨、下に鴫一羽
一二月　紅葉、小菊、下に鹿二匹

椿と八幡神社との関わりをみてきたが、八幡神とは八幡宮の祭神のことで、応神天皇を主座とし、弓矢の神として尊崇され、古来からひろく信仰されてきた。「八幡」とは、武士が八幡宮に祈り誓うとき、すこしも偽りのない場合などにいう言葉で、断じて、決して、全くということを示している。椿は古来から尚武・破邪の木と考えられており、武を尚び、邪悪なものを破る武士の崇拝する八幡神社と結び付いたのではなかろうか。椿材は堅く、武器としてよく使われたため、尚武の木とされてきた。

神木とはどんな木か

椿樹を神木とする神社も多い。神木とは、神体、神符、憑代として崇められ、神木の多くは神社の本殿近くに生立しており、しめ縄を張り回し、柵で囲って保護されている老木が多い。神木はいわば神そのものとも考えられ、神木を傷つけたり、伐採すると、神の忿に触れ、神に祟られることがある。神木自体が信仰の対象となっており、末社として祠を奉安していたり、祭神にゆかりのあるものもあって、神木の前で祭礼が行われる場合もある。

神木は、一社一木が原則だが、一社双木、一社数木、一社全山木といった場合もある。一社双木は兵庫県高砂市の高砂神社の相生松、一社数木は近江国（現滋賀県）の建部神社の三本杉、全山にある一種の樹木（例えばヤマザクラ）がすべて神木として認められるものに吉野山がある。吉野山の場合は、現在は修験道系の金峰山寺の神木であるが、神仏混淆時代には仏教系も神の系統も混然一体となっていた。明治初期の神仏分離令により、神と仏とは明確に分離されるようになったが、神仏が混淆していた時代はおよそ

幹にしめ縄を張られた石清水八幡宮の神木の杉

一〇〇〇年くらいつづき、寺にも神木と呼ばれるものが現在にいたるまで存在している。

神を祀る社の樹木を伐採したことにより、神の忿にふれて祟られ、社の神木であったことが確認されたことが、正史である『日本書紀』の巻代二十六斉明天皇の、斉明天皇七年（六六二）の条(くだり)に記されている。

（七年）五月九日、天皇は朝倉橘広庭宮(あさくらたちばなのひろにわのみや)にお移りになった。このとき朝倉社の木を伐り払って、この宮を造られたので、雷神が怒って御殿をこわした。また宮殿内に鬼火が現れた。このため大舎人(おおとねり)や近侍の人々に、病んで死ぬ者が多かった。

（七年）秋七月二十四日、天皇は朝倉宮に崩御された。

神を祀る社木、神木などを伐採したために、神の忿にふれ、天皇をはじめ近侍のものも、病気になったり、ついには斃(たお)れたことが記され、暗に神木（社木）の伐採を戒める内容になっている。

神木がむかしから日本人の間で尊崇され、しめ縄を神木の幹にめぐらせ、保護していることのいくつかの理由について、上原敬二は『樹木の美性と愛護』（加島書店、一九六八年）のなかで、次の五点を挙げている。なお、しめ縄とは、神前または神事の場に不浄なものの侵入するのを禁止する印として張る縄のことである。

1　樹木（神木）には霊があり、魂があるとする説による。
2　神木は祭神の愛木であり、時に祭神の化身によるもの。
3　神が神木に降臨し、憑代となり、あるいは標山の精神にもとづくもの。
4　神がこの神木を領有していると考える説。
5　神がこの神木樹に宿っているという信仰心にもとづく説。

神木とされる樹種を、旧制の社格で官幣社という、国との関わりのあった神社のものを掲げると次のようになる。なお官幣社とは、明治以後、宮内省から幣帛を供進した神社のことである。大社、中社、小社、別格官幣社の別があった。主として皇室尊崇の神社および天皇、皇親、功臣を祀る神社とされていた。戦後はこの制度は廃止された。

松（黒松・赤松）、杉（最も多く一二社）、銀杏（五社）、楠木、椎木、びゃくしん、欅、桂、高野槙、梅、椿、一位、柳、桜、椋、おがたまのき、梛、楢、橘、檜、藤（以上二一種）

椿はこの二一種の神木の種類に含まれている。

椿樹を神木とする神々

椿の神木のなかで、椿花として著名なものに、美濃国一宮である南宮大社の白玉椿、熱田神宮の太郎庵、兵庫県の多田神社の唐椿がある。

愛知県岡崎市下青野町字本郷に椿宮神明社がある。矢作川と占部川（用水）に挟まれた沖積平野の中間に位置している。この地の古い『六ツ美村誌』によれば、「白鳳元年壬申創立、此の地に椿の大樹あり。

依って祠を建て椿宮神社と称す」とある。また伊勢国一宮と称される椿大神社を勧請したともいわれる。

美濃国一宮の南宮大社は岐阜県不破郡垂井町宮代に鎮座し、主祭神を金山彦命とし、神木は白玉椿である。金山彦命は神話によれば、伊勢神宮の天照大神の兄神にあたる神で、社伝によれば神武天皇が東征のとき、金鵄を輔けて大いに霊験をあらわされたので、美濃国府中に祀られ、のち現在地に遷された。『木曽路名所図会』の時代には仲山金山彦神社とよばれたが、国府の南方に当たるところから南宮大社と云われるようになった。金属を司る神の総本宮として、全国の鉱工業者の信仰を集めている。南宮山より西は、関ヶ原までの山続きを美濃の中山という。

美濃山の白玉椿いつよりか豊明にあいはじめけん（『新拾遺和歌集』従二位行能）

色かへぬしら玉椿みの山に神や八千代のたねをうえけむ（『南宮十首』利綱）

社伝によれば、そのむかし宮中で「豊明節会」という催しが開かれていた頃、毎年、南宮大社の巫女が白玉椿の枝をもって京へのぼり、庭で麗しくひとさし舞って献上したと伝えられる。南宮大社の境内にはたくさんの白玉椿の木があり、本殿を守るかのように取り囲んでいる。

美濃国（岐阜県）一宮である南宮大社の神木の白玉椿の後継樹

平成二四年（二〇一二）八月に、南宮大社に参詣したとき神職の方に聞いたところによると、境内の椿樹は献木で植えられるものが数多くあり、およそ二万本におよぶとのことであった。境内には樹齢を重ねた椿の木も多く、見上げるほどの高さがある。なかには樹齢千年を超えるものもあったそうだが、残念ながら枯れてしまったとのことである。

南宮大社では白玉椿の花が満開に咲くころ（四月中ごろ）、高山社祭という神事が南宮山の山頂ちかくにある奥宮で行われる。奥宮にもたくさんの白玉椿があり、高山社祭は別に椿祭とよばれる。神職が奥宮に出向いて祝詞を奏上、玉串奉奠などの神事がおこなわれるが、他の祭とちがって一般には知られていない。

兵庫県川西市多田院多田田所町の多田神社の祭神は、源満仲ほか頼光、頼信、頼義、義家であり、旧県社である。当初は多田院として創建されたもので、摂関家領多田庄とともに摂津源氏（多田源氏）の拠点となった。この神社の本殿のかたわらに、薩摩国（現鹿児島県）の島津侯から献木されたと伝えられる唐椿の大樹がある。日本に渡来してきた唐椿のうちではもっとも樹勢がよい。

三重県多気郡勢和町丹生の丹生神社は椿が神木とされている。社前に向かって左側に一株と、それに隣接して玉垣を廻らせたもう一株がある。樹齢数百年で、前者が老樹としての風格をそなえており、土地の古老たちは、伊勢椿の原木として敬っている。かつては太い幹であったものが枯れ、その株元から出た蘖が成長し、現在ではそれが互いに相接して一株となり、昔のおもかげを残している。もともとこの神社は栲幡千々媛神を祭神とし、『延喜式』にも記載されているお宮である。建築様式は伊勢神宮と同じ様式であり、その古さを伺うことができる。

もともとこの神社は、隣接する神宮寺の寺域に属していた。神宮寺というものは、神仏混淆のあらわれとして神社に付属しておかれた寺院のことである。神宮寺は別に宮寺、神供寺、神護寺、神宮院、別当寺ともいう。いわゆる本地垂迹のおこなわれたころは、神仏混淆であったから、特別に区別はなかったものと思われる。本地垂迹説は、平安時代から始まったもので、わが国の神は本地（本来の姿。ものの本源）である仏、菩薩が衆生救済のために姿を変えて迹を垂れたものだとする神仏同体説であり、明治初期の神仏分離によって衰えた。

神宮寺は宝亀五年（七七四）に開創され、弘仁七年（八一六）空海（弘法大師）の重修により、高野山をかどったものだといわれ、当地方きっての名刹として栄えたと伝えられている。その神宮寺にも、樹齢数百年の椿の老樹があり、丹生神社も椿とほぼ同年代のものであろうといわれている。これらの椿が、いわゆる伊勢椿の原木となったといわれる。

三重県阿山郡阿山町（現伊賀市）大字中友田にある鞆田神社は、同地方では椿神社とよばれている。古来都波岐朝日神社と称したが、明治三一年（一八九八）に鞆田神社と改称した。当社はかつては大字上友田の地籍椿のもとにあったと伝えられるから、貞享四年（一六八七）以後に現在地に遷されたものと考えられている。祭神は大日孁貴命で、多岐都比売命・大須勢里売命・猿田彦命などを合祀している。この神社と椿との関わりは、鈴鹿市山元の椿大神社の祭神の猿田彦命を合祀していることと、もう一つは都波岐大明神（これは栲幡千々媛のことをいうとされる）も祭られている。したがって二つの椿に関わる神社の神を祭っているところから、椿神社とよばれたようであるが、詳しいことは分からない。

疫病除けの神木に、大阪府東大阪市川俣に鎮座する川俣神社は延喜式内社で、神木とした椿がある。さきごろの太平洋戦争のとき、空襲により本殿とともに神木も焼失した。さいわい、椿は火に強いので根から芽が吹き出して再生している。この椿は厄よけといった抽象的なご利益だけでなく、この落ち葉を拾って煎じて飲むと、疫病や熱病に効果があると伝られている。椿はあまり薬用として用いられないが、その面からみても、事例のすくない信仰の対象木である。

日野巌は『植物怪異伝説新考』(中公文庫、二〇〇六年)の中で、「出雲国神門郡大津村(現島根県出雲市)の道祖神は社殿がなくて椿を神体としており、筑後国三潴郡大善寺村(現福岡県久留米市大善寺町)玉垂神社のサヤンカミ(塞神)は玉垣内に椿と樫が植えてある」という。道祖神とは、道路の悪霊を防ぎ行人を守護する神のことであるが、日本では「さえのかみ(塞神)」と習合してきた。塞神は、もともとはイザナギノミコトがイザナミノミコトを黄泉の国に訪ね、逃げ戻ったとき、追いかけてきた黄泉醜女を遮るため投げた杖から成り出た神であるが、のちに邪霊の侵入を防ぐ神、行路の安全を守る神とされた。前に触れたように、塞神とは椿大神社の祭神である猿田彦大神のまたの名であり、椿大明神なので、椿が神木とされるのは当然のことである。

椿材でつくられた仏像

椿の花は、神だけでなく、季節になると仏前に椿花が散華される。散華とは、仏に供養するため花を散布することをいい、いうなれば仏への供花のことである。インドやスリランカでは、仏への供花は水に挿さず、花首からもいだ花がつかわれることが多い。仏典にも載る古い花の献じ方で、これを散華とよぶ。わが国では陶器や鋳物の花皿に一輪ずつ捧げられるし、須弥壇の前に幾輪も摘みたての花がまかれることもある。京都市東山の法然院では、この寺の銘椿「貴椿」が、本尊の須弥壇の朱塗りの床に規則正しく、二十五菩薩をかたどって、二五花が放射状に散華される。それが床に映えて、水面に浮かぶ花の姿をみせる。

比叡山延暦寺西塔の椿堂の由来は、椿の杖からである。伝教大師(最澄)がまだこの山に住まわれない時代のこと、聖徳太子が救世観音を安置するために、この地を拓かれるとき、わきに立てておかれた椿の杖が、その枝葉を繁茂させたといわれる。そのため俗に椿堂とよばれる。弘法大師（空海）は伝説の多い僧であるが、椿との関係も深い。弘法大師の椿の杖が根付いたとされるものに、熊本県宇土市椿原の「お杖椿」と、愛媛県川之江市の崇福寺椿堂の「お杖椿」があり、どちらも巨木である。

福岡県筑紫野市二日市にある椿花山武蔵寺は、本尊の薬師如来と、脇侍十二神将が椿材で刻まれている。この町の温泉の起源は、この薬師如来の夢のお告げで見つかったものだと伝られている。この仏像は、薬師如来を中心に、椿樹特有の枝振りをそのまま利用している。一本の椿樹の中心の幹の真っすぐな部分で本尊を、十二神将が思い思い枝を打った部分で刻まれており、立体的にたくみに作られている。しかも調和がとれた作品だといわれる。本尊は長年秘仏として、幾重にも布でくるみ、厨子に収められていたので、堅牢な椿材も長年月の間に表面が腐食していた。昭和五〇年（一九七五）代はじめごろ、京都の仏師の手で修復された。武蔵寺は二日市温泉に近い天拝山の麓にあり、椿材で薬師如来が彫刻されることについての話がつたわっている。塚本洋太郎監修、渡辺武・安藤芳顕著『花と木の文化　椿』（家の光協会、一九八〇年）から、少し長いが引用する。

いまから一三六〇余年前、筑紫国次田郷に藤原登羅麿という豪族がいた。そのころ、西の長の峰（いまの山口区井手の古賀付近）に夜ごと怪火が燃え、住民は恐怖におののいていた。弓の名手でもあった登羅麿は、ある夜、部下を引き連れ、この怪火にねらい打ちしたところ、「ギャッ」という天地にも響く怪声が聞こえると同時に、この火が消えた。

翌朝になって点々と山中に続いている血痕をたどっていくと、木矢待（いまの木屋町）の大椿の幹に矢が命中していて、生々しい血が流れていた。ところが、その夜登羅麿の枕元に日ごろ信仰していた薬師如来が現れ「あの椿の木で私の姿を刻み、十二本の枝で十二神将（薬師如来を守る武将）を刻んで祀るように」と夢のお告げがあった。登羅麿は天拝山に一堂を建てて、薬師如来を祀ったのが、武蔵寺の創立である。

ふたたび薬師如来が登羅麿の夢枕に立ち「なんでも望みをかなえよう」と告げた。子宝がなかった登羅麿に、まもなく玉のような瑠璃姫が授かった。数年後、次田郷に恐ろしい疫病が流行し、瑠璃姫も明日をも知れない状態となったので、登羅麿は一心に薬師如来に祈願したところ、「東の葦を探せ、出湯がある。それで湯浴みすれば、たちどころに快癒する」とお告げがあって、いまの二日市温泉が発見された。

瑠璃姫の病気はもちろん、住民たちも疫病から救われたので、登羅麿はお礼に薬師堂をさらに大規模に新築し、七堂伽藍を建立し、天台宗椿花山成就院武蔵寺と名付けた。武蔵寺は筑紫の一大寺院となり、伝教大師も入山し、二日市温泉の中に、みずから薬師如来を刻んで祀ったので、寺も温泉もますます栄えた。

椿の材で作られた仏像が、日本海側の新潟県栃尾市の浦佐の毘沙門堂にもあることが、鈴木牧之の『北越雪譜』（京山人百樹刪定・岡田武松校訂、岩波文庫、一九三六年）二編巻之一・「浦佐の堂参（どうまいり）」に記されている。

我住塩沢より下越後の方へ二宿（六日町・五日町）越て、浦佐（うらさ）といふ宿あり。ここに普光寺（ふこうじ）といふ真言宗あり。寺中に七間四面の毘沙門堂あり。伝ていふ、此堂大同二年の造営なりとぞ。修復の度事に棟札あり。今猶歴然と存す。毘沙門の御丈（みたけ）三尺五六寸、往古椿沢（つばきさわ）といふ村に椿の大樹ありしを伐て尊像を作りしとぞ。作名は伝らずとききぬ。像材（ぞうざい）椿なるをもって此地椿を薪とすればかならず祟（たたり）あり、ゆえに椿を植ず。

ここの毘沙門堂はおよそ一二〇〇年前、坂上田村麻呂が蝦夷征伐のとき、国家鎮護のために創建したものである。歴代の将軍の尊信があつく、徳川将軍の時代には五〇万石の格式で遇せられたといわれ、寺域五〇〇〇坪（一・六五ヘクタール）の中に、老杉、大欅とともに豪壮な本堂がある。雪椿の自生地なので、雪椿は寺域内にも栽培されている。

『北越雪譜』にある普光寺の堂押しは、奇祭として知られ、むかしは正月三日に行われていたが、現在では三月三日に行われる。『北越雪譜』では、来った男女は普光寺に入るとみな衣服を脱ぎ捨てる。婦人は浴衣に細帯で、稀には裸もある。男はみな裸である。七間（約一二・七メートル）四方の堂に裸の男女が立錐の余地のないほど押し入り、サンヨウサンヨウとの掛け声で、堂内の人たちはヲヲサイコウサイと呼ばわり、北から南へと押し、また呼ばわり、西より東へとおしもどす。二タ押し、三おしすれば、いかなる人も暑中のような熱さとなる。七押七踊（おどり）で止むを定めとされている。七踊のとき、小桶に神酒を入れ盃を添えて献納する。お神酒は神に供えるかたちにして人びとの上に散らし、盃は人の中に投げる。この盃が手に入ると幸があると、奪い合う。お神酒を献ずる人を案内してきた提灯も奪いあう。提灯の骨一本でも田の水口に挿しておけば、この水にかかる田は実りよく、虫がつくことはない。この神霊のあらたかなることはあまねく知られたことである。

栃尾や椿沢は上杉謙信の古戦場で、謙信が毘沙門天の信仰が篤かったことはよく知られている。毘沙門は北方を守護する神であり、その像が破邪尚武の椿材で刻まれていることにも興味深いものがある。また、ここにある椿沢に、三尺五寸（約一〇六センチ）もの大きさの毘沙門天の像を刻むことができるほどのヤブツバキの大木があったことも、雪椿の自生地との関わりからみて興味あることがらである。

福岡県福岡市西区（旧早良郡）にある標高五三八メートルの油山の東側山腹に、通称油山観音とよばれる臨済宗正覚寺がある。寺伝によると、いまから約一二四〇年前の称徳天皇の御代に、西域から高僧清賀が来朝し、白椿材で千手観音を刻んでここに安置した。そして当時松明だけの灯火の不便を解消するため、この山に自生する椿の実から油をしぼり、椿油による灯火の道を開いたという。油山の名称も初めて椿の実から油を搾ったことによるし、椿谷の名も搾りカスを捨てたということに由来するとされている。日本における製油発祥地というので、製油会社や食品会社の献灯が参道に連なっている。寺は勅願により東西の油山に、泉福院、六句院など七二〇におよぶ僧坊が建ち、早良郡と佐賀県神埼郡あわせて一二万石の朱印を賜り、一大法域となった。元禄七年（一六九四）に正覚寺は再建され、行基菩薩作の聖観音（重要文化財）と、清賀作の白椿千手観音が安置された。ここの観音像を刻んだ椿材の半身で、もう一体の聖観音像が彫られたのが、福岡県糸島郡前原（現糸島市）の雷山観音と伝られている。

羽黒修験道と椿

日本古来の山岳信仰を底辺においた修験道は、役小角を祖と仰ぐ日本仏教の一つの流派で、密教をとりいれ、自然と一体となることによる即身成仏を重視している。修験道の一つの派である羽黒修験道は、山形県羽黒山にある羽黒権現に奉仕しているが、そこでは椿が重んじられている。

五来重は前にふれた「椿と日本人」のなかで、羽黒修験道と椿について述べているので、説明をいれながら紹介する。七月十五日（旧暦六月十五日）に行われる羽黒山の花祭りの行列には、美しい造花でかざった柳木鉾（万灯籠型花御輿）三基とともに大きな椿の木が捧持される。もとは大椿そのものが「花」（仏教的にいえば蓮花）であったが、祭の風流化にともない柳木鉾が付け加えられた。現在では花祭とよばれるが、むかしは山伏の夏峰入峰（花供入峰ともいわれる）のうち「蓮花会」で、山の神霊をこの椿の枝に宿らせて招きおろすのである。入峰とは、修験者が修行のために霊山（大峰山や羽黒山など）に入ることで、峰入りともいわれる。冬季は雪にとざされるので、雪のない季節に山の修行がおこなわれ、夏におこなわれるのが夏峰であり、秋に行われる修行が秋峰である。

秋峰の入峰修行にも、椿は大きな役目をもっている。秋峰はプロの山伏となるための厳しい修行が羽黒修験宗荒沢寺で、毎年八月二四日から三〇日までの七日間おこなわれ、別に「出世の峰」ともいわれる。もとは七五日間の苦行であったが、次第に縮小され、現在の日数となった。この行の最後の明け方に、羽黒山独特の柴灯護摩で、椿の護摩木（乳木）が焚かれる。護摩とは、密教では室内に護摩壇を設けて仏の智慧の火で煩悩の薪（煩悩つまり祈願内容を護摩木に記したもの）を焼くことを象徴したもので、柴灯護摩はそれを野外で行う。

境内林から護摩木（乳木）用の椿の材を伐りだすのは小木の行といわれ、とり出す椿材は長さ二尺五寸（約七六センチ）のものが九三本で、人間の骨の数に擬して井桁に積み重ねる。護摩木（乳木）の木口（伐り口）は、元にも末にも、巴の印が描かれる。そして上部を椿の枝葉で覆い、青葉の小山のようにして、中から火をつけて焚きあげる。これで一切の悪魔も、災いも、穢も、煩悩も、焼き尽くされるという。

秋峰修行の三日目、一の宿から二の宿へと移るとき宿移の儀礼がおこなわれ、二の宿の入口では「違垣の作法」がある。違垣は、三尺（約九〇センチ）ぐらいの藁束三本を互い違いに横たえ、その束に椿の枝多数を挿し立て、その間を移動する山伏たちがジクザグで通り抜けるのである。「椿の呪力で違垣から内へ悪魔や穢を入れさせないという意味と、古い修験道では宿という参籠修行する建物は、椿の枝葉で壁も屋根も戸もふいた仮屋だったことを示すものとおもわれる」と、五来重は前掲の「椿と日本人」のなかでいう。

二の宿の深夜の勤行（後夜勤行）では、椿の調べという床散杖で読経の伴奏が行われる。散杖は密教で加持香水を散ずるのに用いる長さ五〇センチくらいの杖状の仏具で、材は梅や柳がつかわれる。椿の調べは、長さ三尺（約九〇センチ）に幅一尺四寸（約四二センチ）の床板のうえに、二尺八寸（約八五センチ）のムロマツの皮をはいだだけの散杖二本を垂直に立て、交互に持ち上げて落とすトントン、トントンという音を読経の伴奏にする。最後に導師の声で火鉢三個が持ち込まれ、勤行の助手（承仕という）三人が、椿の葉を火鉢にくべ、パチパチ、パチパチという音を立て、これも読経の伴奏とする。椿の葉っぱの爆ぜる音が、すなわち椿の調べである。深夜の山奥の静かな建物の中で、椿が炭火にあぶられ、パチパチと爆ぜる音とともに、その煙の呪力で悪霊や害獣を近づけないと信じられていたのである。

東大寺二月堂お水取りと椿

関西では二月堂のお水取りが終わらないと春がこないといわれている東大寺二月堂のお水取りの行事にも、本尊である二体の十一面観音を荘厳（仏前の飾り）するために椿の花が用いられる。この椿の花は、本物はまだ開かない時期なので造り花である。ある人は、春には梅告春、椿迎春、桜盛春、藤送春という四季があるという。椿は春を迎える花で、薮かげに赤い椿が一、二輪のぞきだすと三寒四温で目覚め、春を迎えたという気がする。お水取りは春を迎える行事なので、ご本尊の荘厳として生の椿の木に手作りの椿花を挿したものが用いられる。お水取りは三月一日からはじまり一三日に終了する。「お水取り」とは通称で、正式には東大寺二月堂の「修二会」（二月にお勤めする法会）といい、天平勝宝四年（七五二）にはじめて勤修されて以来、一二五〇年以上もの間ただ一度も絶えたことがなかったといわれる。お水取りは、古密教や神道、修験道、民間習俗や外来の要素まで取り入れられた規模の非常に大きな、多面性に富む法会として伝られている。

農耕民族である日本人は、万物が生を謳歌する春の季節に神や祖先の威力によって、災いを除き、豊年を約束してもらおうと、手を尽くして神や祖先の霊を祀ってきた。祖霊の象徴とされる餅や、豊作の予祝となる造花を、ご本尊の荘厳にもちい、祈りを捧げてきた。造花が本尊に捧げられる例は、奈良の薬師寺では、梅、桃、椿、桜、山吹、百合、杜若（かきつばた）、牡丹、藤、菊という十種の造花を十二の瓶に挿して、堂内を彩りで満たし、その満開の花の中で法要が行われる。和歌山県花園村（現かつらぎ町）にある僧侶のいない小堂でも、見上げるような生木に削り掛けの花（木の先端を薄く削ってつくる造花）や、色紙の椿をつけて華やかに荘厳して法要にそなえる。

二月堂のお水取りでは、須弥壇（しゅみだん）（寺院の仏殿の、仏像を安置する壇）の四面には山形に千面のお餅が積まれ、紅白の椿の造花、生の南天の実でご本尊を包むように飾られる。佐藤道子は『東大寺お水取り　春を待つ祈りと懺悔（さんげ）の法会』（朝日選書、朝日新聞社、二〇〇九年）のなかで、「およそ仏前を荘厳（しょうごん）する花で、『お水取り』の椿ほど美しいものはありますまい。人の背丈を優に超える生の大枝に、紅白一枚替わりの造花が天を指して花開き、須弥壇の四隅に立つさまは、ほの明かりの中で端然と美しく、『走り』などで明るさが増したときは、つややかで美しい。まさに仏界をかざるにふさわしい荘厳だと思います」と述べている。

同書から、現在の椿花の造花の造り方を引用して紹介する。

まず親指ほどの太さの、五センチほどの長さに切ったタラの木の一方に穴をあけ、周りを、細かく切り込みを入れた黄色い染紙でくるみます。これを蘂（しべ）に見立てるわけです。さらにその外側を、紅白

奈良・東大寺の二月堂。このお堂の回廊からお堂に登る練行衆を案内するタイマツがつき出される。

鍛錬が咲かせる花

東大寺　お水取り

奈良・東大寺で23日、二月堂修二会（お水取り）に用いるツバキの造花を作る「花ごしらえ」があった。練行衆（こもりの僧）らが、別火坊の広間で、自然染料で染めた和紙を使って仕上げた。赤、白、黄の和紙を花びらや花心の形に切った後、タラの木の芯に張り付けた。造花は3月1～14日の本行中、二月堂本尊の十一面観音の周りに本物のツバキの枝にさして供えられる。

僧侶らによってツバキの造花が丁寧に作られた＝23日午前、奈良市の東大寺、高橋正徳撮影

東大寺・二月堂修二会の際、本尊にお供えするツバキ造花の作成を伝える新聞記事（2013年2月24日付朝日新聞夕刊）

五枚の花びらでくるむと、見事な一輪が出来上がります。この時に作った花はとりあえずユリナ（木製漆塗りの、径五〇センチほどの大きな容器）に入れておき、総別火に入ってから枝先に付けて完成させます。この花付けは練行衆が行うそうです。花の蘂は傘紙、花弁は仙花紙が用いられます。その紙は古式の植物染料で染め上げげて毎年寄進する方があって、深々とした色合いも紙質も、なんとぜいたくなものか、と思うのですが、枝に付けられた花々は一見さりげなく、しかし匂うような気品を漂わせています。余計なものを一切削ぎ落としたようなその造形と相俟って、誰もが感嘆する荘厳の花となるのですが、花の数は四百輪といいます。開山堂の庭にある「のりこぼし」という名花を思わせる花でもあります。

総別火に練行衆が入った二月二七日の午前中に、造花の椿は二メートル近い生の椿の枝先に一つひとつ挿して、仏前を飾る修二会椿は完成し、翌二八日午前中に椿といっしょに南天が二月堂に送りだされる。三月一日に子孫の繁栄を願う檀供（餅）は、一面三合どりで、数は千面で、須弥壇の四辺を飾るのでご本尊の御厨子は檀供（餅）で囲まれる。最後に椿と南天が運びこまれ、椿の大枝は須弥壇の四隅に、小枝と南天は花瓶に挿して定位置に納め、修二会の荘厳は完成する。以後法会終了まで、椿の花は動かされることはない。法会が終わると、供物は下げ渡されるのだが、たまたまこの花を戴いたりすると、その姿、かたち、配色の美しさに誰しも大喜びで自宅に飾ったりする。

渡辺武は「ツバキの伝統」（京都園芸倶楽部編『椿――花と文化』誠文堂新光社、一九六九年）のなかで、この椿の造花を「毎年残花をいただいて机上に楽しんでいる。先年の三月の小原流花展で家元に会ったとき持ち合わせたこの椿花を見せて、このツバキの季節に数多い作品の中にツバキを配したものが数点しか見受けられないのはなにごとかかと、苦言を呈したら、その造花を手にとって感嘆のあまり持ち帰ってしまわれた」と、小原流家元を感嘆させるほどの修二会椿花の造花の美しさ、豪華さを記している。

海老名の乙女地蔵と椿

神奈川県海老名市杉久保に、椿地蔵とよばれる地蔵尊のかたわらに椿の大木がある。この地蔵のいわれを『海老名市史　9　別編民俗』（編発行・海老名市、一九九四年）は、第三節「むかしばなし」で、次のように記している。

元禄の昔、如月の風荒れすさむ日、杉久保村千躰寺門前に旅の母と娘づれが通りがかり、突如娘が急病の為路傍に立ちすくみ、驚いた母親は駆けつけてくれた里人達の助けを得て介抱したが、手当の甲斐もなく夕闇迫る頃、遂に不帰の客となった。泣く泣く亡骸を寺内に移し、通夜を営み埋葬したとか。

この母は江戸で二人だけの詫び住まいをしていたと云うのみで、多くを語らなかったが、かつて御殿勤めのおり知遇を受けた将軍の侍医半井驢庵を頼り、ここまで尋ね来た途上の出来事と知れた。どことなく、高雅な気品がうかがわれる人柄が偲ばれたそうな。花なら蕾の可憐な少女が、寄る辺なき僻地に於いて、あたら無情の風に誘われた薄幸の顔ばせは、人々の心に深くあわれを止め、香煙供花の絶える事なき幾日が続いたとか。たまたま供えし一枝が根付き、成木したのが現存の椿である。

以来幾星霜、この非運の乙女心を心として咲くを知らず、落ち尽くしている。僅かに唇に紅を綻(ほころ)ばせ、儚(はかな)く地に帰るを常の習わしとして。

地蔵尊の祠のかたわらにある椿は、幹周り一・五メートル、樹高四・五メートルという大木に成長している。このように地蔵尊は、およそ三〇〇年前に急病で亡くなった少女を弔うために祀られたとするが、人々がどうして地蔵尊を祀ったのかは全く記されていない。地元の人はいざ知らず、ほかの土地の人にはやや不満である。

佐渡島や本土の新潟県では、幼くして死んだ子どもの冥福を祈るため、子どもを守護する地蔵尊を立てる風習があり、傍らには椿が植えられているという。

東京都調布市下布田には推定樹齢八〇〇年と伝えられる白花の大きな椿があり、その根元には地蔵尊が祀られているため、地元の人たちは椿地蔵とよんでいる。この椿は、道路拡幅と下水道工事の支障となり伐採されそうになったが、調布市教育委員会が移植し、保護されている。椿の由来は、奈良時代から調布は布の産地として、朝廷から指定された織物を納めていた。調布は多摩川の左岸に位置し、水田耕作に適した土地の少ないこの地方では、台地上の畑地の開墾がすすめられ、雑穀や桑、麻などの畑作物の栽培がさかんであった。『万葉集』巻一四・東歌に収められた歌「多摩川に曝(さら)す手作さらさらに何そこの児のこだに愛しき」は、麻布をさらす作業をおこなっている多摩川の情景を詠んだものである。その当時は、このあたり一帯は森と林ばかりであったため、布の産地の目印として白椿が植えられたと伝られている。また一説には、調布・布田の地名が生まれるほど、機織りがさかんであったから、白い繭(まゆ)に因んでこの白椿を植えたとも伝えられている。なお、調布とは、調(ちょう)(律令制度における租税の一種で、現物で納めるもの)として官に納める手織りの布のことをいう。

琵琶湖南部の地蔵林と椿

梨木香歩は新潮社のPR雑誌『波』の二〇一二年七月号掲載の「冬虫夏草」と題した連載物（第二回）に、滋賀県の湖南にあたる蒲生野で出会った地蔵と椿のことを記している。文中の「私」が地蔵と出会う前に立ち寄ったところは、滋賀県東近江市市街地の西側にある独立峰の箕作山の南側中腹の太郎坊宮であり、その日宿泊したのは同市池田町の八風街道沿いの如来という集落である。この間はおよそ八キロで、山はない。どこか遠回りをして、山に入ったものであろうか。

道はいつしか、鬱蒼とした木立に入る。歩きつつ、ふと、アラカシの木の下暗がりに、地蔵が踞（うずくま）っているのに気づく。そしてやや窪地になったその先の脇にも。ああ、これが地蔵林というものだな、と合点する。いったん気づけば次から次へと地蔵が目に入る。地蔵とは名ばかり。自然石のそのまま、くつろいだ姿体にかろうじて目鼻が判別できるものばかりであったが、それはそれで楽しげであった。

木立を抜けようとして、一本の堂々たる藪椿の古木が目に入った。椿としては大木であろう。その根元に、小首を傾け、考えに沈んでいるような地蔵があった。他の地蔵とは一線を画す丁寧な造りに思わず立ち止まり、しばらく見入る。突然、辺りは一面椿の花で埋もれるような情景が浮かんでくる。禍々（まがまが）しいほどの艶やかさであった。慌てて二度三度瞬きをする。すぐに元に戻る。私の今までの椿の記憶から引き出された画（え）だったのだろうか。しかしあれは明かにここの風景であった。

兎に角、早春の頃は間違いなくそうなる、ということなのだろう。

文中の「私」はこのあと、如来とよばれる集落に到着し、宿に入った。そして部屋に案内してくれた仲居が、帆布の背負袋を降ろしてくれかけ、「おやおや、これはたいへん」と云ったまま、部屋を出ていった。あっけに取られていた文中の「私」は、しばらく後に顔を合わせた仲居から、理由を話して貰った。それは、背負袋に落ちていた椿の葉っぱを見て、明日が地蔵林の地蔵たちに小豆飯を配る日であることと、その当番に当たっていることを思い出し、小豆を水に浸けておくのに間に合ったというのである。なぜ背負袋の上の椿の葉っぱを見て思い出したのかというと、「小豆飯は、椿の葉っぱに盛る習わし」だからであった。仲居はさらに、「昔から、大水が出た後の飢饉の折には、子どもたちがようけ、亡うなりましたのでね」と教えてくれたのである。

田中新次郎は「ツバキの方言および年中行事」（京都園芸倶楽部編『椿──花と文化』誠文堂新光社、一九六九年）のなかで、「近江蒲生郡中野村今堀（現東近江市中野町）日吉神社では一月の祭に粢をツバキの葉に盛って膳の上に並ぶ限りならべて供える」と記している。大津市の日吉神社でも、東近江市の日吉神社と同じように正月祭の神饌は椿の葉に盛る神事がのこされている。

『八日市市史』（八日市市史編さん委員会編、八日市市役所発行、一九八六年）第三巻・近世は、八日市（現東近江市）市域内の仏堂数は地蔵堂三六、観音堂九、薬師堂四、太子堂一、不動堂一、鎮守堂一と、六種類のうち地蔵堂がもっとも多いと記す。そして地蔵堂は田圃に水をひく川や、用水路沿いに分布しているとする。

地蔵菩薩は地獄・餓鬼・畜生・修羅・人間・天の六道の世界を自在に往来して、それぞれの世界で悩む衆生を救済する仏と云われ、庶民信仰のなかでもとくに人気が高い。その姿が童のすがたによく似ているので、とくに安産、子安、延命、子授け、子育て祈願など、子どもをまもる仏となっている。そのほか地蔵信仰は農耕生活の加護を祈るもので、水利、農耕と密接な関係にある。用水は農民の生命線であり、それを村として確保し、排他的に利用することは、近世の村にとっては重要なことであった。いっぽう地蔵は境神として村への悪霊の侵入を防ぐ性格をもっていたから、まさに村の守護仏にふさわしいものであった。滋賀県下では、八月二三・二四日の地蔵盆には子どもたちが各家からあつめた野菜や果物を供えたり、地蔵に化粧をほどこしたり、堂前に小屋掛けして一夜泊まったりする。石地蔵を屋敷に祀り、屋敷の守護仏とする例は普遍的にみられる。

梨木香歩が記す地蔵林の確たる場所は、把握して特定することはできなかったが、幼いまま亡くなった子どものため、地蔵林の地蔵ひとつずつに、椿の葉っぱに小豆飯を盛り、供養してやる村人たちのなんと温かな心の人たちであろうか。

塚や墓地に植える椿

広島県下の中国山地には、武将の塚や墓の墓標として大木の椿が残っている。同県世羅郡世羅町福田大仙の小高い丘には、苔むした十数基の墓石があり、その上を地上一メートルの幹回り一・八メートル、樹高七メートルのヤブツバキが、あたかも墓石に傘をさしかけたような形で覆っている。この塚には、鎧や刀剣が埋められていると伝えられる。椿の根元を囲むように、五輪塔や宝篋印塔が並び、付近には三界の万霊と刻まれた石柱も立てられている。この椿とともに同所の八幡神社境内のウラジロガシ（樹高二五メートル、胸高周り五・二五メートル）は広島県指定天然記念物となっている。

同県御調郡久井町（現三原市）下津の八幡神社の前方には、『芸藩通志』に「下津村古墓　路傍ニ老タル椿アリテ其下ニ古墳数多アリ。古来みはかト称ス。貴人ノ墓ナルベシ。椿モモトシルシノ木ト思ハル」と記されている墓地がある。そこの椿は御墓の椿とよばれ、推定樹齢は六〇〇年とみられている。八幡神社のある丘陵には八幡城跡があり、下津村の南部の御調川沿いに古戦場が転訛したコセイジョウの地名がある。土地の古老は、墓のある場所は山名宗全（一四〇四〜七三）の城の大手にあたるところで、大名級の貴人の墓と伝られている。椿は植え継いだ二代目か三代目かという。

高知県高岡郡窪川町（現四万十町）影野には、地元の地頭の一人娘のお雪とその夫順安の墓の上に、二本の椿の大木が鬱蒼と繁茂している。およそ三〇〇年前、地頭の娘お雪は、西本願寺の青年僧順安と恋に陥り、順安は還俗して地頭池内氏の養子となり、お雪と結ばれ、池内嘉左衛門と名乗った。この夫婦は村人の面倒をよくみたので、村人たちは二人の死後その徳をしのび、墓の上に二株の椿を植えたのが根付き成長し、胸の高さでの幹周り二メートルという大木になり、今ではお雪椿とよばれる名椿となっている。今日でもなお供花が絶えることもなく、お盆には村人の間での供養法要がおこなわれているという。

大阪府南河内郡太子町にある大化改新の功臣石川麻呂の塚の上には、椿の大木がかぶさるように繁茂している。福岡県八女市黒木町椿原の古墳の上には、独立樹の椿の大木がある。この付近には椿の大樹が多い。

前に触れた石川県津幡市上藤又の大椿を、日本ツバキ協会の松井清造金沢支部長は、「源平の倶利加羅合戦の死者の供養木」と推測している。富山県氷見市老谷の大椿は、戦国時代に氷見の池田城に仕えていた武士が無実の罪で打ち首になったので、故郷の老谷に帰った妻が城主を恨み続けて亡くなり、ここに埋葬された。墓標として植えられた椿が成長したものと伝えられている。

富山県婦負郡山田村（現富山市）今山田にある山田村指定の天然記念物の雪椿は、富山市から車で四〇～五〇分、県道から車の入る山道を西へ登った、標高三三〇メートルくらいの北向きの山の斜面をひらいた段々畑にあり、民家の裏手にあたる。上部の畑からは一株に見えるが、二株がかさなったもので、それぞれ地際から株立ち状に四方に二五本前後という多数の樹幹をのばしている。高さは二・五メートル位である。この雪椿の大株は、現在富山市在住の林山家の墓標として植えられたものである。

兵庫県城崎郡竹野町（現豊岡市）草飼では、家毎に石南花、椿、椎、杉、檜、ヒサカキ、樒などの特定の樹木を植え、その木によって自分の家の墓の位置を知る。

石上堅は『木の伝説』（宝文館出版、一九六九年）で、古墳の上の椿について、「岐阜県不破郡青墓村（現大垣市青墓町）の円墳の上に、化椿があった。むかしから聖域としていたが、村人がこの塚を掘ると、古鏡や骨片などが出てきた。そして掘ったものは、その祟りで死んだ。それで近隣の者たちが、元の通り築いて、椿を植えた。するとこの夜から、この辺を通ると、その椿の木がとろりとした美人になって、路傍に光っていたというのである。死後の生活の暗示と、椿による転生が考えられている」。石上堅は同書のなかで、埋葬した土地に植える樹木、または樹木の下に亡骸（なきがら）を葬ることも、幸あれと願う復活、良きところへの転生を求める人々の心の働きであったとしている。

五来重は前掲の「椿と日本人」のなかで、「私なども椿を見ればすぐ郷里の墓地に沿うた、霜柱の一日中とけない陰気な道をおもいだす。北関東の海岸地帯では、名もない小祠の樹叢か、墓地をとりかこむ並木のほかに椿は見られない」という。

北関東海岸部では、椿は小さな祠を示すための樹であり、墓地を取り囲む並木となっていると五来はいうのである。椿は寒く厳しい冬の霜や雪を耐え忍び、緑の色が美しく、その姿は清浄なので、汚穢（おわい）を払うものとして、墓の木に、そして墓地を取り囲む並木の樹種として選ばれたのであろう。

第七章　椿の昔話と民俗

少女と椿の花

平成の現在に至るまでの長年月の間、椿が人々とどんな関わりをもってきたのかを知るためには、昔話のなかに登場する椿の姿を知ることも必要であろう。幸い同朋舎出版が刊行した二七冊におよぶ『日本昔話通鑑』（一九七七～八四年）には、膨大な全国にわたる昔話が収録されており、椿の話もたくさんある。それを要約しながら紹介していく。

椿は樹の高さがあまり高くまで育たなくても、美しい花の咲くことを人びとは知っていた話が、岩手県西磐井郡平泉町に伝わっている。後妻の娘は着飾って楽をしているが、先妻の娘のおろくは、一日中働かされる。おろくが川で菜を洗っていると、若い領主が通りかかって目をとめ「この川に小菜ふりそそぐ小娘が、も少し背が高いならわしの嫁に貰うものを」と歌いかける。おろくが「領主さま、あのつつじや椿をごろうじろ、背は低いけれども美しい花が咲きます」と答えると、領主は感心し「明日迎えにくる」と云って帰る。翌日もおろくが菜を洗っていると領主が来て、盆の上にこなふり竹の葉二枚と松の葉二枚を置いて「歌を詠め」という。おろくは「ほんざらや、やさらが竹に雪降りて雪を根にして育つ松かな」と詠む。領主はおろくを駕籠にのせて城に帰り、おろくは幸せに暮らした。この話とほとんど同じ話が、秋田県男鹿市戸賀にもあり、ここでは先妻の娘が「つつじ、椿は小っちゃいども花は咲く」という。福井県南越地方では、「花も咲き実もなる椿低けれど、人にめでらるるものと知らずや」と歌を詠む。

鳥取県倉吉市関金町安歩の話では、苦労の多い継子が川で洗濯をしていると侍が通りかかり、「お前はもう少し背が高かったら、わしの嫁にするのに」と云ったので、娘は「つつじ、椿をごろうじろ、背が低くうても花は咲きます」と詠んだ。

香川県仲多度郡琴平町の話では、殿様がおゆきの洗濯をしているところを通りかかって、「この谷に衣洗う娘が顔の美しさ」と詠み、おゆきが「殿様よつつじ椿をご覧じろ、背は低けれど花は咲きます」と返した。

熊本県山鹿市十三部の話では、継母は自分の娘は大事にし、継娘のおふじをこき使っていた。おふじが家の前の川で菜っ葉を洗っていると、殿様が通りかかり「この橋の下に小菜ふり濯ぐ小娘は背高ければ宿の嫁にも」と詠った。そしたらおふじは利口者だったので、「山々のつつじ椿を御覧じろ背は低けれど花は咲くなり」と詠った。それで殿様の嫁御になった。同じように継娘が「つつじ椿の背は低いが花が咲く」と詠う話が、同県阿蘇郡白水村（現南阿蘇村）と同郡高森町、同県玉名郡南関町でも話されている。

宮城県名取郡秋保町境野の話では、向丘山の里に早熟た十歳の男の子と九歳の女の子がいて、仲がよい。二人で山へ行くと、崖ふちに花が咲いているので、女の子がほしがる。男の子が「おれのいうことをきくなら取ってやる」と云って苦労して取る。その晩女の子の家に行くが、戸が開かない。男の子が「九つや、十が来たがら戸を開けろ、開けざら昼の花コ返せ」と歌を詠むと、女の子は「九つは十が来たとは思えども、父の添え寝に母の手枕」と返す。親が「小さいくせに何を語るのか」と云うと、二人の子どもは「向かい山のつつじ、つばき、うらじろ、幼いとて花が咲きます」と詠んだ。

広島県山県郡芸北町（現北広島町）雄鹿原の話では、九つの男の子と八つの女の子が夫婦約束をする。男の子が椿の花を女の子にやり、その晩会いに行くが、女の子は出てこない。そこで男の子が「開けずば返せ椿の花を」と云うと、女の子は「開けたいほどは秋芝のもえたつほどに思えども母の添え乳や父の手枕」と詠む。

島根県益田市匹見町下道川の話では、西行法師が歌修行の途中でここにきて、「十二や三の小娘が、恋路の道を知ることはなるまい」と詠むと、娘は「おおそれや谷あいのつつじ椿をご覧なさい、せいは小さいが花は咲きます」と詠み返した。

佐賀県神埼郡脊振村（現神埼市）池の平の話では、殿様が前の山の景色を歌に作れというと、お竹さんは、「向こう山につつじ椿はご覧ぜよ、背細けれど花は咲くかな」と作る。群馬県利根郡片品村鎌田の話では、おやす婆が椿と桃を出すと、長兵衛は「みずあげしゃんすな、つばきをつけて、ももをはだけて待っている」といったので、おやす婆が「おだてしゃんすな、このやすものを、おちょうべえとは、人の云う」と云った。

茨城県高萩市中戸川の話である。嫁は髪が薄く、婿は鼻が低かった。祝言のとき嫁が、「しいしい椿は数あれど、花（鼻）がなければおかしかるらん」と詠むと、婿が「かねがね社（やしろ）はあるけれど神（髪）がなければおかしかるらん」と詠み返す。仲人が「懐より手を入れりゃ、恥ずかしいや夫婦のなかに、はなかみ（花紙）（鼻と髪）がなければおかしかるらん」と詠んで納まった。

長崎県五島地方の話では、頭が半分はげた男と、鼻のない女の夫婦がいた。妻が「この山に松の木がないのがふしぎだ」と云う。夫は「この山にはつつじ椿はあるけれど、花のないのがふしぎ」という。妻は二度と夫のことを云わなくなった。

白椿と宝物

宮城県亘理(わたり)郡山元町の話である。貧しい職人が一本椿のところを通りかかり、水を飲もうとすると、子どもの声で「負ぶさりたい」という。職人は道具箱の上に負ぶって連れ帰る。妻が「子ども一人ぐらい育てられるから」とその捨て子を降ろそうとすると、ザクッと音がして大判小判が落ちてき、以来その職人一家は繁盛した。同県登米郡南方町（現登米市）青島の話である。落ちぶれた長者の娘と息子が、生まれ育った家を見にくる。家はすでに跡形もなく、二人はそのまま寝込む。弟の鼻の穴から虻(あぶ)がはい出て、家屋敷にあった白椿のほうに飛んでいく。何度かそれを繰り返しているうちに弟は目をさまし、「金瓶が白椿の下に埋めてある夢をみた」と云う。姉が不思議に思い、弟と二人で木の下を掘ってみると、金瓶がでる。二人はその金で家を再興した。

山形県東田川郡朝日村（現鶴岡市）大網の話では、爺が山へ柴刈りにゆき、椿の株の下で休んでいて、瓶を見つける。中をみると小判が入っている。爺は小判を入れて運ぶものがなかったので、翌日運ぼうと思い、そのまま帰って婆に話す。

山形県上山市楢下の話では、ある村に三本橋というところがあった。又右衛門という男が寝ていると、観音様が現れて、いうことを聞けば金持ちになる。金は良い方に使え、といって消え、男は目を覚ます。又右衛門が観音様の云う通り、三本橋に立つと、二日間はなにもないが、二日間も立っている訳を豆腐屋に話すと、豆腐屋は「俺はな、つい先だって見た夢に、ある村の尻の方に白椿がある。その白椿の根っこ掘っど、大判小判がざくざく出るからって夢見だった。夢だから、あてにならない」と云う。又右衛門は家に帰ると、道具をもっていって掘ると、果たせるかな大判小判財宝が埋まっていた。その金を道普請や橋普請に使ったので、人々は男を三本橋のお大尽と云うようになった。

前話と同じ所での話だが、友達と二人で草刈をして山で昼寝をすると、寝ている男の鼻の穴から蜂が飛びだし、また戻ってくるのを起きていた男が見る。尋ねると寝ていた男が夢の話を「大川を超えていくと岡の白椿の下に洞穴があり、中に金のつららが下がっていた」と云う。連れの男は夢の話をたどって行って、金を手に入れ大金持ちになる。

新潟県南蒲原郡葛巻村の話である。二人の商人が連れ立って旅商いに出た。ある日のこと寺泊の浜にきたとき、一休みした。年上の男が、すぐさまいびきをかいて寝てしまった。つれの若い男が何げなしに寝た男の顔を見ていると、鼻の穴から一匹の虻が出て、たちまち佐渡島の方へ飛んでいった。しばらくすると虻が戻ってきて、寝ている男の鼻の穴に潜りこんだ。年上の男が目を覚まし「俺ら奇妙な夢をみた」と云う。「どんな夢だったのか」「佐渡島に豪儀な大尽様がいて、その家の庭に白い花が一杯さいている椿の木があった。根元に一匹の虻がいて、ここを掘れという。掘ったところ、黄金がいっぱい入った甕が出てきたという夢なんだ」という。若い男は、年上の男からその夢を三百文の銭で買った。

夢を買った男は、ひとまず村に帰り、また旅商いに出るふりをして、こっそり佐渡島に渡り、お大尽の家の庭掃きに雇ってもらった。寒い冬が過ぎ、春になると庭一杯花が咲き、椿の花もあったが、白い花は一本もなかった。でも男は気を落とさずもう一年辛抱し、春になり花が咲き始めた。椿の白い花はないかと毎日気をつけていると、ある朝、一本の椿に白い花がいっぱい咲いているのがあった。男は喜んでその夜、誰にも見られないように、白椿の根元を掘ると、目もくらむような黄金の入

白花の咲く椿の樹下には宝物が埋まっているとの伝説が各地にある。

った甕(かめ)があった。その甕を誰にも分からないように隠した。それからさらに半年間、大尽の家の庭を掃き、旦那に暇を貰って、隠してあった金甕を荷物のようにして、越後の自宅に帰り、一生安楽に暮らした。

新潟県北蒲原郡豊浦町（現新発田市）切梅の話では、よく働く素直な炭焼きが、山の楠の木の下で昼寝をして夢を見る。夢の中で白いひげの爺がでてきて、町の大橋に立っていれば良いことがあると云った。炭焼きが大橋の上に立っていても何も起こらない。三日目に通りかかった白髪の婆から初夢の話をきく。「山の楠の木のてっぺんが夕日に影を落とした所の、白い花の咲く椿の木の下に金の入った瓶がある」と云う。炭焼きは家に帰り、白い花の咲く椿の木の下を掘ると、大判小判の入った瓶が出てきた。

新潟県中蒲原郡村松町（現五泉市）荒屋の話では、二人の漁師が魚を取っていて、一人が「沖のむこうの寺にある白椿の下を掘ったら銭が出た夢を見た」と話すと、もう一人が二百文でその夢を買う。漁師は佐渡へ行って古寺の大椿の下を掘ると、小判が出てきて分限者(ぶげんしゃ)（金持ちのこと）になった。それが間瀬の孫九郎の先祖である。

同県長岡市浦瀬村の話では、貧乏な爺婆が初夢に、三晩つづけて庭の椿の下に金の俵が埋まっている夢をみる。貧乏爺婆が「雪が溶けてから掘ろう」と話しているのを隣の爺婆が聞き、先取りしてやろうとして椿の下を掘ると、むかでや蛇の入った俵が出てくる。隣の爺婆は怒って貧乏爺婆の家の天井からその俵を投げ込むと、むかでや蛇と思っていたものが大判小判となった。同市麻生田町では、正直な男が初夢に隣村の旦那の庭の椿の木の下に金瓶が埋まっているという夢を見る。雪が溶けてから隣村へ行き、「椿の下を掘らせてくれ」とわけを話すと、旦那は夜中に、椿の下を掘るが、烏が出てきて飛び去る。翌朝、旦那はわけを話してあやまり、男はあきらめて帰るが、途中の峠で黒い衣の坊さんに会い、わけを話す。坊さんが「泊めてくれ」というので泊めてやる。朝になって坊さんを起こそうと布団をめくると、中に金瓶があった。同市越路町の話では、男が東山の白椿の下に金瓶が埋めてあると聞き、白椿をさがして歩く。男は山の畑に種蒔きに行き、椿のそばに立っている子どもに種を与えて金瓶を背負って帰り、金瓶を見ると椿の枯れ葉が入っていた。

富山県氷見市の話では、仲の良い二人の男が山仕事にいき、昼の一休みのとき眠った一人の男が「白い椿の花の木の根元の洞穴に宝物のある夢をみた」というと、それを聞いた男がどこかへいった。夢の話を聞いた男は椿の根元の洞穴でピカピカする宝物を見つけ、町で売って大金持ちになり、遊んでばかりいたので、銭は残らなかった。夢を見た方の男は、何も知らず山仕事をしていたが、友達がどうも変なので、夢のことを思い出して訪ねていき、白椿の下の洞穴で宝物をみつける。神様が教えてくれたものだと思い、町で売り、その金で道や橋をなおし、長者といわれた。

岡山県真庭郡川上村（現真庭市）湯船の話では、嘘つき下男に嘘をつかれて怒った旦那が、その下男を俵に入れ、他の下男にかつがせて海に投げにいかせる。途中下男が泣くのでわけを聞くと、「貯めた金を背戸の竹やぶの椿の木の下に埋めているのが惜しい」という。下男をかついだ男たちは、下男を放りだして埋めた金を掘り出しにいったので、下男は助かった。しかしこれも嘘であった。

山口県阿武郡福栄村（現萩市）の話では、大柳の長者という人が、国主から芥子（けし）の実千俵収めよと云ってきたので、驚いた長者はこの難題は応じられないと思い、大急ぎで財宝や家財道具を荷造りして逃散した。そのとき財宝は全部持てないので、大柳の朝日ピカピカ、夕日ダンダラの白椿の花が咲くところに埋めたという。この話では宝物を掘り出したものではなく、椿の木を目印にして宝を埋めた話となっている。こんなことが原因で、椿の下には宝物が埋まっていたのである。

金の花咲く椿の木

山形県上山市楢下前の話であるが、短気な殿様があくびをだしかけている奥方を南島に流す。奥方は島で女の子を生んだ。女の子は、島の子に「父なし子」とののしられるので、奥方は殿様の話を聞かせる。十歳になった女の子は、白椿の花一本をもって本土にもどり、「金の花咲く木」と触れ歩いて殿様によばれる。「本当に咲くのか」と聞かれ、女の子は「木を植える人はあくびをしてはならない」と云う。殿様は「そんな人はいない」と云うので、母のことを話す。自分の娘と知った殿様は謝り、奥方を呼び寄せ、三人仲良く暮らした。白椿に金の花が咲いたのだ。

新潟県長岡市麻生田町でも同様の話があり、こちらでは息子が殿様に「あくびをしない人が植えると金の椿になる」という。福井県にも同じ話があり、男の子が「金の椿はいらんか」と売ってあるき、殿様によばれるが、殿様は普通の椿なので怒る。男の子は「一生あくびをしない人が植えると、金の椿になる」という。

福島県田村郡三春町春田の話は同じ系列の話があるが、長者の嫁が妊娠した腹を抱え、寄り合いごとの席で屁をしたので、長者が追い出した。息子が十三歳になったとき、椿の木をもって、父親の長者のところへ「金のなる木」と売りに行く。大分県中津市および同県玖珠(くす)郡玖珠町でも、屁をひったため追い出された女から産まれた子どもが、父親に椿の木を売りにいき「屁をこかない人が植えると金のなる木だ」と答える話が語られている。

山形県置賜地方の話では、親孝行の子どもが両親を若返りさせたいと思い、毎日神に祈っていた。ある晩神様が夢の中に現れ、「正月の七日の朝に、七草でおかゆを作ってあげるといい」と教え、さらに「七草を取って玉椿の盆にのせ、柳の棒で叩き、朝早く東の山の清水へいって唱え事をし、水を汲んできておかゆにすれば、毎年食べるたびに十年ずつ若返る」と教えられる。同県西置賜郡白鷹町萩野の話では、七草粥のはじまりに椿が関わっていることを話す。親孝行な息子が神様に「親を若がえらせてくれ」と祈ると、ある晩神が枕元に立って、「七日正月の日、七草のとき親には歯がないから柳の木の盆の上にあげて玉椿の木でやわらかにして、せりは酉の刻にまぜて、東のほうから若水を汲んできて七草かゆにして食べさせろ」と教える。

福島県西白川郡西郷村追原の話では、大蛇が池の中で子を生むと、河童に食べられる。大蛇が度胸のいい人に相談すると、「弓の矢の先に椿の油を塗って射ると通る」と教えられ、そのとおりにして河童を射殺す。椿油を矢に塗ると摩擦が少なくなり、矢がよく通ることを理解した話となっている。

大分県中津市の話では、たいていの者が頓智者の吉五にだまされてしまうと聞いた奉行が村へ来て吉五を召し出し、「わしをうまくだましたら、褒美に腰のものをやる」と云う。吉五は「私には人をだます種があります。庭の真っ黒い花をつけた椿を取ってきます」と走りだす。引き返してきて「お奉行さま、しわい椿で鋸では切れません。お腰のものを」と云う。奉行は「よしよし早う帰れ」と吉五に貸すと、吉五は小わきに抱えたまま走っていき、帰ってこなかった。

狐や蛇や雀と椿

秋田県角館町（現仙北市）の話に、背こき（怠け者）がよい天気の日に、椿の葉に酒を垂らして敷き並べ、そばに小石を置く。雀たちは酒を飲んで酔い、小石を枕にして寝る。午後になり、葉がまくれて雀を包みこんだので、背こきはかっこべ（籠）に拾い集めた。

長崎県南高来郡小浜町（現雲仙市）富津の話では、島原湾を隔てた対岸の肥後（現熊本県）では雀が高く売れるとの話をきいてきた。親父は酒の粕を買ってくるし、息子は椿の生葉を集めた。雀が一番集まるところに行って、息子は一面に椿の葉を広げ、親父はそれに酒の粕をすこし付けておいた。たくさん雀が集まって、酒の粕を食らって酔っ払い、椿の葉の上に寝てしまった。それから日で暖まった椿の葉が、寝入った雀をすっかり包み込んだ。親子はこれを集めて袋につめ、島原湾を舟で肥後に渡った。肥後についてから袋の口を開けると、すでに酔いの覚めていた雀は、大喜びで袋の口から飛び立ってしまい、親子はくたびれ儲けであった。

山形県最上郡真室川町及位(のぞき)の話には、殿様の狐狩りで逃げた狐を安部安名が助けてやる。その後狐が化身した娘と夫婦になり、子どもが生まれ童子丸と名付ける。童子丸が四つになったとき、姿を見られて「信田の森の狐にもどって帰る。恋しくば尋ねきてみよ」との書き付けをおいて姿を消す。信田森で再会した童子丸は、聞き耳頭巾をもらう。耳にあてると、鳥が「奥方の病気は、御殿の下に埋められた蛇と蛙のいがみ合いだ」としゃべる。それを殿様に知らせて病気を治す。安名は江戸に出て、江戸の城の姫の病気の理由は、庭の椿のせいだと知る。安名は椿を伐るが、つぎの朝には元にもどっている。聞き耳で切り屑を焼くとよいと知り、ついに椿を倒した。同県新庄市萩野の話では、酒田の本間家の一人娘の大病の原因は生き椿であるという。

新潟県長岡市麻生田町の話では、ある晩、盲目の医者の家に一人の男が訪ねてきて、「妻のお産にきてくれ」と頼む。医者は目が見えないので負われて行くが、天井が低い家だからと、入り口では背中を丸くして家に入る。産婦の体は人間とちがい毛が生えていて、獣のようであるが、無事にお産をすませる。医者は男からお礼にと鴨とお金をいっぱい貰う。帰ってみると、お金は椿の葉っぱで、着物には狐の毛がついていた。福井県丹生郡織田町(現越前市)の話では、常盤峡から江波へ通じる道筋の藪に夫婦の狐が住んで人をだましていた。織田の佐市という魚屋が通ると、女中に呼び止められ、りっぱな門のある家で魚を売るが、あとで調べると、もらった金は椿の葉であった。

熊本県山鹿市の話では、爺が山の中で狸をみつける。狸はあわてて椿の木に登る。爺は捕獲しようと、「木に花が咲いていない」「きのうは四つ咲いていた」とだます。四つの花をさかせるため、両手両足をつかった狸は木から落ちて爺に捕まった。

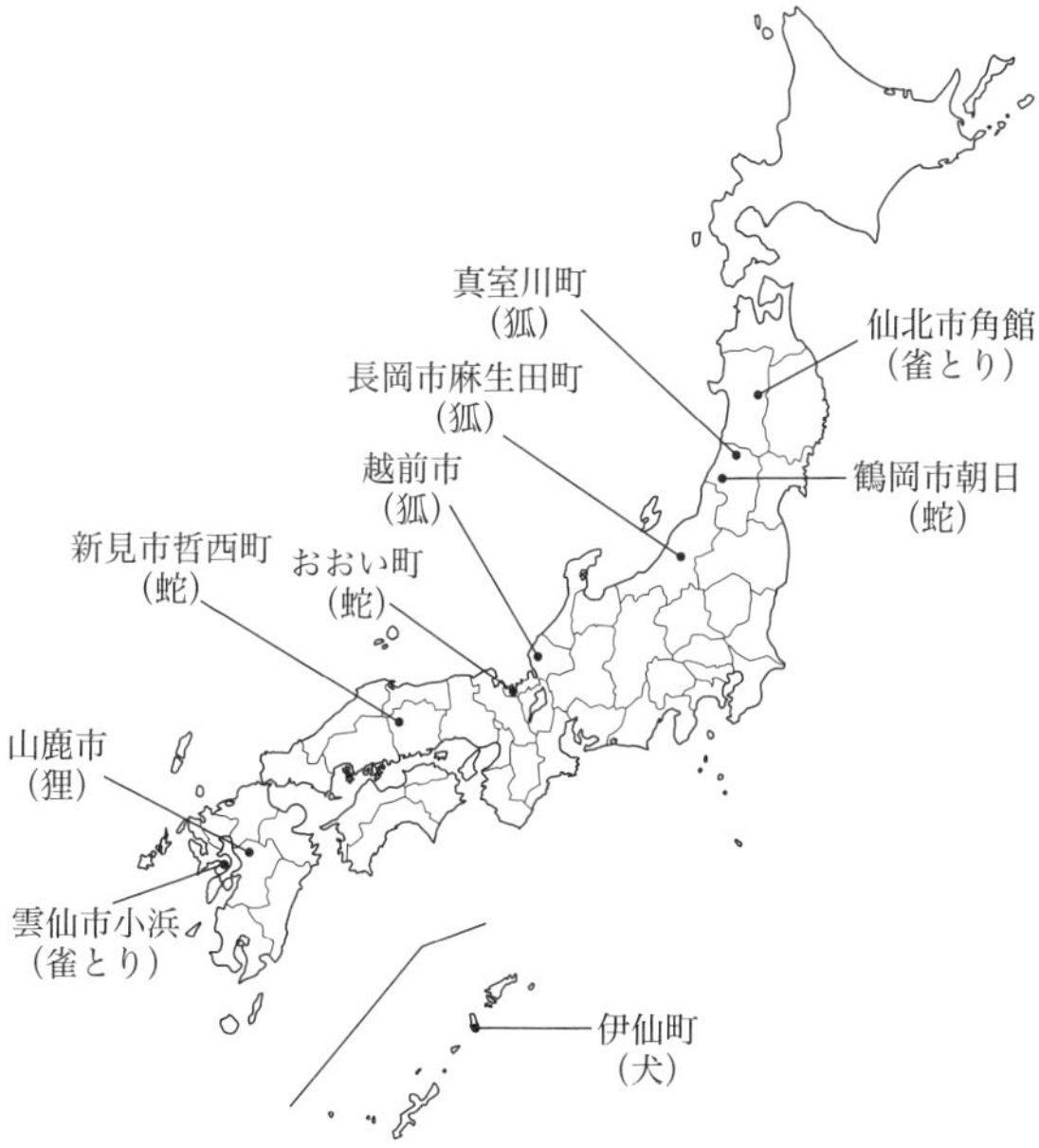

椿と動物の関わる昔話をもつ地方

福井県遠敷郡名田庄村（現おおい町）佐濃の話では、爺婆が蛇を可愛がるので、蛇はどこにでも付いていって、ぬいだ下駄のそばにとぐろを巻いて待っている。村人が嫌がるので、蛇は爺婆に「気の毒だからよそへ行くが、しばらくして天子さんから使いがきたらついて行って、天子さんの寝床の下の白椿の根を全部掘り出せ。その祟りで病気になっている。天子は全快して、たくさんほうびが貰える。それが恩返しだ」と告げて姿を消す。爺婆は、天子さんから使いがきたので、蛇の云うとおりにして、ほうびやお金やいろいろなものをもらった。

岡山県阿哲郡哲西町（現新見市）川南の

話では、娘の所に毎夜侍がやってくる。母親が針三本を着物のえりに縫い付けさせる。朝起きてみると大きな蛇が死んでいる。娘に見せぬように蛇を埋め、親子でその墓に参っていると、そこから青い木がはえ、やがて大木になってきれいな花が咲く。和尚さんにもって行くと、これは首を切られた者から生えてきた花で、首が落ちるので仏さんには上げるなという。娘の産んだ蛇の子につばきという名をつけていたので、この花もつばきと呼ぶ。

山形県東田川郡朝日村（現鶴岡市）大網では、五月の節句に蓬（よもぎ）と菖蒲をたてるいわれの話に、椿が出てくる。後妻が三人の先妻の子を憎み、父親がでかけた留守に殺してしまう。父が帰り、娘の行方を気にしていると、一羽の美しい鳥が飛んできて、椿の根元、馬屋の外、流しの脇で鳴く。掘ると死体が出る。夫は後妻を追い出すと、後妻は「送ってくれ」と云い、山奥の池へ飛び込んで大蛇になって夫に襲いかかる。夫は蓬と菖蒲の茂みに逃げ込み、大蛇は引き返す。

神奈川県相模原市田名の話は、椿塚の由来である。二人姉妹の継子がいた。父親が村から伊勢参りに出るので、姉妹はそれぞれ香箱と手箱を頼む。父親の留守に継母が姉妹をいじめ、寒い井戸端で凍死する。父親がもどり、継母は子どもが病気で死んだと告げ、裏山の墓に案内すると、竹が二本生えている。武士がきて笛にしたいと頼むので、その竹を譲ると、数日後、武士は笛をふきはじめる。笛をふくと子どもの声で、「お父さん、香箱も手箱もいりません。元のかあさまに会いたいな」と鳴るので、継母は泣き伏す。父親は二人を亡母の墓に合葬し、椿を植えてやった。それが椿塚である。

鹿児島県大島郡伊仙町上面縄の話では、石きゅるという所に女が犬と暮らしていた。ある人がその犬を殺し、女と夫婦になる。ある日妻に月代（さかやき）を剃らせながら「犬侍の妻はやはりだめだ。自分が犬を殺し、椿の木の下に埋めた」と云うと、女は男の喉を切って殺し、自分も石きゅるの椿の木に首をくくって死んだ。

椿の化け物

福島県田村郡船引町（現田村市）堀越の話では、弓射上手の息子がいて、「つばぎぃ」と云って矢を射る。息子は弓射は上手だが勉強ができないので、学校も家も追い出される。山の中で娘が一人で住んでいるのに行き会って、一夜の宿を頼む。娘は承知するが、「この家は化け物が出て、家中食われてしまい、自分だけ残った」と云う。息子が弓をもって寝ると、夜中になって化け物が出る。息子が「つばぎぃ」と云って弓を射ると、化け物は血を吐いて死ぬ。化け物の正体は水屋の椿柱で、息子が「つばぎぃ」と云って射たので矢が当たったのだ。椿柱はするものではない。息子はその家の娘と夫婦になった。

同県同町永谷の話では、安達太良山の城の本丸に寺があり、そこに一つ眼の団十郎という化け物がでるので、坊主が逃げてしまう。侍が退治に行き、化け物に切りつけるが、化け物の体がふえてかかってくるので退治できない。そののち、寺は保原のカミのニホ柳に移された。化け物の正体は、寺の柱が一本の椿でできていて、それが祟ったのである。

岡山県後月郡芳井町（現赤磐市）の話も、空き寺に出る細長い化け物は、「座敷の椿の床柱の精」だと答えて消えてしまう。

神奈川県秦野市大根地区落幡の話では、旅の侍が村で宿を乞い、泊まった人は無事ではすまないという空き家へ案内されて泊まる。夜中に「コヒョウさん」と訪ねる声がし、「トウヤのヤコ」と名乗って二階に上がり、引き続き「ホクロクリンのダイチンボク」「ナンノのリ」「セイチクリンのケイサンソク」が上がって、人を食う相談をしているのが聞こえる。侍が二階に上がって暗闇の中で大刀を振り回すと、相手は悲鳴をあげて去る。翌朝、二階は一面の血で、猫の絵屏風が裂けている。侍が魔性のものの名から思いついて、案内してくれた男と見てまわると、東の野には大狐が、北麓の林には大椿木、西の竹林には三本足の大鶏、南の池には大鯉がそれぞれ裂けたり死んだりしていた。五つの化け物のうち樹木は大椿木だけで、残り四つは動物であった。

新潟県長岡市西片貝町の話では、旅の男が化け物が出る寺に泊まった。男が化け物を退治すると、バイボクのフルヘイジ（梅木の下の徳利）、イッソクイチガンのケイ（一足一眼の鶏）、コスイのタイショウのフナゴロウ（湖水の大将の鮒）、チンボクドン（椿木どん）（寺の土間の椿の横槌）であった。化け物退治には賞金が掛かっていたので、男は大金持ちになる。新潟県佐渡郡小木町（現佐渡市）大浦の話では、住職もいない古寺に泊まると、「サイギョや」と呼ぶ声がして、顔の長い化け物に「何も変わりはないか」と聞く。翌朝男が「サイギョ」と呼ぶと、椿で作ったテギネ（手杵）の化け物が現れ、「昨夜の声は、前の住職の隠し金だ」と教える。男が金を掘りだし、テギネを燃やして住職になった。岐阜県中津川市木積沢の話では、六部（ろくぶ）（六十六部の略。書写した法華経を全国六六カ所の霊場に一部ずつ納める目的で、諸国の社寺を遍歴する行脚僧）が笠をかぶり笛を吹いて村へやってきて、大きな空き家の納屋に泊まり、長持に入って寝る。夜中に「ちゃんちきぼう、出決まりさい、今夜は生魚がないで、こっちぃこいよ」と云って降りてくるものがある。夜が明けると六部は長持から出て、二階にあがり、二つの槌めがけて刀を刺すと血が出てきた。槌は椿の木で作ってあった。

鳥取県倉吉市広瀬の話では、もう何年も和尚さんがいない荒れ寺になっており、化け物がでるという噂が立ちはじめていた。ときどきこの村を通る坊さんや、武者修行の武士が、化け物を退治するといって古寺に出掛けたが、だれも失敗した。この村の元気がよく頭がよく力の強い若者が、化け物退治に出掛けた。夜中に、天井をころころと転げ回る音がはじまった。そして「ていていびょうしはうちか」といって、トウザンのバズ、サイチクリンのサンゾクのケイ、ナンスイのギョリ、ホクサンのコンが訪ねてきた。そしてみんな集まると、一つずつ二階から降りてくるので、若者が、馬の頭、三本足の鶏、池の鯉、北山の狐だとその正体を告げると、パッと消えた。そして最後に降りてきた「ていていびょうし」とは椿の木の槌のことだと、化け物を見破った。そして翌朝になり、寺の天井裏の椿の木槌を捜し出してきて処分したら、もう化け物は出なくなった。鳥取県岩美郡岩美町田後の話も、化け物はほぼ同じで、ここでは三本足の古い鶏と池の鯉を捕獲して食べ、馬のしゃれこうべは焼き、椿の木の横槌を割ると血が出た。それで化け物は出なくなった。

椿の作り物は化ける

島根県隠岐郡知夫村仁夫の話では、化け物の出る寺に坊さんが泊まると、「チンボク殿はうちにござるか」と云って、サイチクリンのイッソクのケイ、ナンチのリギョ、トンヤのバコがきた。坊さんがそれぞれ正体を云うと皆逃げ出した。夜が明け土地の人と一緒に化け物を退治する。最後にチンボクとは椿の木だろうと、椿の木を探すと、大黒柱が椿であったので、切ると中から血が出た。椿の木は家具にするなという。同郡西ノ島町波止の話では、京都に化け物が出て、住む坊さんも無い荒れた寺がある。ある坊さんがそこに住むと、化け物がいろいろと出てくるので正体を云うと皆退散する。最後に主人公のてんてんごうしがきたので、坊さんが「椿の木のじょうわんのこう経たやつだ、さがれ」で退散した。

同県邑智（おおち）郡の話では、ある六部（ろくぶ）が山寺に泊まる。三種類の化け物が、寺の天井の化け物を訪れたので、正体を言い当てると皆にげる。朝になって寺の天井にあがると、椿の槌があり、それが化けていたとわかる。それだから、椿の木は器物につくらない。岡山県総社市の話では、旅の侍が村にきて宿を乞うが泊めてくれない。侍は化け物が出る空寺に泊まる。寝ていると「木へんに春の字のていていこぼしは内か、私はとうやのばずだ」といい、続いて三つの化け物がくる。翌朝、訪ねてきたときの歌を頼りに家探しをして、椿の槌などを供養すると、それ以来化け物は出なくなった。同県真庭郡川上村（現真庭市）および八束村（現真庭市）にもほぼ同じ話があるが、こちらは「寺が建ったときの椿のかけや（大槌）」が化け物になっていた。

同県阿哲郡神郷町（現新見市）三室の話では、山奥の古寺にお化けが「千年以前の茶壺でござる。ちゃんぽこせ」「二千年以前の茶壺でござる」「三千年以前の茶壺でござる」と云って出る。和尚から化け物退治を頼まれていた人が出てきた茶壺をけると、ころげて椿の木でつくった茶壺だったとわかる。以来、椿の木では道具はつくらなくなった。同じところでの別の人の話では、大きな顔の一つ目の化け物が出たので切り付ける。翌朝見ると、椿の木の餅つき臼であった。椿で餅つき臼をつくるものではない。

山口県山口市小鯖の話では、無住の廃寺に虚無僧が泊まる。夜中に「油木殿内でござるか」と云っては、「北国の老狸」「西竹の鶏三足」「南水の鯉魚」がつきつぎとやってくる。虚無僧が「何しに集まったか」と聞くと、「油木が招くので仕方なしに来た」と答える。あくる朝村人とよく寺中を調べると、棟木に椿の木が使ってあることがわかる。この木をとりかえたら化け物はでなくなった。棟木に油木の類は使わないものである。椿の木のことを油木という、地方名があることが分かる話である。椿の実から油を絞るため、こういうのであろう。

福岡県鞍手郡宮田町（現宮若市）龍徳の話でも、幽霊寺に泊まったところ出てきた化け物は、椿の木の横槌であった。それから今では椿の木で槌や杵は作るなといわれている。

長崎県壱岐郡郷ノ浦町（現壱岐市）の話では、修行に出た小僧が荒れた大きな寺に泊まる。気味が悪いので、和尚の教えに従ってくどの中に入っていた。夜中にテンテコボウシを訪ねて、チクリンノサンゾクチョウ、ホッコボクノコンコンがきたが、テンテコボウシという柱の怪物が、「今夜はブエンのさかなが来ているが、くどの中にいるのでどうにもならぬ」と云うので、みな帰っていった。ブエンのさかなとは、塩を用いていない魚のことで、つまり新鮮な魚介類のことをいう。朝になり、寺に来た村人に化け物の正体を話し、退治する。テンテコボウシは、椿で作った柱であった。たくさんの大工をあつめ、柱を抜き取って割ると、今まで食った人間の髪の毛や骨等がたくさん出てきた。

鹿児島市岡之原町の話では、七人家族の家で毎晩一人ずついなくなるので、隣の人が夜に留守番に行き、長持ちに隠れ、蓋をすこし開けて外を見ていた。化け物は夜明けのころ、床の下でコトンと音をさせて出ていき、探すがみつからない。夜が明けると杵があり、杵の中に血が入っていた。椿の杵は千年もすると人を化かすと云い、椿で杵をつくらない。

人の命と椿の花

新潟県南魚沼郡六日町（現南魚沼市）上薬師の話では、爺が春山に薪を切りにいって椿の花を見つけ、仏様へと一枝切ると、渕に落ちる。爺が「川の神様、こちらへ流してください」と云うと、神が現れて「椿の花をくれ」と云い、代わりに三つだけ願いの叶う打出の小槌をくれる。

新潟県長岡市深沢町の話では、ある男が正月二日「庭の椿の下にしゃもじが一本」という初夢をみる。朝起きて椿の下に行ってみると夢のとおりしゃもじが一本あって、ほっぺたを撫ぜると「ウタビト、タビト、ウタビト、タビト」と鳴ってやまず、しゃもじの裏で撫ぜるとやむ。男はこのしゃもじを使って、金持ちの娘の婿になった。

島根県隠岐郡知夫村薄毛の話では、お父さんが亡くなってお母さん一人で二人の兄弟を養っていた。お母さんは毎日山に行っていたが、山姥に食われてしまう。山姥はお母さんに化けて、兄弟の家に入り込む。夜になってみな一緒に寝ていたが、弟が山姥だと気づき、兄と一緒に、あぶらの木につばき（唾）をつけて登って逃げる。あぶらの木とは、椿の木のことである。山姥は気が付いて、鋸でその木を伐りかける。兄弟が「切っても切れぬ椿の木、掘ってもほれぬ椿の木」と上から、わめいていた。すると天から鎖がおりてきた。

鳥取県東伯郡関金町（現倉吉市）関金の話では、むかしある山奥に山賊がたくさん住んでいて、人里へ出ては、お金をとったり、食べ物をとったり、人を拐（さら）っていく等の悪いことをしていた。ある若い女の人がさらわれていったが、その女の人には、結婚を約束した甚五郎という強い人がいた。甚五郎は娘を助けに山奥に行ったが、山賊はちょうど出払って留守であった。いろいろと話をしているうちに娘が、「あんたとここにおったら殺される。その箱には恐ろしい椿の木があって、男の数だけ花が咲くので、あんたがここにおったら、一つ余分の花が咲く。そうしたらあんたがおったことが分かり、殺される。だから帰ってくれ」と云う。甚五郎は「帰るわけにはいかん、どうしても、助ける」と云う。

「そんなら私にいいことを考えるから……」と、娘が考えているうちに、山賊がいろんなものをいっぱい盗んで帰ってきた。山賊の親方は家の入り口の所にある椿の花をみて、いつもより一つ多く咲いているので、娘を「お前はだれか男をかくまっているんじゃないか」と酷く責めた。娘は「絶対そんなことはない、けれども私のお腹の中に子どもができたから、それが男なのだろうと思う」と云ったので、山賊の親方たちは喜んだ。

石上堅は『木の伝説』のなかで、奈良県磯城（しき）郡川西町結崎を清く流れている寺川の堤に、王子の椿というのがあるという。その椿は触れると祟るというので、その区域だけは雑草を刈る人もいない。むかしある若者が、この椿の花の美しいのを愛でて一枝折ってかえり、床の間に生けた。ところが生け終わると同時に、花はバラバラと散ってしまい、若者は床について死んでしまった。ますます怖れられたこの椿は死霊の宿り木となっている。

石上は前掲書の中で、愛知県額田郡常盤村（現岡崎市）の滝山寺にあるならずの椿のことを記している。同寺の仁王門は、鎌倉時代の文永四年（一二六七）に飛騨の匠（たくみ）が建てたといわれている。ところが老婆が、仁王門の垂木の切り違えをみつけ非難するのを聞いて、匠はひどく恥じ、仁王門の階上から鑿（のみ）をくわえて飛び降り、喉を突いて死んだ。そこに椿の木が生え、毎年美しく花は咲くけれども、実はならないと伝えられている。

八百比丘尼（はっぴゃくびくに）と椿

福井県小浜市羽賀の話では、昔々集会があったとき、人魚の肉があったので、親はそれをもって帰り、娘に食べさせた。人魚の肉を食べた娘だけ寿命がのび、八百年も生きた。その人は「もうこの世におりたくない。八百年も生きたから、埋めてくれ」というので、小浜の空印寺（くういんじ）の山に埋めた。「わしを埋めたところに椿を植えてくれ。この花が咲かないようになったら、わしは死ぬ。咲く間は死んでない」と云い、そこのところに水がチョボン、チョボンと出る。「この水がでなくなったら、自分も息が切れる」とも云った。いまでもそこへ行くと、水は出ているし、椿の花は咲いている。

同市下田の話では、人魚を食べた娘が八百年も生きて飽（あ）いたので、空印寺の岩穴に入る。この岩穴は京へ通じる道である。比丘尼は一本の椿を植えて、「椿が枯れたら死んだと思ってくれ」と云って入る。

同市空印寺の話では、道満という漁師の娘が海岸に流れ寄った人魚を拾って食べ、年をとらなくなる。

八百比丘尼が入定したと伝えられる福井県小浜市空印寺にある洞穴。

娘は自分だけあまりに長く生きていることに飽き、尼となって洞窟に閉じこもり、「入り口に植えた椿の木が花を咲かせている間は生きている」と言い残す。町の人はこの八百比丘尼の姿を二度と見なかったが、洞窟の奥から鐘を叩く音だけが聞こえた。八百比丘尼は、源平盛衰の状況を見聞していたと伝えられる。

『越前若狭の伝説』では、八百姫というのは若狭の国の祖荒磯命（あれいそのみこと）の末流で、高橋長者の娘である。生まれつき容顔麗しく、結婚をのぞむ人が多数あったが、嫁にいかず自ら髪をおろして尼になり、諸国を巡遊した。こわれた堂や社があればこれを修造し、路の悪いところには橋をかけ、水の少ない所には水をさぐり、木のないところには木を植え、人心の悪い所では正直・順和の道を示した。ここの場所に五〇年、かしこの場所に百年と住居して、諸国に旧跡を残した。なかでも東国に長くいた。後に若狭に帰り、後瀬の山中の天照皇大神宮、豊受宮のお宮の所に庵をむすび、両宮に仕えた。椿を好み、山に多く椿を植えた。それにより、八百姫の社のことを玉椿の社という。

柳田国男は「椿は春の木」（『定本　柳田国男集』第二巻、筑摩書房、一九六八年）のなかで、八百比丘尼が諸国に木を植えて歩いたことについて次のように記している。

殊に日本海に面した寒い国々、たとへば越中能登などの椿原は、若狭の八百比丘尼といふ非常に長命の婦人が、廻国して来て栽えたという話になって居るものが少なくありません。此尼は東北は会津、西は中国から四国まで無数の遺跡がありまして、実際話の通り八百年も長生きしたので無ければ、到底是だけの大旅行はできないわけであります。つまり何かの間違ひではありませうが、之に関しての各地共通の言い伝への一つには、木を持って来て宮や寺の前に栽えて行ったといふ話があります。其木には杉もあり、銀杏もありますが、若狭の小浜の本元の寺にある比丘尼の木像は、手に白玉椿の小枝を持っているのであります。信仰を持運ぶ此類の女旅人は、丹念に処々に実を播き枝を挿し、それが時あって風土に合して成長するのを見て、神霊の意を卜する風があったかと思われます。

このように、会津から中国・四国まで八百比丘尼は歩いているという。また柳田国男は「八百比丘尼」（柳田国男著、関敬吾・大藤時彦編『増補山島民譚集』東洋文庫、平凡社、一九六九年）では、「白比丘尼は又の名をは八百比丘尼という。八百歳まで生存していたことを人が知っている。常に十六七の娘のように肌の色が美しかったから白比丘尼とも呼ばれた。長生の奇特の外にも弘法大師に劣らぬ大旅行家である」としている。

柳田国男は北国のなかでも特に日本海側の椿の生育地は、あたかも八百比丘尼が植えたかのような表現をしているので、本書の主題とはすこし外れるが、八百比丘尼の行った先々等について触れてみる。小浜市郷土研究会編・発行の『伝説資料　八百比丘尼』（一九〇〇年）は、各種の文献から彼女が巡り歩いた土地や、その土地に植えた樹木等の伝説を拾い上げて記しているので、補足しながら紹介する。

八百比丘尼と関わる椿の伝承地

八百比丘尼の生まれたところとされる場所は若狭の小浜周辺で五か所もあり、それ以外には福岡県（二か所）島根県（一か所）、鳥取県（三か所）、岡山県（一か所）、高知県（一か所）、岐阜県（六か所）、富山県（三か所）など、一九都府県の三九か所となっている。また、没した場所も若狭の空印寺でのものが二説、若狭でも場所が明らかでないものが二説ある。このほか三重県（三か所）、岐阜県（二か所）、埼玉県（四か所）、福島県（二か所）など一一県にまたがる二〇か所となっている。

八百比丘尼が歩いた場所と、八百比丘尼と樹木等がかかわる場所をみてみよう。八百比丘尼の伝承地は全国で一一六か所にのぼっているが、そのうち椿をはじめとする樹木にかかわるものは三四か所である。椿についてはは一つずつ伝承地と、その内容をひろいあげ、他の樹木は樹種名と伝承地を、その他の遺跡については、一括して掲げることにする。八百比丘尼と関わりのある椿の伝承地には、つぎのものがある。

①福井県今立郡池田町水海（みずみ）

水海の満本五平家に、むかし妙如という尼がいた。何年経っても老いず死ぬことができず、家を出た。そのとき家の畠に椿の木を一本植え、これが枯れたら何処かで死んだと思って欲しいといった。その椿の木は大火で焼失するまで、毎年赤々と花を咲かせていた（『若越民話の世界』）。

②福井県小浜市青井

天保一五年（一八四四）梅乃舎主人（生没年など不詳）による『梅の塵』は、二つの記事を掲げている。その一つ、八百比丘尼は八百代姫といい、若狭国小浜の西青井の白玉椿という所に祠がある。

『若狭記』では、元和五年（一六一九）白玉椿のあたりに夜な夜な比丘尼の姿が現れ、舞い、あそんだが、人に行きあっては消え失せたという。

二つ目、だいぶん年が経ってから帰ってきて、昔のことなどを語り、健康寺（寛文八年に空印寺と改号）という寺の山へ入定（にゅうじょう）した。食事をとらないのに数日死なず、山をだんだん掘っていき、遂に今の社のある所に至った。その入定の年には、尼の年齢は八百歳であったという。社のほとりに白い花に赤いまだらの入った椿があって、これを白玉椿という。それでこれを所の名とした。

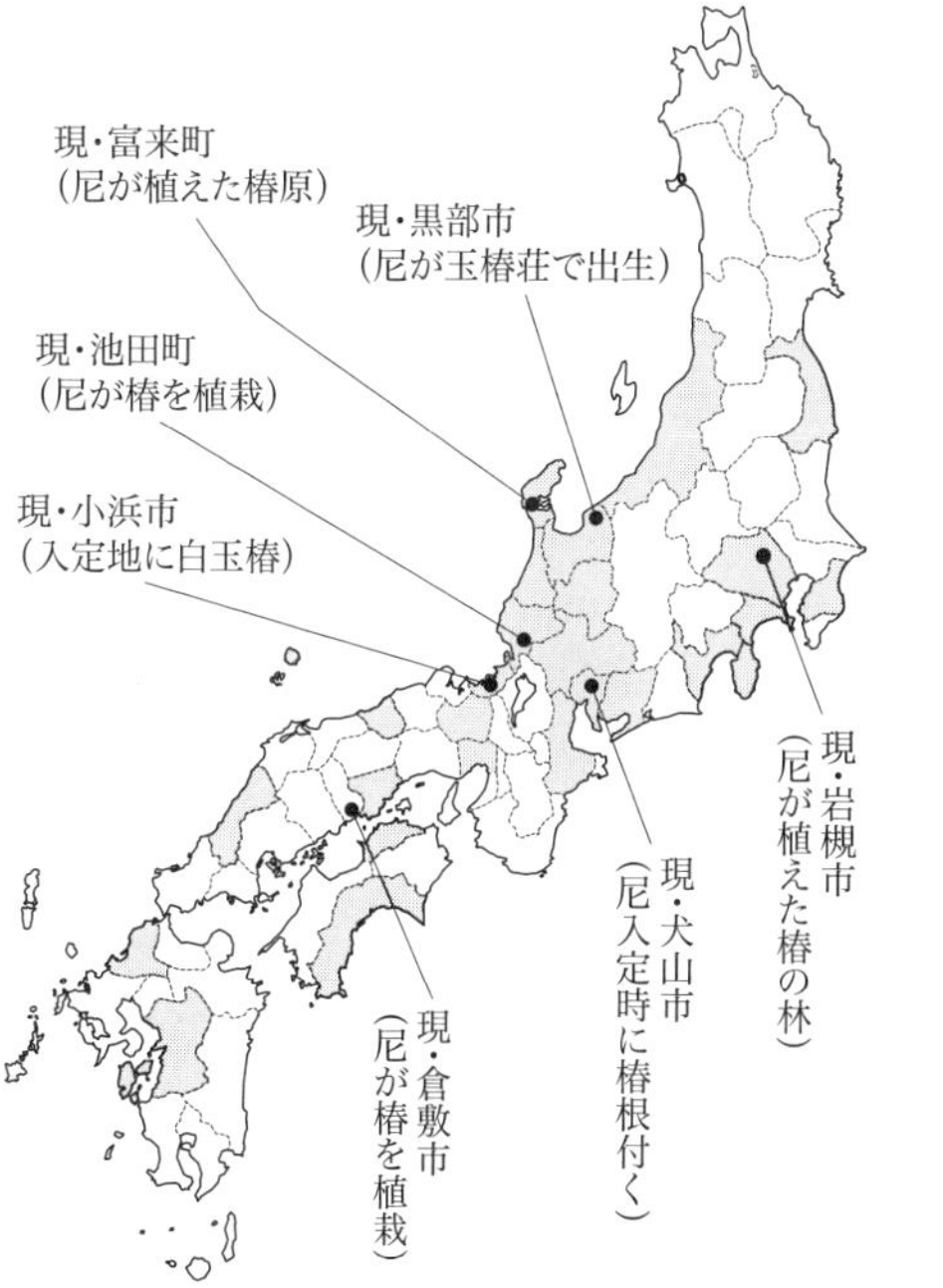

八百比丘尼が廻国したとの資料のある諸国と、椿についての伝承のある地（アミの部分）

これは『梅の塵』とは別のものである。

舟留岩の上に白椿社がある。元文年中（一七三六～一七四二）社家の丹後が物語るに、この社は八百比丘尼である。巡礼廻国の者が開帳を望むたびに居宅よりここ迄のぼることになる。上り下りが大儀なため、山に仮殿を立て、入れ置くことにした。白椿の社に白椿を空印様が植えさせられたとの由が申し伝えられている。いまもって白椿の木が有る。ある説には、元和五年青井の白玉椿に小社を建てるという。（福井県郷土叢書第一集『拾椎雑話』）

③富山県黒部市村椿（旧越中国黒部の玉椿荘）

能登の海岸に比丘尼の栽えた椿原があることと、この尼が越中黒部の玉椿荘で生まれたという一説がある。越中の国黒部川の港に玉椿の里と云う所があった。今はさびしい所であるが、そのころは玉椿千軒といって繁盛した（『能登国名跡誌』）。むかしは黒部川の湊口に玉椿千軒という繁華な地があった（柳田国男『山島民譚集』の「八百比丘尼の生立」）。

④愛知県犬山市満願寺（旧尾張国丹羽郡犬山町）

八百比丘尼は犬山町の満願寺に住んでいて入定の時、その椿が七枝にわかれて根付いたという（石上堅『木の伝説』）。

⑤石川県羽咋市富来町（旧能登国羽咋郡富来）

羽咋郡富木から二里（八キロ）の間には、八百比丘尼が植えたという椿原がある。思うに若狭の白比丘尼の旧跡は所々にある（『能登国名跡誌』）。

⑥埼玉県岩槻市黒谷貝塚（旧武蔵国岩槻黒谷貝塚）

黒谷の田中徳兵衛宅に八百比丘尼が植えた椿の大木がある。又貝塚は比丘尼が食べて捨てた貝殻が積み重なったものだと伝られている（『埼玉の伝説』）。

⑦岡山県倉敷市玉島亀山（旧備中国亀山の坊山）

角田直一著『オカヤマにみる伝承のうそとまこと』（山陽新聞社刊）によると、甕の海で亀山の漁師が、人間の赤子のような顔で堅い鱗で覆われた胴体をした魚を釣った。珍しいので料理して振るまったがだれも食べず、持ちかえったが途中で捨てた。酔い潰れた一人はそのまま、家に持ち帰り、その肉を娘が食べた。娘は年頃になり婿をとり、子供が生まれた。やがて年を経て、婿は死に、子供も老いて死んだ。だが、人魚の肉を食べた女人は老いもせず、死にもせず、亀山の東の坊山で庵をむすび比丘尼となった。なぜか比丘尼は庭に椿の木を植え、大切に育てた。あるとき諸国巡礼の旅に出て、遂に帰らなかった。比丘尼の植えた坊山の椿の下には、朱亀七甕七通（しゅがめななかめななとおり）、黄金（こがね）七甕七通を埋めてあると伝られ、大晦の夜、金の鶏が鳴くと云われている。比丘尼は若狭で亡くなった。

以上のように八百比丘尼と椿のかかわりのある伝承地は七か所で、福井県、石川県、富山県、愛知県、埼玉県、岡山県の五つの県となっている。

八百比丘尼と椿の自生地

八百比丘尼と関わりのある樹木の伝承地を拾ってみる。

福井県遠敷郡上中町堤（タモ）
石川県珠洲市上戸町寺社（能登の一本杉）
同県輪島市河井町（比丘尼松と杉）
同県石川郡白峰村白山（若狭の尼杉）
岐阜県郡上郡（尼杉）
同県吉城郡上宝村（七本杉）
同県益田郡馬瀬村中切（杉）
京都府竹野郡丹後町（現京丹後市）乗原（松）

島根県浜田市（尼杉）
同県隠岐郡西郷町下西（八百杉）
静岡県榛原郡（楠）
富山県中新川郡立山町下田（美女杉）
新潟県三島郡寺泊町野積（松）
東京都北区岩渕町（松）
千葉県銚子市猿田町（比丘尼杉）
埼玉県さいたま市大宮区櫛引町（三本の榎）
同県同市植竹町（松）
同県同市水判土（榎）
同県同市浦和区大久保僚家（欅）
同県川口市東貝塚（舟継の松、銀杏）
栃木県日光市日光山（三本杉）の一九か所である。

八百比丘尼の伝承、遺跡として墓（塚）、屋敷跡、仏像（石像）、碑、土地の名称などが見られ、八百比丘尼が廻国したとの証拠があるとされてる府県は、

福島（二）、栃木（三）、群馬（一）、埼玉（一八）、千葉（一）、東京（七）、神奈川（二）、山梨（一）、長野（一）、静岡（二）、愛知（五）、岐阜（八）、新潟（五）、富山（四）、石川（一二）、福井（一八）、京都（四）、三重（五）、和歌山（一）、兵庫（三）、鳥取（三）、島根（三）、岡山（二）、香川（一）、高知（三）、福岡（二）、熊本（一）

合計一都一府二五県の一一六件におよんでいる。なおこの中には、前にふれた椿及び樹木に関わる遺跡も含まれている。

当然のことながら、福井県の若狭地方が多く、次いで北陸の石川県の能登地方が多い。関東の埼玉県や東京都にも多くなっている。東北五県は空白地帯となっており、さらに不思議なことに、滋賀県、奈良県、大阪府、広島県、山口県、徳島県、愛媛県も同様に一件も遺跡はない。

八百比丘尼の伝承地と椿の自生地を重ね合わせると、ほぼ伝承地は自生地と重なる。しかし、東北の海沿いに転々と連なる椿の自生地ははみ出してしまうので、青森県夏泊の椿林や、秋田県男鹿半島の椿山などは、八百比丘尼が椿を運んで植えたのだとする説はなりたたなくなる。

八百比丘尼と椿の関わりについて前に触れた『伝説資料集　八百比丘尼』は、つぎのような説を掲げている。

〔その一〕『拾椎雑話』『乙未の春旅』『梅の塵』に所収の事例は、いずれも同じように白椿である。つまり椿を携えながら諸国を巡礼したとの考え方である。柳田国男も『史料としての伝説』等で、重ねてこれに触れている。端的には、長寿延命の象徴であろう。

〔その二〕現実には比丘尼伝説の多くが、日本海の海岸部に偏って点綴する事実、加えて、それらが一様に椿を言挙げている事情からして、この話を海辺の村々に運んだのは海女である。潜水漁業にかかわる人である。海女たちはその生業にかかわり、常時椿油を必要とした。具体的には、海中に深く潜るに際して、体温の保存を図るために、椿油を体に塗った。潜水に先だって、海女たちはそれぞれ、自分の潜る海面に万遍なく椿油を撒いた。油を撒くのは波の立つのを押さえられ、併せて水中の透明度が一層得られる。海女たちの秘伝であると、野村純一はいう。

〔その三〕　椿の枝が「水辺に生いて神の依代（よりしろ）」と考えられるだけでなく、椿油が潜水漁撈民の生活の知恵として海女の秘伝となっていることも、南方の色彩が濃いと云わざるをえない。

〔その四〕　八百比丘尼の正体は、一言に云うなれば、オシラ神を呪神として熊野比丘尼の漂泊生活の伝説化に外ならぬ。玉島坊山の仙尼が庭に椿を植えたなぞも解ける。即ち、熊野神社の伊奘諾尊（いざなぎのみこと）の唾（つば）液（き）から化成したという神話に基づき「生命の木」として信仰され、これを持つことが熊野の巫女の表徴となったためである。八百比丘尼と熊野の巫女、この二つが「漂泊」と「椿」を媒介として重なっていることに、伝説と歴史の妖しい交錯をみる思いがすると、山中太郎著『日本巫女史』はいう。

椿は忌木で庭に植えない

椿を庭に植えることをいろんな理由で嫌う地方が各地にある。春先に美しい花を咲かせ、春告花の一つと見られているにもかかわらず、その花が忌まわしいものだとする地方があちこちにある。その地方を県単位で掲げると、つぎの一七都県にものぼる。

東北地方　秋田、宮城　　関東地方　千葉、東京、山梨
北陸地方　富山、福井　　中部地方　長野
東海地方　岐阜、三重　　近畿地方　和歌山
中国地方　岡山、広島、鳥取　　四国地方　愛媛
九州地方　大分、熊本

このなかで、庭の隅には植えないとする愛媛県上浮穴（かみうけな）郡、玄関前には植えないとする岐阜県郡上郡（現郡上市）のように、場所を細かく限定する地方もある。

椿を庭内に植えると、家運が傾くとするのが鳥取県と愛媛県、
縁起が悪いとするのが大分県、
不幸があるとか凶事があるとするのが新潟県、
病人が絶えないとするのが秋田県と宮城県、
椿は死人の声をききたがるというのが宮城県である。
このほか、広島県山県郡では椿が家のまわりにあると人が死ぬといい、愛知県では椿が屋根より高くなるとその家の人が不幸になるという。

椿を屋敷内に植えることを忌む地方が多いが、他方「椿を植えると長寿になる」とする地方もある。

椿を忌む理由としては、人の首が取れるように花が散るためだとしているところが千葉、東京、山梨、長野、岐阜、富山、和歌山、岡山、広島、鳥取、愛媛、熊本の各都県にある。群馬県勢多郡北橘村（現渋川市）では椿はお寺の木だから家に植えるなといい、東京都の町田市でも同じことをいう。長野県更埴・埴科郡（現長野市・千曲市）では椿は墓に捧げる木だからといって忌む。霊樹として椿の古木を神木とする神社は各地にあり、また寺院や墓地などに多く見られることから、屋敷内に植えることを忌むのであろう。

東京都伊豆大島では、椿の花が落ちて地上を打つ音は、太刀で人間の首を切る音と似ているので、古来庭木として植えることが忌まれている。湯上がりの絞り手ぬぐいを二つ折りにして、はたく音も同じである。

特に江戸時代、武家の間では椿は不吉な花として扱われたとするのが通説であるが、江戸初期には大名や位の高い旗本たちの間では椿の変種を収集することが流行し、椿の図譜もいろいろと作られた。徳川二代目の将軍秀忠も椿の愛好家の一人であり、首が落ちるなどといって椿を嫌う風潮が生まれたのは、後のことであると考えられるが、その時期は不詳である。

一方、福井県小浜市の八百比丘尼の伝承の影響なのか、鳥取県西伯地方では椿を植えると長寿になると伝えられている。小浜の神明社には椿の枝をもった八百比丘尼像があり、八〇〇歳の長寿を保ったといわれる。岐阜県揖斐郡谷汲村（現揖斐川町）では、首をとられるといってよそ者が来ないから、椿を門に植えた方がよいという。

椿の花が首からポタリと落ちるところから、いろいろな事柄に椿が忌まれている。

仏様には椿の花を供えないところに千葉、愛知、三重、福岡、長崎、鹿児島の各県があり、愛知県南設楽郡では供えると仏様の首が落ちるという。長崎県壱岐島では、仏前には挿すが神様には上げないといい、鹿児島県国分市では椿の花は神様に供えてはいけないとする。椿の花を病人に見舞にもっていくことを忌む風は多い。富山県や愛知県では、椿の木を花瓶にたてるものではないといい、鳥取県東伯郡でも椿を生花にすることを嫌う。愛媛県周桑郡丹原町（現西条市）では、花瓶の椿の花を落とすと縁起が悪いという。秋田県鹿角郡では祝日には椿の花模様を嫌うといい、群馬県利根郡では椿の花模様の着物は良くないという。

椿を信仰上の特別な木とみなすことから、この木から道具を作ることを忌む地方が多い。長崎県壱岐島では祝い事用の道具は椿では作らない、福岡県甘木市では天秤棒を椿で作ると肩の血を椿が吸うといい、愛媛県上浮穴郡では椿で火かき棒は作るなといい、島根県では椿は杭にだけは用いないとする。岡山県勝田郡では椿の槌を使うことをいましめているが、これはある時椿の槌が夜鳴きをしたことがあり、割ると血が出たからだという。

広島県大竹市では椿は化けて出る木だとか、幽霊の木だという。ほかにも岡山県では白椿は化ける、鳥取県では椿は七化けするという。島根県隠岐郡では椿の化けといって、葉が餅のように膨れることがあるという。大分県南海部郡蒲江町（現佐伯市）では、狸は椿の葉を着けて化けるので、椿の木は化けるという。

椿で長期にわたる天気の予想をするところもある。山形県の一部や新潟県では椿の蕾（つぼみ）が上を向いている年は大雪、山形県の一部と広島県では椿の蕾が葉の下に隠れている年は大雪、よく伸びれば大雪（広島県）、晩秋に蕾が大きい時は大雪（山形県最上郡）、花が下向きに咲けば大雪（群馬県利根郡）という。反対に小雪の兆しとしては、山形県東田川郡三川町では蕾が上に向いてつく年は降雪が少ない、同県庄内地方では蕾が下向きであれば雪が少ない、広島県では蕾が葉の上にできれば小雪、福井県大野地方では椿の返り咲きは暖冬で雪の少ないしるしだという。山口県では、椿の実をもぐと大風が吹くという。

宮城県では椿の木に秋花が咲くと豊作、山形県庄内地方では寒中に花の多く咲くのは豊作の兆し、蕾が下向きにつくのも豊作の兆しだという。群馬県利根郡では、椿の花の咲かない年は凶作と伝えられている。宮城県では椿の花の多い年は豊漁だとし、福岡県前原市では丘の椿の枝を折ると白魚が来ないという。

山口孫次郎は『自然暦』のなかで、椿の花が落ちるころは鹿が肥満している。それは鹿は好んで椿の花を食う性質があり、花の落ちるころは好物の採食で太るのだとする。

椿を使った民間療法

椿を使った民間療法もいくつかあるので紹介する。

乳のはれた時には白椿の葉を黒焼きにして、飯の糊で貼る（茨城県）

めぼ（ものもらい）には、葉を火であぶってこする（広島県）

痔には椿・どくだみ・にんにくを練ってつける（福井県）

腫れ物には、椿の葉を火であぶって上に貼ると早く口があく（香川県）

腫れ物には、葉を火であぶって出た汁をつける（広島県）

火傷には椿の油を塗る（新潟県、岡山県）

鼻が詰まった時は、鼻筋に椿の油をつけるとよい（静岡県）

椿の油をなめるとむし（疳の虫のこと）が治る（愛知県、熊本県）

歯が痛む時は、自分の歳の数だけ椿の葉を供えておく（愛知県）

歯が痛む時は、椿の葉を歳の数だけ戸口に針で打っておく（愛知県）

傷口には椿の葉をかんで、粉状にしたものをつける（長崎県）

疥癬の薬には、硫黄を椿油で練ってつける（長崎県）

椿油を囲炉裏の隅に温めておいて、塩とニラを入れて傷に塗ると傷口がきれいに治る（長崎県五島列島久賀島）

山で怪我したときは、椿の葉っぱを噛んで傷口につけたらよい（長崎県五島列島久賀島）

子育観音の椿の青葉に墨で七つ星を記し小児の額を染めると子供が丈夫になる（茨城県）

椿の木を伐って地に立てると人を呪うことになる（島根県）

椿の木から落ちると発狂する（島根県隠岐郡）

岡田稔監修『新訂原色牧野和漢薬草大図鑑』（北隆館、二〇〇二年）は、椿も薬用植物の一つとして認めている。椿の薬用部分は葉、花（山茶花（さんちゃか））、種子（椿油）である。花は開花直前にとり、日干しする。種子は絞って油（椿油）をとる。

成分は、花にはロイコシアニジンが含まれる。種子は四〇%、殻を除いたものには六〇~六五%の不乾性油、すなわち椿油が含まれている。油の主成分はオレイン酸のグリセイドで、ほかに配糖体のカメリン、トリテルペンサポニンとカメリアサポニンを含む。種子から得た脂肪油が椿油である。収量は種子の一五~二〇%で黄色を呈し、オリーブ油よりはパルミチン酸が少ないため固化しにくい。

薬効は椿油は軟膏基剤、頭髪油用に用いる。油粕はサポニンを含むため飼料にならず、漁獲毒用、ミミズ駆除用としてつかわれる。

椿は薬用植物の一つで、葉、花、種子（椿油）を薬用とする。

民間療法として、関節や筋をちがえたときは葉四~五枚と甘草（かんぞう）二グラムを一日分として煎じて飲む。毒虫に刺されたときは、若芽をすりつぶしてその汁を塗る。夜尿症には実を黒焼きにして飲む。滋養・強壮には乾燥した花を刻んで熱湯を注ぎ、健康茶として飲む。甘草はマメ科の多年草で、根は赤褐色で甘根、甘草とよび、特殊の甘味をもつ。生薬として鎮痛、鎮咳剤によく使われる。

かなり資料が古いが、本多静六著『本多造林学　各論』第四編ノ上巻・潤葉林木編ノ三のなかに、椿を民間では薬用としていることを記述しているので紹介する。漢字カナ交じり文で、読みやすいよう意訳しながら整理する。「椿の分」と「山茶花の分」とに分かれているが、椿のみとする。

花を陰干しにし、煎じて、服用すれば吐血、鼻血、下血を治す。また粉末として胡麻油に整えて湯火傷に塗るとよろしい。椿の芽を揉みつければ、虫刺されの傷を治す。陸奥国（現岩手県）では白花の椿の花を陰干しにして子宮病に煎じて服用する。また喉が腫れるときにも煎じて服用する。

岡山付近では、葉を焙ってタムシにつける。葉を陰干しにして、夏期に蚊遣りに用いると効果がある。花を干したものを茄子畑に散布すれば、根切虫を駆除できる。

関東地方では、諸種の淋病に白玉椿の花を陰干しにして、煎じて服用する。

三河国（現愛知県）幡豆郡では、葉を黒焼きにして、麦飯と練り挫傷に塗る。椿の実の皮四匁（一五グラム）、甘草二匁（七・五グラム）、大黄三分（約一・一グラム）の三種に水四合（七二〇cc）を入れて、半分になるまで煎じたものを服用すると、諸病の疝気（注・下腹部に発作的な激痛をきたし反復する状態のこと）に効果がある。打身の妙薬で、椿の葉を鮒とともに黒焼きにして、米飯の糊で練りまぜてつけると、奇妙に治る。ただし非常に痛みを感じるものである。

生垣や防風林と椿

わが国では秋の台風や冬季の季節風から、家屋や栽培している作物を守るため、家の周囲や、田畑の周りにそれぞれの地方で得られやすい樹木を植えて生垣をつくり、風の力を弱めて大きな被害を出さないように努力してきた。

生垣が設けられる場所はおおむね決まっており、住宅、寺院、神社、茶庭、公園、学校、病院、街路などの囲いや仕切りとされる。生垣の役目としては、防風、防火、防音、防塵、目隠し、防犯、日よけ、大気浄化、気象緩和、仕切り、鑑賞などである。これらの役割は、生垣を用いる樹種と、生垣の高さ、厚さを適当に選ぶことで達成される。

生垣として椿が使われている事例を、額田巌著『垣根』（ものと人間の文化史52、法政大学出版局、一九八四年）から紹介する。

東京都内の環七道路の防音用の生垣には、高生垣はケヤキ、マテバシイ、サクラ、クスノキの混植で、中生垣はモッコク、ツバキの混植で、低生垣はサツキとされていた。前面の車道からの、引き裂くような周波数の高い音は大体打ち消されていた。

海岸近くの地域での防風林の事例としては、作家の畑山博氏が三浦半島の山の上に引っ越して、早速イチジク、モモ、野菜を植えたが、間もなく潮風にやられてしまった。そこで防風垣をつくることにして、最前列にツバキ、モチノキ、マテバシイを植え、その内側にヤマモモ、グミ、クワノキなど、鳥が好んで食べる実のなる樹木を植えた。さらに内側に果樹と野菜を植えたところ、潮害に弱い植物たちも一息つき、いちおうの目的を達した。

建設省（現国土交通省）建築研究所がいろいろな樹種について耐火力を実験し、その結果に順位をつけたが、優秀な樹種として、サンゴジュ、トウネズミモチ、モッコク、マサキ、オトメツバキが選ばれた。いずれも常緑広葉樹である。椿はオトメツバキ

道路との境に植えられた椿の生垣（枚方市）

（乙女椿）と限定されているが、この品種だけでなく、椿全体だと考えてよい。

古い資料であるが農林省山林局編・発行の『椿及ビ山茶花ニ関スル調査』（一九三二年）には、椿が生垣として用いられていた地方が記されているが、現在はどうなっているのか、不詳である。福井県では、庭木生垣として各地に植栽されている。岩手県では気仙郡地方においては、海抜一〇〇メートルまでの地域にわたり、主に屋敷周りの畑の畦畔（けいはん）および、これに続く山林に混生している。宮城県では、県内の東北部海岸の比較的温暖な地方の畑地・畦畔、堤防・宅地の周囲、または山林、原野に群状あるいは点生するものがある。熊本県天草地方では、主として畑の畦畔または屋敷周りなどにある。

平成二一年（二〇〇九）三月に策定された長崎県五島市の『五島市つばき振興計画』には、「かつてツバキは、五島が台風の常襲地帯であるため、防風林として畑の周囲に植栽された時代がありました。今でも三井楽（みいらく）町の岳地区には、防風林として存在しているものを見ることができます」と記されている。そして、五島市におけるツバキの大木は昭和二四年（一九四九）五月一五日に長崎県が天然記念物に指定した大窄（おおさこ）の大椿（樹齢三五〇年以上）であり、これは民家の庭先に防風と椿油を採るために植えた並木の一部であることを記している。

五島市の中心市街地は、昭和三七年（一九六二）の福江大火のあと都市基盤整備が行われ、中心商店街の街路樹は防火力のある椿に統一された。以後、現在まで四〇数年にわたって椿の街路樹は保たれており、さらに周辺へと椿の街路樹は拡大している。

第八章　近・現代の椿事情

明治維新直後の椿事情

慶応三年（一八六七）一〇月一四日、第一五代将軍徳川慶喜は大政奉還の上表を朝廷に提出した。薩摩・長州・土佐藩は同年一二月九日、王政復古の大号令を発し、天皇を中心とする新政府を樹立した。慶応四年四月四日、江戸城は官軍に明け渡された。江戸城は歴代徳川将軍の居城で、その本丸のなかには御座所（ましどころ）のお庭とよばれた林泉があり、西の丸にも山里の御庭とよばれた将軍世子居住の後苑があった。西の丸の花畑は、かつて二代将軍秀忠が大名たちから献上された椿を植え、愛玩してきたところである。

本丸の庭も西の丸の庭も、将軍たちの居住場所であるため、最も厳密に管理されたところで、近侍や親臣といえども、容易に拝観することは許されなかった。そのため、二つの庭に据えられた池や石、あるいは花木ある光景について記述されたものはほとんどない。それについて小澤圭次郎の「明治庭園記」（『明治園芸史』日本園芸研究会編・発行、一九一五年）は、「四十有余年来に、庭園図書を捜索の結果、ようやく柳営内苑の記文八篇と、山里苑の記一編を得るに過ぎず」と、長年月探しもとめた結果、江戸城の庭のことを記した文章を得たのはわずかに九編であったと記す。

本丸の庭については、本丸が弘化元年（一八四四）五月に焼失、さらに安政六年（一八五九）一〇月にまたもや焼失、文久三年（一八六三）一一月にまたまた焼失した。焼失後はただちに再建され、内苑もまた修理が行われた。しかし文久以来、国家ますます多難となり、将軍家としては園池を顧みる暇はなかったので、自然に荒れ、雑草などが繁茂しつつあった。慶応四年四月には、ついに園の主が変わり、大きく荒れ果て衰頽（すいたい）を極めるにいたった。一方の山里御庭の方も、西の丸殿の館も天保九年（一八三八）三月一〇日焼失、嘉永五年（一八五二）焼失、文久三年（一八六三）六月にまたまた焼失した。焼失後はただちに再建、山里苑もそのつど修理がなされたが、文久以降は本丸内苑と同様で、年をおい荒れ方がひどくなっていた。慶応四年（一八六八）の城明け渡しとともに、庭係りの諸役人もまた分散して、この庭園の手入れは行われなくなった。

このように事情で、二代将軍秀忠の植えた椿の行方を知る手掛かりはない。

明治一二年（一八七九）四月、東京駒込染井の伊藤小右衛門、伊藤重兵衛、伊藤留次郎、伊藤金五郎の四人は、相撲の番付表に見立てた『椿花集』なる刷り物を発行した。横刷りで紙を四段にわけ、真ん中の上部に『椿花集』と大書し、その右側に「此外古花珍花実生等追々調査シテ記載ス」と、左側には「一種数銘ヲ除キ高下ヲ不論種類ヲ題スル而巳」と記している。中央の二段目に七木として見鷺、雉の子、漣浪、緋縮緬、春日野、限リ、沖之浪の七品種を記している。

その下の三段目に五木として春之臺、羽衣、唐錦、鉤篝、後瀬山の五品種

右側に八重之部として岩根絞、老松、鈴鹿ノ関、狩衣など三五品種

一重之部として朝鮮椿、白鴎、岩根松嶋、天人松嶋など一四品種

唐子之部として御所車、唐糸、紅獅子、紅唐子など一二品種

葉替之部として唐椿、櫻葉、柊葉、盃葉など一二品種

明治期でも椿を愛培していた京都市の通称椿寺の椿（発行年不明の一枚仕立ての摺り物）（宮澤文吾著『花木園芸』養賢堂、1940年刊より）

左側に牡丹咲之部として紅麒麟、雪牡丹、花車、京牡丹など三三品種

千重之部として鹿児島、乙女、紅乙女、白乙女など一六品種

早咲之部として荒獅子、太神楽、白拍子、菊冬至など二五品種

四段に斑入之部として斑入錦早椿、更紗同断、弁天椿、宮田弁天など二一品種

三鳥として呼子鳥、稲負鳥、都鳥の三品種

三木として藻汐、日暮シ、和歌之浦の三品種

三妻として花見車、雪見車、月見車の三品種

新花之部として紫椿、松ノ雪、黒龍、蝶千鳥など一〇品種

合計一九九品種を掲げたのである。そして品種名の下に、例えば八重之部では「玉手箱　白　大りん」「都之錦　白地紅小紋大リン」などのように、その花の特徴を簡明に記している。

ほぼ二〇〇種もの品種の椿が、江戸期から維新を経て明治初期に保存されていたことを、この

『椿花集』は目録として示している。伊藤小右衛門らが椿花の目録ともいえるものを発行したのは、当然この目録を見て購買意欲を燃やす人たちがあることを知っており、これらの人たちの椿需要を見込んだものであった。

明治初期の椿の需要者

明治初期当時の椿の需要者を日本ツバキ協会理事の里見盈吉は「椿の歴史と文化」(日本ツバキ協会編『椿』毎日新聞社、一九七一年)のなかで、つぎのように分析している。

明治維新で江戸は東京と改称され、廃藩置県が行われ、多くの武士は扶持を離れたが、上級の武士のなかには、生活程度を急に落とすことも出来なくて、晴耕雨読に日を送るものが多くいた。椿、牡丹、花菖蒲などの珍種が、この階級の人々の手によって保存された実例は少なくない。明治一二年に東京・染井の植木業者が『椿花集』という品種目録を発行したのも、その需要に答えるためであったと判断される。また、名古屋では伊藤圭介(号・錦窠〔きんか〕・理学博士)が『錦窠植物図譜』を完成し、その中に八七枚の椿写生図を収めたのも明治年間のことである。熊本では谷口栄(皆花園主)が肥後椿の品種の収集繁殖に着手したのが明治一四年(一八八一)ごろで、八〇余種を栽培していたと記録されているから、明治の中ごろまでは椿花の需要は、さほど衰えていなかったようである。

里見は、椿の需要者は上級武士だと分析しているが、裕福な商家たちも含まれることは当然であろう。明治初期の上級武士はどのくらいの人数であったのか、高校教科書の一つである『詳解　日本史　改訂版』(井上光貞・笠原一男・児玉幸多(ほか一〇名)著、山川出版、一九八五年)から、明治初期の人口構成をみてみる。

明治六年（一八七三）現在で、華族二八二九人、士族一五四万八五六八人、卒（一時おかれたもので、足軽など下級武士）三四万三八八一人、平民三一一〇万六五一四人、その他（僧侶・神官など）二九万八八八〇人、合計三三三〇万六七二人であった。

華族は明治六年（一八七三）時点では皇族の下、士族の上に置かれた族称で、旧公卿・大名の家系の身分呼称であった。士族は、維新前の武士の家系に属する者に与えた族称で、華族の下、平民の上に位する。したがって華族に位する者たちが、上級武士といえよう。

伊藤小右衛門らの『椿花集』の発行について大場秀章は秋山忍との共著『ツバキとサクラ　海外に進出する植物たち』（岩波書店、二〇〇三年）の「第1部ツバキ」において、「伊藤小右衛門の『椿花集』発行の意義は大きい。これがツバキの園芸品種の保存に果たした貢献は大きい。『椿花集』は版を重ね、改訂されていくが、一九一六（大正五）年版では、「目下舶来品が幅をきかしているので、種子を集めるのも困難である」と嘆いている」という。

明治期における花卉園芸の推移

明治初期の花卉園芸の推移を、前に触れた『明治園芸史』所載の前田曙山「明治年間花卉園芸私考」を参考に紹介する。明治七（一八七四）〜八年ごろからオリヅルラン（折鶴蘭）とチャヤラン（金栗蘭）が出たが、普及するにしたがって飽かれた。次にオモト（万年青）が出てきて、明治一二年（一八七九）から同三〇年（一八九七）頃まで流行した。大正期にいたっても、オモトの稀品は珍重された。

明治二〇年（一八八七）以降より詩的盆栽が勃興してきて、それまでは精々縁端におく程度が関の山の格付けであったものが、床の間の上位におかれるほど盆栽の価値が向上した。盆栽樹のなかで古今を通じて盛衰のないものは松の種類、それも黒松と赤松である。五葉松なども時に持て囃されることもある。

明治三〇年（一八九七）ごろから凄まじい勢いで流行したのはケヤキ（欅）で、次いでトショウ（杜松）が流行った。明治三二～三三年ごろから同三六～三七年にはイブキ（檜柏）、植木屋がいうところの真柏（しんぱく）で、盆栽界が始まって以来の大流行を極めた。真柏は四国が名産地とされ、四国における野生樹はほとんど掘り返され、あらゆる山地に手をのばして、この名木を求めるにいたった。三重県の御在所岳では、真柏に懸賞をつけて採取させる者が現れ、そのため険しい崖から墜落死するものが二名も発生した。

真柏が下火となり、こんどはザクロ（石榴）となった。石榴の流行の極（きわみ）では、カラタチバナ（百両金）や万年青（おもと）のように、一種の投機的、骨董品のように扱われる風潮がうまれた。石榴の流行が下火になると、つぎはツツジ（躑躅）となる。ツツジもサツキ（皐月）と称するものであった。サツキの流行は明治の晩年からはじまり、大正期も引き続き流行していた。

樹木の盆栽のほか、明治期には山草つまり高山植物が、明治三四（一九〇一）～三五年ごろから、六～七年間という短い期間に流行していた。明治三六～三七年ごろから、西洋草花が流行しはじめた。シネラリア、プリムラ属、ニオイスミレ、アネモネ、チューリップ、ヒヤシンス、ラナンキュラス、スウィトピーや種々の西洋草花が喜ばれた。江戸時代の天保期に渡来し天竺（てんじく）牡丹とよばれていたダリアは、明治三〇年代にその名を西洋風にダリアとよばれるようになると、塊根一つが三円、五円で羽がはえて飛ぶように売れた。明治三八～三九年ごろの流行は旺盛であった。

明治政府は、文化や国民生活の近代化を促進する必要があるため、率先して欧米文化を積極的に取り入れてきた。これが明治初期の新しい世相となり、西欧の事物が日本に新しくとりいれられていった。西洋の園芸植物も前に触れたように、多数導入され、庶民は競って栽培し、流行を生んでいた。西洋のものなら、どんな草花でも持て囃した一方、椿にかぎらず日本の古来からの伝統をもった園芸植物の多くは絶滅していった。明治年代の終わりに、東京では名物の入谷の朝顔と、団子坂の菊とを失った。

東京市は大火や大正一二年（一九二三）九月一日に発生した関東大震災などの災害、その後の都市の膨張などで、江戸時代からの街を変貌させていった。江戸時代植木屋の中心的な存在であった染井は、次第に繁華な市中の一部となってしまい、園芸センターの機能を失っていく。代わって、明治中期に東京の植木や園芸のセンターとなったのが埼玉県南部で川口市の東部にあたる安行地区である。安行は日光街道に接し、地形も染井と似たところがあり、植木栽培は江戸時代初期には始まっていた。

漱石と椿の花

夏目漱石は明治・大正期の代表的な文芸雑誌の春陽堂発行『新小説』の明治三九年（一九〇六）九月号に、小説『草枕』を発表した。この小説は東京に住む画工が東京を脱出する旅の物語であり、旅の途中に出会う竹、海棠、山桜、枸杞、松、熊笹、覇王樹（サボテン）などの植物がおりなす風景が描かれている。第十章は椿についてかなりの分量を割いている。観海寺の裏道の杉間から谷へおりたところにある池の縁に椿があった。画工は鏡が池の画を描こうとしてここにきて、対岸に椿を見つけたのである。

二間余りを爪先上がりに登る。頭の上に大きな樹がかぶさって、身体が急に寒くなる。向こう岸の暗い所に椿が咲いている。椿の葉は緑が深すぎて、昼見ても、日向で見ても、軽快な感じはない。ことに椿は岩角を、奥へ二、三間遠退いて、花がなければ、何があるか気がつかない所に森閑として、かたまっている。その花が！　一日勘定しても無論勘定し切れぬほど多い。しかし眼が付けば是非勘定したくなるほど鮮かである。ただ鮮かというばかりでなく、一向陽気な感じがない。ぱっと燃え

暗がりに数えきれないほど咲く椿の花。漱石は人を欺く花で妖女を連想するという。

立つようで思わず、気を奪られた、後は何だか凄くなる。あれほど人を欺す花はない、余は深山椿を見る度にいつも妖女の姿を連想する。

漱石は椿の花を妖しい女が婉然として、毒を吐きつけてくるのだという。それは椿の花の赤色にあるのだとして、「あの色はただの赤ではない。屠むられた囚人の血が、自ずから人の眼を惹いて、自ずから人の心を不快にする如く一種異様な赤である」とする。

ここで画工が意識の中で完成させた図柄は十章目に述べられている。池には「百年待っても動きそうもない」ような水草が腐り沈んでおり、岸には「妖女」の姿を連想させる深山椿が咲いている。その鏡が池に、上から落ちてくる椿花の下に那美さんの顔を浮かせ、「上から椿を幾輪も落とす。椿が長に落ちて、女が長に水に浮いている感じをあらわしたい」というのである。

漱石の『草枕』は「山路を登りながら、こう考えた」との書き出しは有名だが、内容は非人情の小説である。しかし、この小説が評判になり、漱石は作家の道へと進むのである。

ついでながら、夏目漱石の椿の俳句に次のものがある。

落ちざまに虻伏せたる椿かな　夏目漱石

この句の解釈についてはいろいろと論議があったが、弟子の寺田寅彦がこの句を科学的に考察し、昭和八年（一九三三）発行の『理化学研究所彙報』に「空気中に落下する特異な物体の運動――椿の花」との題名で英文での論文を発表している。寅彦と椿の花の関係について平成二六年四月三〇日の朝日新聞文化欄は、早稲田大学の小山慶太教授（科学史）が「寅彦は大河内所長に頼み、ツバキを敷地に植えている」と話したことを紹介している。

この句の椿の花の動きについて寅彦は、「思い出草」（小宮豊隆編『寺田寅彦随筆集第四巻』岩波文庫、一九八七年第六五刷）との題の随筆でつぎのようにいう。

椿の花が落ちるときにはたとえそれが落ちはじめる時には、うつ向きに落ちはじめても空中で回転して仰向けになろうとするような傾向があるらしいことに気がついて、多少これについて観察し実験した結果、やはりそういう傾向のあることを確かめることができた。

椿の花が落下するとき、漱石の句のように、虻を伏せこむような格好ではほとんど落ちないと寅彦はいうのである。

白秋の童謡と農作業支度

大正一五年（一九二五）四月、詩人の北原白秋は童謡「オチタツバキ」を『赤い鳥』に発表した。カタカナ書きなので、下に読みやすくひらがな漢字書きで補った。

オチタツバキ（与田凖一編『日本童謡集』岩波文庫、一九五七年）

アカイ　ツバキ　ガ　　　赤い椿が
ポタリ　ト　オチタ。　　ポタリと落ちた
スコシ　ソッポ　ムイテ、　少しそっぽ向いて、

椿の赤い花が落ちる頃は、春の農作業開始時期の指標とされていた。

ジベタ　ニ　スワッタ。　　地べたに据わった。
シベガ　シロク　テ　　蘂が白くて
ツヤツヤ　シテル。　　艶々してる。
キイロイ　カフン　ハ　　黄色い花粉は
イッパイ　ツユ　ダ。　　いっぱい露だ。

オチタ　ツバキ　ガ　　落ちた椿が
ミテル　ト　ウゴク。　　見てると動く。
カゼ　ガ　フッカケ、　　風が吹っかけ、
モミガラヲ　ツケタ。　　籾殻をつけた。

白秋が描写した椿は、農家の庭先にある椿樹からポタリと落ちた花のようである。まだ蘂（しべ）は白くつやつやと光っており、花粉には春雨をうけたのか露のような雨滴がいっぱいみえる。そして風が庭先に積まれたままの籾殻を吹き飛ばし、落ちた椿花にくっつけた。それを見ていた、農家の主は、春の農作業にそろそろ取り掛かろうと考えた。赤い椿の花が咲いたのだから……と、白秋は春先の農家の庭先の光景をあざやかに描写した。

東京大学の林学教授であった三浦伊八郎は、自身の著・発行の『椿春秋』（一九六五年）のなかで、白秋のこの童謡の後ろにつぎの二句を付け加えて紹介している。

どれどれ春の支度にかかりましょう

赤い椿が咲いたぞもし

椿の花は春迎花とも云われ、三浦伊八郎が付け加えた二句は、椿の花が咲いたので、農家の人が農作業の準備をはじめようとつぶやいたものである。農作業は自然の季節の推移に従って行われることが、長い年月続けられ、ひとつの風習となっていた。春の農作業の指標には、桜の開花、枝垂れ柳の芽吹き、山肌にあらわれる雪の形など、それぞれの地方によって特徴がある。三浦伊八郎は和歌山県生まれなので、同県の風習であったのだろうか。

宮澤文吾著『花木園芸』（養賢堂、一九四〇年）からの孫引きであるが、「明治二八年（一八九五）の『日本園芸雑誌』第六四号二九頁には、伊予松山市山崎龍太郎が集めた品種一八八が掲載されている。昭和七～八年（一九三二～一九三三）にかけて、石井勇義は『実際園芸』第一三巻五号から一四巻三号にわたって、一七八品種の詳細な記載を発表している。昭和八年、皆川治助は『新撰椿花集』を発行し、二三三品種を掲げた」としている。昭和七（一九三二）～八年にかけて、椿の品種目録が製作・発行されたのだから、植木屋にとっては椿の需要が見込まれるほど、椿花の愛好者が増えたことをつかんでいたのであろう。

昭和四年（一九二九）八月、安行の皆川治助は、新しい『椿花集』を発行した。染井の伊藤小右衛門の『椿花集』の発行から五〇余年後になる。皆川家は代々傘屋を生業とし、治助の父の伊左衛門は行商の片手間に、染井の伊藤家にも通うなどして、椿の園芸品種を集めたと云われている。前に触れた書のなかで大場秀章は「第二次世界大戦までのツバキの園芸は、発展よりも古来あったものを保存することに意義があった、といえる。その保存さえも、これを愛好する個人的な努力によってなされてきた感がある。なかでも皆川伊左衛門とその子治助の功績は大きい」と高く評価している。

皆川治助の『椿花集』は同類の書がないことから、椿愛好家の座右の書となった。その第二版は昭和一

○年（一九三五）に、第三版は戦後の昭和二四年（一九四九）に発行された。

昭和初期に椿は油脂植物と注目さる

昭和初期、椿は園芸植物としてではなく、農家の副業として椿油を採取する油脂植物として注目されたことがある。それは昭和四年（一九二九）に発生した世界恐慌（きょうこう）の一環として昭和恐慌が起こったことも、一因であった。昭和恐慌は深刻な不景気、生活難、社会的緊張の増大をもたらした。翌昭和五年には豊作とかさなって米価はわずかの間に約三分の二に暴落し、いわゆる『豊作飢饉（ききん）』が発生した。翌年と昭和九年（一九三四）には東北・北海道が「凶作飢饉」にみまわれた。平年作に近かった昭和七年（一九三二）の『日本農業年報』第一集はつぎのように伝えている。

> 凶作ならざる農村に、食ふべき食糧がない、とは何たる矛盾の甚だしい世の様だ。いま農村には、食ふに困るものが簇出（そうしゅつ）している。山の木の葉を取ってきて食ったり、豆腐粕（おから）で飢を凌（しの）いだり、犬や猫を殺して食ったり、フスマ（麸）で命をつないだり、欠食児童の弁当ドロが行われたりしている。

同年末の農家負債は約五五億円にものぼった。農村救済請願運動の高まりに対応して、政府は昭和七年（一九三二）度から公共土木事業を行って農民に現金収入を与えた。しかし、軍事費の膨張にともなってこの事業は縮小され、産業組合を中心に農民を結束させて自力更生を図らせる農山漁村経済更生運動が対策の中心となっていった。

農山村の山林政策を担当している農林省山林局は、椿油の主要生産地を調査するよう、農林技手大國三郎に下命した。

> 椿及山茶花（さざんか）油の生産の増加を図り且つオリーブ油に比肩し得る程度の価格にて供給し得る様近年需

要の逓増するにも対抗するを得るは勿論延ては年々約三十万円の輸入あるオリーブ油及約二十万円の輸入ある支那椿油の輸入を防圧し得る事は難事にあらざるべきを以て今回主要産地の現状を調査

（注・原文はカタカナ漢字文であるが、ひらがなに改め、ルビを付した）

大國三郎の調査結果は昭和六年一一月に『椿及山茶花ニ関する調査』の表題で、農林省山林局から発行された。報告書の内容は、椿と山茶花の生態、本邦における種実の生産量と産油量、椿と山茶花の造林法と天然林の改良、果実の採取期とその方法や種実の収穫量、搾油の方法とその機械、種子や椿油の価格と取引の状況などである。

昭和初期の椿油の生産量

同報告書は、昭和五年（一九三〇）現在で椿の果実を採取し搾油する事業を行っているところは岩手、宮城、東京、新潟、福井、和歌山、島根、山口、高知、佐賀、長崎、熊本、宮崎、鹿児島の諸府県だと記している。椿種子の全国の生産量は、昭和二年（一九二七）度は一万〇九九五石（一九七九・一キロリットル）、昭和三年度は一万二五五六石（二二六〇・〇キロリットル）、昭和四年度は一万一〇七二石（約一九九三・〇キロリットル）であったとする。昭和二年度の椿種子の生産量の多い府県を順にみると、一〇〇〇石（一八〇キロリットル）以上のところは次の四府県である。

長崎県　三三五八石（約六〇四・四キロリットル）
鹿児島県　二六八五石（約四八三・三キロリットル）
東京府　一五三二石（約二七五・八キロリットル）
熊本県　一二二一石（約二一九・八キロリットル）

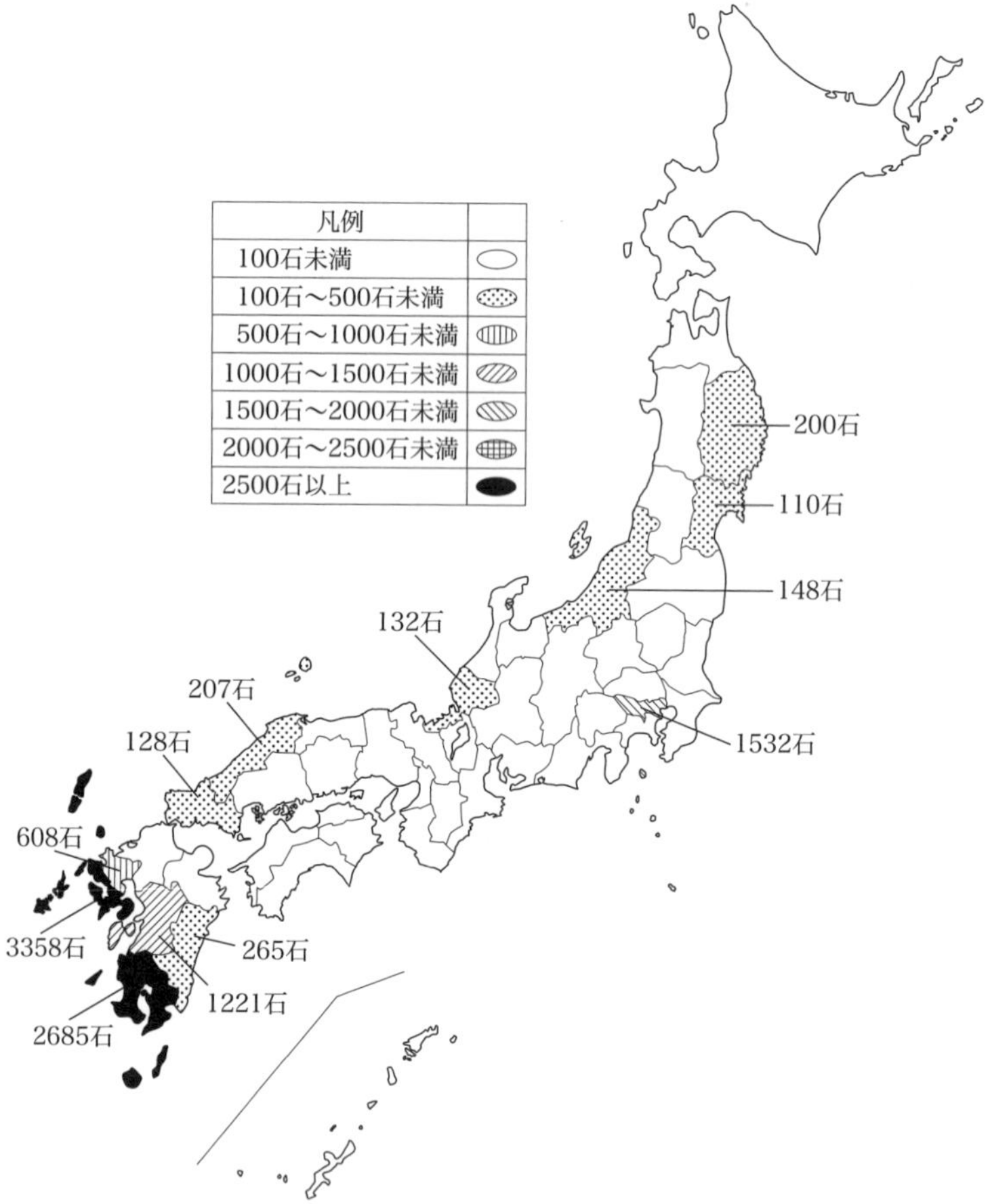

昭和２年（1927）の椿種子の生産府県

この四府県の合計量は八七九六石（一五八三・二キロリットル）で、全体の八〇%を占めている。一〇〇石以上のところは岩手（二〇〇石）、宮城（一一〇石）、新潟（一四八石）、福井（一三二石）、島根（二〇七石）、山口（一二八石）、佐賀（六〇八石）、宮崎（二六五石）である。これ以外は、数値は記載されているもののわずかな量である。

椿油の生産地や生産方法を調査した大國三郎は、翌年の昭和七年（一九三二）九月に大日本山林会から農山村副業叢書第六輯として『山茶及び茶梅と椿油』を上梓した。大國はその著書の冒頭で、「農山村に於ける屋敷廻り、堤塘、畦畔、山麓地などのような空閑地利用の一方法として、山茶及び茶梅の増殖を計り、或は其の種実から油を搾る家内工業は農家副業として面白い問題だと思ふ」と記している。

椿油の生産量は昭和二年（一九二七）度は六二万五四四六斤（一〇万七一貫＝約三七・五トン）、昭和三年度は六二万三九一九斤（九万九八二七貫＝約三七・四トン）、昭和四年度は五五万五七七六斤（八万八九二四貫＝三三・三トン）となっている。昭和二年度から統計の単位が、石という容積から、斤という重さに変わっているので、前の年度との比較が難しい。

同報告書は椿油の生産府県で、最近の数年の生産量が多い順位を挙げている。それによると長崎、東京、静岡、福岡、京都、大阪、熊本、北海道、佐賀、福井、鹿児島という順であった。この順は、椿の種実の生産県の順であるべきはずなのに、椿の実の生産量の少ない静岡、京都、大阪、北海道が上位にあがっている。多い理由は、これらはほとんど種実を輸入して製油するものだと分析している。

昭和初期の椿油の用途は、髪油として用いられるほか、金属の防錆用、精巧な機械の減摩用（摩擦をへらす用途）、朱肉用、燭用、毛織物の製絨用、良質石鹸の原料、高級化粧品原料、染色用、医薬用としてもつかわれていた。軍需品としては綿火薬の製造に用いられる。新用途として、飛行機のプロペラの軸油、時計油、刀剣油、缶詰製造用、その他精密な諸機械の減摩用または防錆用として使用範囲がだんだんと広がっている。飛行機の推進機の減摩用では不乾性油の特色を発揮し、本油に限るとまでいわれた。

同報告書は、椿や山茶花(さざんか)は利用価値の少ない天然雑木林の改良に興味あるだけでなく、農山村の空閑地利用、殊に田畑の畦畔利用の樹種として好適で、ことに直根性(長大な主根が垂直に伸びたものをいう。ゴボウ・ダイコン・松の根などの類)であることと、樹形を甚だ大きくする必要がないため、畑地に影響を及ぼすことがすくない。山林原野中の小空地、海辺、堤、河岸、道路、畦畔、あるいは宅地の周囲などに植栽するのに格好の樹種である。収入の点からも、畦畔植えでは椿・山茶花の一本から一斗(一八リットル)以上もの収穫があるものが相当多く、昭和六年(一九三一)までの種実の一升(一・八リットル)の最安値二〇銭とすると、一本の椿から二円以上の収益があるわけで、農山村の副業としてまことに好適であると思われる、と結論づけている。そして椿の造林を勧めている。

欧米に渡った椿

同報告書は椿の園芸種も簡略に記載しており、欧米に渡った椿にも触れている。

鑑賞用としての山茶(つばき)・茶梅(さざんか)の栽培は古く、慶長・寛文年間から色々と研究せられていて、元禄年間は殊に隆盛を極めたもので、従って多種多様の変種が出来ている。

即ち元来一重の花弁で赤色であった山茶(つばき)にしろ、また一重の白色であった茶梅(さざんか)にしろ、園芸用としては、八重のもの、千重のものが作られ、色も各種各様で、殆んど枚挙に遑(いとま)がない有様である。而して、近来欧米各国では、山茶(つばき)を「日本の薔薇(ばら)」と称えて盛んに栽培し、慰安の意を寓していると云われている。

このように、江戸時代に欧州へ渡った椿は、欧州の花のない季節にバラ（薔薇）の花と同じように真っ赤な花を咲かせる椿を、「日本の薔薇」あるいは「冬の薔薇」とよんでもてはやし、改良を重ねていた。日本では椿は旧弊の花だとみて、ほとんど顧みることもなく、品種の保存が精々であった。江戸末期から昭和の終戦までの間の、人びとが椿にほとんど興味をしめさなかった時代に、江戸期生まれの品種の数多くが途絶えたのである。

大場秀章は前に触れた『ツバキとサクラ』のなかで、「皆川（治助）が苦心して収集したツバキの園芸品種コレクションは第二次大戦中に大きな危機に直面した。ツバキは戦争時には不要のものとされ、栽培地の食用畑への転用を命じられたのである。幸いに、石井勇義、小林憲雄などの園芸家らの嘆願書が認められ受難をまぬがれた。江戸伝来のツバキの園芸品種の一部を今日でもみることができるのは、このような努力を経てのことであった」と、述べている。

ヨーロッパに渡った椿は、花のない季節に真っ赤な花を咲かせ「冬のバラ」としてもてはやされた。

桜井元は『椿　花と文化』（京都園芸倶楽部編、誠文堂新光社、一九六九年）に所載の「ツバキ雑記」のなかで、「二十余年前の大戦の折り、ひしひしと迫る食糧難で、とうとうわが家の花畑も整理せねばならなくなり、雑穀や野菜などに変えたが、その時永い間育てた雑多な植物とともにツバキも短期間に移植せねばならず、人手はなし、ついに無理をして掘ったために、せっかく移したカエデとツバキの大部分を枯死させてしまった」と、戦争中の食糧難解消で椿を枯らしたことを述べている。

昭和二〇年（一九四五）八月一五日、天皇陛下のラジオ放送により、長い戦争が終わった。椿が人びとに再び注目されるには、少し時間が必要であった。椿花の美しさを日本人に再確認させてくれたのは、日本人自身ではなかった。多くの日本人の悪弊で、自分のもつ物がよいものであるのにもかかわらず、それが良いものとは判断できず、評価が外国人によってなされてからはじめて、本当は良いものだったと改めて認識する。

欧米への椿の紹介者等

日本では江戸期生まれの園芸品種を、絶やさないようにするのが精一杯であった時代、欧米では椿のブームがあり、親元の日本とは違った数多くの園芸品種が生まれていた。

日本の植物をヨーロッパに紹介したのは、当時日本と通商があったオランダの東インド会社の医師としてわが国にきたケンペル、ツュンベルグ、さらにオランダの東インド植民地の軍医として派遣されたシーボルトの三人が名高い。当時の日本は完全な鎖国ではなく、中国とオランダとは貿易を行っていた。椿については、前記三人よりも、ドイツ人のクライヤーとマイスターが先に紹介していた。マイスターは一六九二年（日本では江戸時代の元禄五年）に『オリエント・インドの庭園技師』という本を著し、この中でツヴァ樹として「種子から油を採り、婦人や若衆が毛髪につける」ことが記されている。しかし、当時は椿を生きたまま日本からヨーロッパまで持ち帰ることはできなかったので、ヨーロッパの人たちは本に描かれた図で知る以外にはなかった。

ツュンベルグは安政四年（一七七五）に来日し、帰国後の一七八四年に『日本植物誌』を出版、椿については彼自身の観察として、日本では椿が栽培され、花には一重と八重と、白、赤、紫があり、変異性に富むことを記している。

ツュンベルグから六八年後の文政六年（一八二三）にシーボルトが来日した。シーボルト自身も植物学に造詣があり、ミュンヘン大学の植物学教授ツッカリーとの共著で一八三五〜一八七〇年に彩色された植物画をともなう『日本植物誌』を著した。有用植物を扱っていることもあって、世界中で注目された。シーボルトは日本の植物、のちには中国の植物をヨーロッパに移出することを熱心にすすめた。彼は氷河期の影響で、乏しかったヨーロッパの庭園植物を豊かなものにしよう考えていたのである。日本からは数多くの種子や、生きた植物をヨーロッパに持ち帰り、オランダ王立園芸振興会を組織し、ヨーロッパ中に日本産の植物を、大部分は園芸用として広めた。シーボルトは、椿に「冬のバラ」とよぶにふさわしい園芸的価値をみつけだし、ヨーロッパに紹介することに努力した。そして早くも一九世紀半ばには、椿はヨーロッパで最もよく知られた温室植物となった。大場秀章は前に触れた『ツバキとサクラ』のなかで、次のようにいう。

　シーボルトの貢献を契機にツバキは、「日本の園芸植物」から「国際園芸植物」へと、転換していくのである。しかもヨーロッパにはツバキに類する常緑で花も見事な低木はなかったこともあり、ツバキへの熱狂が起こった。

ヨーロッパへ持ち込まれた椿は日本からだけでなく、中国からも多くの園芸品種が渡り、その数は数百以上にもなったという。これがツバキ・ブームの引き金となり、当時の世相を反映した小デュマ作の小説『椿姫』（一八四五年＝わが国では江戸時代末期の弘化二年）がうまれ、これから一八四八年には五幕物として戯曲化された。この戯曲は初演（一八五二年）から驚異的な成功を博し、ベルディによってオペラ化され、作者の名を不朽のものとした。

欧米の椿栽培ブーム

ヨーロッパでの椿の栽培状況を、三浦伊八郎は自費出版の『椿春秋』（一九六五年）の総説で次のように述べている。

フランスのパリでは低温だから温室であるが、南部ナント市地方に多い。一八六四年から改良された品種が多く一商社で四十万鉢以上を栽培している。

ベルギーのブリュッセル郊外王室庭園の温室には椿が最も広い面積を占め最も大切にされ、百年以上の老齢樹が多く、三百余品種に及び、戦時中も大切に保存された。ガン市にも百年生以上の椿が相当あるといわれる。

ポルトガルでは一五四三年に植栽されたので、この国の船が初めて種子島に来た頃である。現在最大樹は直径四十八インチ（約一四六センチ）で、日本最大樹広島県久井の椿より稍々(やや)小さいが、愛媛県江子の大椿より大きい。品種は日本より多い。

イタリアでは一七七〇年初めてナポリの王室庭園に植栽された。ベニス、ローマ、フィレンツェも適温のため戦前大発展し、一種苗商のカタログには千二百品種にも達したが、一時荒廃した後復活しつつある。

英国では一八七六年、中国の厦門(アモイ)に駐在した医師ジェームス・カニンガムにより紹介されたのが始まりで、現在多くの品種を育成しており、女王を初めロスチャイルド家などには立派なコレクションがある。

アメリカは一七九七〜八年英国からニュージャージー州の種苗商が輸入したものであるが、一八二二年一重の藪椿一本三〜五ドルといわれた。植栽地が南から西部に広がり、日本人清野主氏等大成功者もできた。現在サクラメントが中心で市の花となり、毎年椿祭が行われる。一九四四年同市には一万五千本に及んだ。アメリカ椿協会は一九四五年に創立され、地方団体数百、会員数万人と称される。

三浦が述べるように、日本の椿が衰頽している時期、欧米では椿のブームとなっていた。ヨーロッパに椿の生木が伝られたのは、異説もあるが一七三九年（八代将軍吉宗時代の元文四年）にジョゼフ・カメルがイギリスにもたらしたものが最初とされる。椿のカメリアという属名（英名）も同氏が紹介し、リンネがつけたものである。その後イタリアに入り、フランスに伝わり、ドイツにも入った。ヨーロッパに伝えられて以降、はじめの四七年間は一種のみであった。その後園芸種が作られるようになり、最初に品種ができたのは一七九二年（江戸時代の寛政四年）で、白八重、斑入八重、赤色八重が生まれた。そのことにより、単弁の品種に寄せる興味が失われた。

一方、そのころ日本及び中国から優れた品種が輸入され、一八〇六年（江戸時代の文化三年）から画期的な品種が作り出された。新品種を作り出すために、人工交配が盛んに行われた。そののち、年とともに椿の流行は熱狂的となり、温室はことごとく椿で満たされる状態となった。日本の暖温帯生育の常緑樹の椿には、ヨーロッパの冬は寒すぎるので、温室で栽培されたのである。そのような状況のなかで、もともとの原産地の日本よりも栽培技術が急速にすすみ、椿に関する図譜類も数多く発行された。最も品種数を多く取り上げたのは、ヴァシャフェルトのカメリア・モノグラフで、五七六種が図説されている。一八三一年（天保二年）から一八五〇年（嘉永三年）はカメリア熱の上昇期で、それから一八九〇年（明治二三年）までが熱狂的大流行時代となった。全ヨーロッパはもちろん、植民地の園芸までが、椿一色で塗りつぶされた時代であった。

終戦直後の椿品種

終戦後の昭和二四年（一九四九）、アメリカのツバキ協会会長のピアが来日した。安行の皆川治助はピアの援助をうけ、同年に『椿花集』第三版を発行した。昭和二六年、石井勇義は「ツバキの流行と品種」（雑誌『農耕と園芸』昭和二六年四月号、誠文堂新光社、一九五一年）の中で、「ツバキは花といい、葉の見事な点といい、春の花木として魅力があるにもかかわらず、近年あまり流行的に栽培されていない。ところが現在アメリカでは非常な流行で、進駐軍のツバキ愛好者は苗木を集めて本国に盛んに送っている。日本では現在品種が二〇〇種あまりであるが、アメリカの最高蒐集者は一人で一七〇〇品種を集めており、ツバキのために五七億ドルの資金を投じている事実をみても、その流行がいかに高潮期にあるかがうかがわれる。それらの趣味者、研究者の団体の最大のものがアメリカン・カメリア・ソサエテーで、フロリダにあり、毎年立派な年鑑を出している。そのほか、全米に一〇〇以上の州ブロックのツバキ協会があり、いずれも数千の会員をもっている」と、アメリカでの椿の繁栄を述べた。

石井勇義はこのなかで、現在ある品種は二〇〇種以上に達すると思うと、同時に日本における栽培品種数を記している。そのなかで本当に優れたものは五〇〜六〇種だと思う。さらにそのなかでも優れたものとして次の一四種の品種名をあげ、簡略に説明をしている。石井はまた、埼玉県安行村（現川口市）の皆川治助が江戸時代よりの品種を維持保存してきたことは、一大功績であると、高く評価している。

春曙光（しゅんしょっこう）　花径は八センチ内外、薄桃色の非常に感じのいい花。
花富貴（はなふうき）　花径は一二センチ内外、玉咲き、非常に感じのいい桃色の八重咲き。

白大神楽（しろだいかぐら）　牡丹咲きの大輪、秋から開花、翌春に及ぶ。名花。

沖の石　花は大輪の八重咲き、白地に紅に竪絞の上品な花。

菊更紗（きくさらさ）　花径は一二センチ、花芯を現さない千重咲き大輪、淡紅色地に鮮やかな竪絞を現す優秀花。

蝦夷錦（えぞにしき）　花径は一二センチ位、白地に淡紅色の竪絞りを現す八重咲き

宝合（たからあわせ）　花は淡紅色の竪筋入り。

染川（そめかわ）　重弁花で花径は一〇センチ内外、花芯を現さず、淡紅色地に紅の竪絞。

光源氏（ひかるげんじ）　花径は一〇センチ内外、花弁は大小二一枚ぐらい、牡丹咲きの白覆輪で花芯を現す。最優秀花である。

古今蘭（こきんらん）　花径は八センチ内外あり、絞咲きの代表花で、花芯に近い花弁ほど大きく白地に紅の小絞りで美しい。

通鳥（かよいどり）　花は八重咲きで淡紅色地に紅の絞りがあって美しく、花弁数は二〇枚内外ある。

白露錦（はくろにしき）　秋咲きで花径は一〇センチぐらいあり、抱咲きの性質がある。中心部の花弁程幅が広い。淡紅色地に小絞の美花である。

熊坂（くまさか）　花弁数は三五枚ぐらい。牡丹咲きで紅色の大輪である。

大虹（おおにじ）　花径一六センチ、花弁は一一枚ぐらい、多肉性で真紅色を呈し、白色の横杢が入る。

日本ツバキ協会の発足

戦後、アメリカとの交流がさかんになるにつれ、アメリカでの椿栽培の流行を知るようになり、椿愛好者の人たちはわが国でも椿の品種を調査したり、一般の人たちにも椿の栽培を普及したいと考えるように

なった。それにはまず団体を作る必要があるとして、石井勇義が尽力して昭和二八年（一九五三）四月一日に日本ツバキ協会が創立された。日本ツバキ協会は、椿苗の発売もおこなった。なお、石井勇義は以前から椿に注目していて、埼玉県安行の皆川治助が保有する椿の品種調査をおこない、『実際園芸』誌にその結果をのせたこともあるし、個人的にも品種の水彩画を四〇種ほど描いていた。

昭和二八年四月一二日、日本ツバキ協会は東京日比谷の市政会館で日本の椿に関わる人たちの出席を得て、座談会を開催した。そのときの状況を「全国的に盛り上がってきたツバキ熱　その品種と趣味を語る」の題で、前に触れた雑誌『農耕と園芸　八巻七号』が掲載している。出席者は同誌主幹石井勇義、同誌編集長小松崎英男、別府温泉熱利用農研所長農博宮澤文吾、池坊短期大学教授浅井敬太郎、名古屋寿楽園谷房義、新宿御苑福羽発三、藤沢市嘱託内田輝彦、横浜衆芳園西田幾、農林省植物防疫検査東京支所長清水恒久、坂田種苗社長坂田武雄、安行ツバキ会長皆川治助、千葉大学教授穂坂八郎、東京農大教授林学博士上原敬二、成城大学教授寺崎広節、このほか出席者五〇名という大人数であった。

石井勇義がまず一八五〇年（江戸末期の嘉永三年）前後に欧州で椿の熱狂的な大流行があったこと、いまから一〇年位前（昭和一八年ごろ＝一九四三年ごろ）からアメリカで非常な流行が起こり、全米に一四〇もの椿協会ができ、何十万人・何百万人という愛好者がいて、花木として庭に植えるだけでなく、切り花としてコサージや花籠など実用面からも大生産がされていると、外国での椿の流行の様子を述べた。アメリカでの流行に刺激され、椿の本家である日本でも椿の協会が生まれたことを宣言した。そして「日本ツバキ協会」の目的を、次のように述べている。

大勢の力で、調査や品種の育成などをやってゆき度(た)いと思います。ツバキの花を楽しみ、鑑賞することは趣味でありますが、新しく品種をつくったり、開花や繁殖のことを研究するには学問が必要であります。これからは専門の学者と技術者、趣味者が一団となって、研究をすすめ、ツバキを通じて、国際親善に寄与しようというのが、目的です。

日本ツバキ協会副会長となった宮澤文吾は、日本産花木の中で椿は西洋人が最も興味をもつ植物の一つである。以前から相当な品種が作られており、最近は花形も花色も、一段と進歩している。彼の地ではツバキ協会は同好者の集まりではあるが、科学的にあらゆる角度から発達を図っていると、まず西欧やアメリカの現状を語っている。そのうえで、椿を学問的に研究することの影響を次のように述べる。

今度日本もツバキの協会ができましたので、外国の協会とも交流するようになりますので、日本においても学問的な基礎ということを考えてみる必要があります。つまり、ツバキを学問的にも、実用的にも、完成したというところまでもってゆき度いのですが、もし、ツバキの会がその目的を達することになりますと、その影響は、ほかの日本の全体の鑑賞植物の科学的、実用的な発達にも及ぶということになり、園芸全体の進歩の上からも結構なことと思います。

宮澤はこのように述べ、椿を学問的に、園芸の対象として研究することによる影響は、日本での園芸植物全体の発達に大いなる寄与となるものであるというのである。

この座談会の時点における日本の椿の現状も、同時に出席者から報告されている。

農家の生産林樹木に椿注目さる

椿は古くから神社、仏閣のほか民家の庭園に植えられた。さらには、農家では屋敷の生け垣や畑地の畦畔に植え、防風樹としてひろく利用されている。そこで拾われる果実から油が絞られ、椿油として利用されている。その油はオリーブ油に匹敵し、不乾性油としては世界的な品質をもっており、また食用油としても最高級品である。不乾性油とは、薄い層にして空気中にさらしても乾かない脂肪油のことで、代表的な油はオリーブ油・椿油の類であり、食用や滑剤（機械の滑りをよくするのに用いる油などのこと）となる。

昭和二四年（一九四九）秋、キティ・パトリシア台風が関東地方一円に大被害を及ぼした。そして翌年一月一一日には突風が栃木県黒磯町（現黒磯市）を中心とした開拓地を襲い、住宅の全壊六三戸、農作物の収穫皆無を予想されるもの七二町歩に及んだ。調査したところ、防風の対策がほとんどされていなかった。耕地の防風林は強風や冷風の防止、濃霧防止、防潮、防砂など、その効果は大きなものがある。昭和二五年あたりから、椿は特に強風や潮風に強いから、南九州のような台風の常襲地方では、学校や民家のみならず、畦畔に植えれば、その被害を軽減できるとして、農林省の関係者の間で注目された。

農林省農地事務局の高崎謙三は雑誌『農業朝日　五巻七号』（朝日新聞社、一九五〇年七月号）の「防風林・生産林としてツバキの利用を考えよう」の記事のなかで、「単に防風といった意味だけでなく、将来なんらかの農村副業的な意味のあるもの、つまり生産林として役立つものがあればこれにこしたことはない」という。防風林とすべき樹種は椿だとし、直根性であり、土質をあまり選ばない、木を大きくする必要性がないことから、椿は田畑の畦畔利用の木として最適であるうえ、実からしぼった椿油は植物油として最高の品質をもつと紹介している。

昭和二四年（一九四九）七月には、倉田益二郎が造林学全書の第四冊として『特用樹種』（朝倉書店）を著し、椿油を採るための椿と山茶花（さざんか）について、品種、分布及び適地、繁殖、植栽と管理などについて触れた。

昭和二七年（一九五二）には片山佐又（すけまた）が林業大系の第二冊として技術・経営の『特殊林産』（朝倉書店）を著している。倉田の『特用樹種』と同じように椿の造林などについて触れているが、こちらの方が詳しい。椿・山茶花の造林法には、直播（じかまき）法、苗木植付法、挿木法の三つの方法があり、それについてやや詳しく述べている。椿の実の収穫量、椿油の搾り方、椿油の性質と用途についても詳しく述べられている。

わが国での椿油の生産量は戦前には三五〇～四三〇トンであったが、昭和二一年には椿油で一六トンに激減した。終戦後は油脂類の不足にともない、椿・山茶花の増殖熱が高まり、実の採取も熱心に行われ、椿油生産量も再び上向き、昭和二四年には椿油一六〇トンを生産するに至ったと記す。

宮崎大学林学教授の外山三郎は昭和三〇年（一九五五）、宮崎大学の『教育と研究』に「つばき・さざんか」という論文を発表している。外山はこの論文で、林業の特用樹種（林業以外の特定の用途に使う樹木の種類）としての椿は、主に農家の副業的栽培で行われる。椿や山茶花（さざんか）の品種は非常に多いが、そのほとんどが鑑賞用の花とされるものだとして、秋の山、荒獅子、紅車など九〇種の品種名を掲げている。園芸品種は、花の一重・八重・千重の別、色、斑点の有無およびこれの多い少ない、形の大小、花の厚い薄いなどで区別されるけれども、これらの品種は結実することは極めて少ない。そして油質が良く油量の多い椿油用の優良品種の選定は、今後の課題だとしている。さらに椿苗の育成方法、造林および手入れ方法、育種、材の利用、油の利用などについて触れている。

前に触れた三浦伊八郎も自費出版の『椿春秋』のなかで、油料椿、造林とその管理などについて触れているが、満八〇歳の高齢となり、研究途中であきらめている。同書のあとがきのなかで、「椿油生産業が、その質において世界的純良な不乾性油であるにもかかわらず、斜陽産業になっていることについては、さらに一層の用途の拡張について油脂化学工業家の研究を待つべきものである。油の生産については、大規模な企業的造林・栽培を行い、製油との一貫作業を行うなど、弾性ゴムなどよりも桁違いに世界的に需要の多い物資である油脂の一種であるから、採算的大企業により、この日本特有の優良不乾性油の将来を祈るものである」と結んでいる。
林業関係者が椿油の原料生産として椿林の育成の提言を行ってはみたものの、昭和二八年（一九五三）ごろから始まった高度経済成長は、製紙・製糸原料として椿を含む広葉樹林の伐採を拡大させ、椿樹を減少させていった。また椿樹の木炭は良質であるため、椿が生育している地方では他の樹木とともに伐採され、木炭に焼かれた。林業関係者の目論みは外れたのである。

高度成長始期の椿関連図書

日本ツバキ協会の発足が契機となり、日本人の椿に対する見方が変わり、椿が美しい花のある園芸樹木としてブームをよんだ。その一つの証しに、昭和二八年（一九五三）から昭和四七年（一九七二）にかけての日本の高度成長期のはじまりのあたりには、椿に関する多くの図書が続々と発行されているので、その代表的なものを拾ってみる。

昭和二八年（一九五三）
○石井勇義編『園芸大辞典』誠文堂新光社……椿の品種一七一種を解説している。
昭和三一年（一九五六）
○石井勇義・穂坂八郎編『原色園芸植物図譜　第三〜四巻』誠文堂新光社
昭和三四年（一五五九）
○上原敬二著『樹木大図説　第三巻』有明書房……造園学の大家である上原が、ツバキの項において
この著作のなかで最も詳細に、知識を傾けて記述している。
昭和三五年（一九六〇）

○安達潮花著『椿の鑑賞と生花』高陽書院……豊富なカラー写真で雪椿・肥後椿・京椿の紹介を中心に椿の文化史、風俗、生花鑑賞、生花の方法、江戸時代に描かれた『百椿図』巻の図説がされている。

昭和三九年（一九六四）

○平塚泰蔵著『肥後椿』誠文堂新光社……戦後改めて時代の脚光を浴びた肥後椿の銘品七一品種の図説、椿の盆栽仕立て、庭木としての栽培法、沿革について記述されており、肥後椿の決定版である。

昭和四〇年（一九六五）

○三浦伊八郎著『椿春秋』自費出版……林学の教授であった著者の八〇歳記念出版物。林学上の椿と椿油資源について記述されている。

京都・銀閣寺門前の喫茶店でみかけた椿の一輪挿し。椿花の生け花の書は少ない。

昭和四一年（一九六六）

○津山尚・二口善雄共著『日本椿集』平凡社……画家二口の写生図に植物学者の津山が解説した椿の本格的な図説である。しかし江戸椿が中心で、京椿や肥後椿などは極めて少ない。

昭和四三年（一九六八）

○鈴木憲一著『ツバキの栽培の仕方』金園社……アマチュアの椿愛好家である文化人が著した異色の椿入門書である。

○津山尚編『日本の椿』武田科学事業財団……英文和文解説一冊と四二〇種の椿の品種の写真版。一冊はユキツバキ（雪椿）の品種、京椿、中京椿、肥後椿をはじめ各地の名椿の植物学的な記載、多くの新品種の原報、各部門の専門家による分担解説がある。

昭和四四年（一九六九）

○京都園芸倶楽部編『椿　花と文化』誠文堂新光社……『京都園芸』の「つばき特輯号」（昭和三五年〜四三年）の論文・随筆・椿探訪記を収録したものである。

昭和四五年（一九七〇）

○宮内庁蔵・渡辺武著『椿花図譜』講談社……江戸時代初期の椿の園芸品種の彩色写生図の原色複製版に、渡辺武博士の詳細な和英両文の考証解説と、浅井敬太郎博士の椿品種研究論文を添えた豪華本である。

昭和四六年（一九七一）

○日本椿協会編『椿』毎日新聞社……日本全国の椿の原生地、名椿、名木、社寺や家庭にある椿を解説した豪華写真版。

○安藤芳顕著『つばき名花の紹介と栽培』保育社……名椿のカラー写真があり、とくに唐椿とアメリカ椿の品種が多く紹介されている。

○小堀宗慶著『茶花』婦女界出版部……茶花のなかにしめる椿のウェイトは大きい。図を豊富に添えて茶花としての椿を特に詳しく述べている。

昭和四七年（一九七二）

○嶋田玄弥・渡辺武ら共著『日本の文様　椿』光琳社……明治以前の日本の染織、彫刻、染工、金工、陶磁器、絵画にあらわれた椿の文様の図録と解説書である。

○日本ツバキ協会編『現代椿集』講談社……椿の園芸品種四八六点を含む二二四頁のカラー写真と、

現代日本の各界の椿研究家三〇名の執筆による椿の百科辞典であり、園芸書の決定版である。

雪椿の園芸的発展

ユキツバキは学問的には戦後になって発見され、専門誌に発表された。実際には戦前にヤブツバキの変種として命名され、新潟県で栽培されてきた。戦後になり学術的にユキツバキ（雪椿）の生態が研究され、次のようなことが判ってきた。

ユキツバキは新潟県を中心とした東北・北陸地方の丘陵地帯から低山帯で、毎年の積雪量が一五〇センチ以上という多雪地方のブナ・ミズナラなどの落葉広葉樹林の下木として生育し、樹高は三メートルを超えることはない。幹は地表近くを斜めにはい、途中から枝を多く出し藪状となる。ユキツバキの枝はしなやかで、重い雪に押し付けられても折れたり裂けることはない。花の付く位置は低く、地表すれすれでも咲く。花の大きさや花弁の形などに変異が多いが、ヤブツバキにくらべ花弁の幅がせまく平開すること、雄しべの数がすくなく花糸（葯がついている糸状の柄）が鮮黄色で短いことが特徴である。開花期は海抜高の低いところでは四月中〜下旬であるが、高い山では残雪の雪解けのほぼ一週間後に開花する。生育限界に近い高山では、六月中旬となる。

落葉広葉樹林の内部ではユキツバキの花が実をつける割合は極めて低く、成熟した果実はまれである。林のへりや伐採跡地などの陽光がよく当たる場所では、花が多く咲くため果実も比較的多くつく。一果実当たりの種子数は、三〜四個で、種子はヤブツバキにくらべてやや大きい。ユキツバキの種子は、六月ごろ発芽する。しかし、実生はほとんどみつからない。ユキツバキは種子繁殖よりも、栄養繁殖でよく増えている。一〇〇年を超える年輪をもつ幹はほとんどない。

坂田祐介は「花の色で探るツバキの系統」（社会教育社編集企画センター編『植物の世界　第1号』社会教育社、一九八八年）で、椿の花の色素を調べてつぎのようにいう。

ユキツバキ系、ヤブツバキ系、サザンカ系のどの品種群でも寒色系ぎみの紅色や桃紅色の花が主流を占めるのは同じである。しかし、鮮明な暖色系の緋色（朱、朱紅、緋紅）や赤色（桃赤、赤、濃赤）の花の出現頻度は、ヤブツバキの九％やサザンカの五％に比較すると、ユキツバキは二二％と圧倒的に多い。このことは、ユキツバキだけに限って鮮明な色の品種が選抜された結果によるものではなく、ユキツバキ自体に鮮明な花をもつものが多かったことを意味している。

坂田は高速液体クロマトグラフィーで野生型ユキツバキの花弁の色素を分析した。分析色素から、「ヤブツバキとユキツバキとはかなり異質の系統発生で、従来考えられていた親子、兄弟などの近い関係ではないと考えたほうがよさそうである」と提言している。ユキツバキは中国の黄河下流南部に分布するズウジャンホウホアユーツア（浙江紅花油茶）を祖型とし、ヤブツバキは沖縄などの南西諸島に分布するホウザンツバキ（宝山椿）を祖型と考えたいとしている。

新潟県や富山県からは雪椿の原種ばかりでなく、数多くの栽培品種が見つけだされている。新潟県からは、津川、鹿瀬絞、雪小町、越の姫、波多野、風花、小佐渡が、富山県からは雪見の盃、森白、隼人白、白雪姫、雪華、匂乙女、桃雀、淡雪、宝珠、浄立寺、本法寺、桐野、足谷、八十島、黒雀が見つけだされ、津山尚博士によって命名されている。

北陸地方の雪椿系の品種はきわめて多彩で、強い性質の品種は昔から全国的に栽培され、椿の園芸種の大半は雪椿と関係があると、いわれている。

椿の名所めぐり

椿も開花前線をつくり、南から北へと咲きのぼっていく。一二月に伊豆や四国の南部で咲き始め、海岸部が早く咲き、内陸部は遅い。二月の終わりには太平洋側では福島県南部に、日本海側では鳥取県西部に達する。四月の終わりには本州の北端にまで達する。椿の名所が各地に生まれているので、椿の開花前線のように南から北へと、椿の名所を巡る。単木から、天然林として群落を構成しているもの、人工植栽のものなど諸種あるが、各種資料から都府県ごとにその名称をとりあげる。単木から一〇本程度までの、本数のすくないところは名称の頭に☆印をつけた。

椿の名所配置図
注・京都市内は多数のため
一括して大黒丸とした。

鹿児島県　屋久島の椿、桜島の椿

宮崎県　青島の子供の国の椿園、延岡城山公園の藪椿群、五ケ所町三ケ所神社の椿、西都市の有楽椿の里の椿、宮崎市の椿山森林公園の椿

長崎県　五島列島久賀（ひさか）島の椿、五島列島福江島の椿、長崎市長崎半島の権現山展望公園の椿、福島町初崎ヤブ椿群生林の椿

熊本県　天草市西平椿公園の椿、熊本城内の肥後椿園の椿

福岡県　久留米市立つばき公園の椿、久留米市石橋文化センターのつばき園の椿

佐賀県　☆玄海町の玄海原子力発電所の椿
高知県　足摺岬の椿、高知市五台山の椿
愛媛県　☆伊予三島・藤原の椿
香川県　小豆島東岸の浜寺付近の椿
徳島県　阿南市の椿自然園の椿
山口県　萩市笠山椿群生林の椿
広島県　☆世羅町山中福田の椿（長寿椿）、福山市平家谷つばき園の椿、広島市立植物園の椿
岡山県　後楽園の椿、岡山市の個人宅の三垣つばき園の椿、矢掛町圀勝寺境内の椿
島根県　松江城椿谷の椿、☆松江市八重垣神社の夫婦椿、簸川町村田製作所の椿園、江津市島の星山の椿の里の椿
奈良県　☆奈良市東大寺開山堂の糊こぼし（良弁椿）、☆奈良市白毫寺の五色椿（七福椿）、☆伝香寺の散椿（武士椿）、奈良市薬師寺の椿、大和郡山市椿寿庵の椿、桜井市海石榴市の里の椿山
大阪府　☆太子町二上山麓の個人宅の紅八重散椿、豊中市服部緑化植物園の椿山、交野市の大阪市立大学付属植物園の椿山
京都府　☆洛北尺八池付近の個人宅の有楽椿、☆京都貯金局構内の欺雪（だましゆき）、☆洛北鷹ケ峰の個人宅の唐椿、☆柊野（ひいらぎの）の個人宅の五色散椿、☆与謝野町の滝の千年椿、舞鶴市の舞鶴自然文化園の椿、☆左京区の法然院の三銘椿、☆左京区霊鑑寺の椿、上京区妙蓮寺の椿、二条城の椿、右京区平岡八幡宮の白玉椿、京府立植物園、宇治平等院の室町椿、石清水八幡宮の社叢の椿、☆金閣寺の胡蝶侘助、銀閣寺の椿生け垣、☆竜安寺の胡蝶侘助、☆地蔵院（椿寺）の五色散椿、八

幡市松花堂庭園の椿、久世郡浄安寺の椿
和歌山県　勝浦郡旧色川村坂足の椿
三重県　鈴鹿市の旧椿村の椿、尾鷲市大曽根公園の世界の椿園
愛知県　稲沢市の佐藤椿園の椿、幸田町本幸寺裏山の椿、吉良町華蔵寺境内の椿、犬山市有楽苑の椿
岐阜県　大垣市南宮大社社叢の椿
静岡県　伊東市の小室山公園の椿、下田市の下田公園の椿山の椿、静岡市の静峰園の椿の里、浜松市の万葉の森公園の椿
茨城県　水戸市偕楽園の椿
埼玉県　川口市の市立グリーンセンターの椿
東京都　伊豆大島の椿、調布市の白花藪椿、文京区の小石川植物園、神代植物園、☆町田市の個人宅の椿
千葉県　いすみ市椿公園
神奈川県　横浜市青葉区のこどもの国椿の森、藤沢市滝口寺の白椿、茅ヶ崎市の氷室椿庭園
石川県　奥能登狼煙（のろし）海岸の八幡社の千本椿、珠洲市山伏山の藪椿群生地の椿
富山県　黒部峡谷の入口の僧ケ岳の雪椿、氷見市長坂不動の大椿、☆氷見市老谷のさしまたの椿、南砺市のいのくち椿館、高岡市勝興寺の椿、山田村の雪椿、井口村の雪ばた椿と雪椿
新潟県　阿賀野市の椿華園の椿（藪椿・雪椿）、加茂市加茂山公園の椿園の雪椿と雪ばた椿
岩手県　大船渡市世界の椿館の椿、☆大船渡市熊野神社の三面椿

宮城県　松島湾宮戸島椿ガ丘の椿、宮古市鵜磯の藪椿生育地
秋田県　男鹿半島の能登山の椿
青森県　西津軽岩崎村まるやま公園の椿、深浦町へなしの椿山、夏泊海岸の椿山

椿が生育していない北海道と沖縄県を除く四五都府県のうち、実に三五都府県で一〇四か所もの椿の名所が存在していた。近世からの椿の生育地もあるが、およそ半数程度は戦後に植えられたところで、代表的なところの二～三か所を紹介する。

宮崎市の椿山森林公園は椿の自生地だが、防火林として椿が植えられたものの、手入れが行き届かずヤブ状態となっていた。椿山を蘇らせようと公園が作られ、昭和五九年（一九八四）に「世界一の椿園」を目指して一一一一種で五万本の規模を目指して椿の植樹が行われ、平成二年（一九九〇）に開園された。島根県江津市の島の星山に作られた椿の里は、平成二年に同市の経済人の有志が青少年健全育成と市民の憩いの場として、自然豊かで万葉の歴史の漂う地に椿の植樹をはじめ、造成されたものである。奈良県桜井市海石榴市の里の椿山は、昭和五八年（一九八三）に同市の椿好きの個人がそれまでに収集し植樹した約一〇〇〇種・約三ヘクタールの所有山林の椿を公開したものである。

日本ツバキ協会

日本ツバキ協会は純粋の趣味の会で、昭和二八年（一九五三）四月一日に、日本国内の椿を愛好する者たちの団体として発足した。平成二二年（二〇一〇）一月現在の会員は、個人会員一五〇〇名、法人会員三七法人である。本部事務所を東京におき、岩手県から沖縄県にいたる二六都府県に四五支部、韓国に一支部がある。支部がおかれていない府県での会員は、本部所属となっている。関連団体として全国椿サミ

ット協議会と国際ツバキ協会がある。

本部では会誌として一〇〇ページ以上の『椿』を年一回、会報として二〇ページの『ジャパンカメリア』を年三回発行し、研究発表や椿関連の知識の普及と会員の交流を図っている。会誌・会報は支部会員にも配布される。本部では春の椿展と、夏季の講習会を定例として開催しているほか、見学会を随時に企画・運営している。具体的には椿園めぐり、椿の挿し木や接ぎ木の講習会、椿サミットへの参加、中国やベトナムへの椿旅などがある。

日本ツバキ協会が企画・運営しているユニークな協議会に、全国椿サミット協議会がある。この協議会は平成二年（一九九〇）年に発足し、全国で四一の市町村が加入している。平成八年現在で、椿や山茶花（さざんか）をシンボルの花とする市町村は二〇三市町村あったが、平成の大合併があり、その後の市町村数は不詳である。全国椿サミットは、日本ツバキ協会会員や椿または山茶花を「町の花・町の木」として選んでいる自治体関係者など、椿や山茶花の愛好者が全国から集い、相互に交流を深めながら様々な椿の魅力にふれ、椿または山茶花を通じた地域作りに資することを目的に開催されている。平成元年（一九八九）度に当時の石川県野々市町（現野々市市）が全国の自治体に呼びかけ、当地で開催された全国つばきフォーラムが発展したものである。交流内容は、椿の文化、歴史、栽培、育種などに関する研究発表を主体として、交流を図っている。第一回全国椿サミットは平成三年（一九九一）に東京都大島町で開かれ、平成二四年（二〇一二）まで二三回を数える。

椿は日本原産の花木だが、現在は西欧から中国、アジア各国などで栽培され、愛でられており、国際ツバキ協会が設立されている。これはイギリスの故チャールズ・パドルが、椿栽培品種の命名の混乱を解決したいとの願いから、有力な椿研究家・栽培家たちと連絡をとりあっているうちに、一九六一年（昭和三六年）の初頭に「国際ツバキ協会を設けたらどうか」と提案があったことをきっかけとして、翌一九六二年四月に正式に設立された。

平成二二年（二〇一〇）現在、国際ツバキ協会は世界二六か国二〇〇〇名強の会員がいる。欧米の会員が多いが、最近は中国の加入者が多く、会員数では日本よりも多い。国際ツバキ協会のメイン行事は、隔年に世界各国持ち回りで開催される国際ツバキ大会である。これまで日本では京都市（昭和五五年）、舞鶴市（平成二年）、宮崎市（平成一一年）、久留米市（平成二二年）で開催されている。椿に関する研究発表や見学会、プレ・ポストツアーで親善と交流が図られている。

椿の現況と将来

日本ツバキ協会は平成二二年（二〇一〇）に『最新　日本ツバキ図鑑』（誠文堂新光社）（以下『図鑑と記す』）を編集している。序によれば、「国際ツバキ協会宮崎大会の前年の一九九八年五月、全国の椿愛好家から寄せられたツバキ二四五〇種、サザンカ二〇種を網羅して『日本ツバキ・サザンカ名鑑』が刊行されました」と記している。そのなかから、外来種の実生はわが国で発芽させたものに限定、愛好家が入手しやすい品種を中心とし、『名鑑』以降の新品種は市場に出ているものから選抜し、『図鑑』を編集したと述べている。『図鑑』は、ヤブツバキ系（ユキツバキ系を含む）、変わり葉・変わり枝、肥後ツバキ、ワビスケ・ワビ芯ツバキ、種間雑種、サザンカの六系統に分け、さらに色別に一重、八重、千重などの花型に分類している。掲載されたものは、『名鑑』の約半数である。

一　ヤブツバキ系（ユキツバキ系を含む）

白の一重（一楽、一休、白玉など）　七九種
白の唐子咲き（白唐子、白腰蓑、黄金の塔など）　八種
白の八重（姫白雪、室町椿、白羽衣など）　二八種
白の獅子・牡丹咲き（さぬき雪姫、雪牡丹、白拍子など）　九種
白の宝珠咲き（白妙、宝珠など）　三種
白の千重（白菊、白乙女、限りなど）　九種
桃色〜紅色の一重（陽の岬、野々市、忍ぶ寺など）　一九六種
桃色〜紅色の唐子咲き（獅子頭、八千代、玉抱など）　二五種
桃色〜紅色の八重（彩門、雅、山路など）　八四種
桃色〜紅色の獅子・牡丹咲き（蝶の花形、淡海、秋牡丹など）　二五種
桃色〜紅色の宝珠咲き（蓮華世界、桃子、赤玉など）　八種
桃色地〜紅色地に白斑の一重（微笑、房前、玉の井など）　四〇種
桃色地〜紅色地に白斑の唐子咲き（御所車、絞大唐子など）　四種
桃色地〜紅色地に白斑の八重（縞千鳥、星牡丹、花橘など）　四二種

桃色の大輪で花弁が一つずつ散る品種。市販されている。

桃色地〜紅色地に白斑の獅子・牡丹咲き（横川絞、春日山など）　八種
紅色地に白斑の宝珠咲き（紅玉、神戸絞）　二種
桃色地〜紅色地に白斑の千重（唐の紅、菊冬至、星車など）　一二種
紅覆輪の一重（聚楽、加茂覆輪など）　三種
紅覆輪の八重（美羽、プリンセス雅子など）　四種
紅覆輪の獅子・牡丹咲き（酒水花）　一種
白覆輪の一重（覆輪秋の山、幾年月、夕焼富士など）　二三種
白覆輪の唐子咲き（源氏唐子、越天楽など）　四種
白覆輪の八重（五智の宝冠、玉肥前、玉ありあけなど）　一二種
白覆輪の獅子・牡丹咲き（源門牡丹、光源氏など）　三種
白覆輪の千重（覆輪乙女、まほろばなど）　三種
白地に縦絞りの一重（秋の山、秋一番、牧水など）　三五種
白地に縦絞りの二段咲き（松波、花車）　二種
白地に縦絞りの唐子咲き（淡路島、元唐子など）　三種
白地に縦絞りの八重（玉手箱、イカリ紋、絞り羽衣など）　二六種
白地に縦絞りの獅子・牡丹咲き（衣君、三宝の舞、阿多君など）　五種
白地に縦絞りの宝珠咲き（八尾錦、九重、大宮姫）　三種
白地に縦絞りの千重（花見笠、雪更紗）　二種
桃色地〜紅色地に縦絞りの一重（加賀小紋、日天、雪中花など）　一二種

桃色地〜紅色地に縦絞りの八重（星宿り、春の舞、無類紋など）　二七種
桃色地〜紅色地に縦絞りの獅子・牡丹咲き（島の錦、神楽獅子など）　九種
桃色地〜紅色地に縦絞りの宝珠咲き（舞姫、通鳥、浮御堂など）　五種
桃色地〜紅色地に縦絞りの千重（絞乙女、源平絞、染川など）　五種
紅地に白の縦筋入り（さぬき司、千歳菊、伯耆車など）　七種
咲き分け一重（千葉五色椿、紅サシ、白毫寺五色など）　八種
咲き分け八重（想いの儘、日月、五色八重散椿など）　四種
咲き分け宝珠咲き（七耀変化）　一種

二　変わり葉・変わり枝ツバキ

変わり葉（弁天一楽、白弁天、富士の雪など）　五二種
変わり枝（鳴子七変化、三河雲竜、冴香雲竜など）　六種

三　肥後椿

一重の大輪で梅芯咲きの特異な花型（日本錦、大阿蘇など）　一〇五種

四　ワビスケ・ワビ芯ツバキ

ワビスケ（白侘助、白小蝶、九十九侘助など）　四〇種
ワビ芯ツバキ（朝倉侘芯、一子侘助、佐渡侘助など）　二二種

五　種間雑種

日本で作出した交雑雑種（胡蝶、星の子、額田姫など）　一〇三種

戦前までは細々と命脈をたもっていた椿園芸だが、戦後にいたり欧米の椿園芸の隆盛に刺激され、日本ツバキ協会が設立された。このことにより、個人的に行われていた調査・研究、宣伝、普及のしごとは日本ツバキ協会の本部や、都府県に設置されている同協会支部により、組織的に、機関として行われるようになった。その影響もあり、戦後の椿園芸は盛んになり、愛好者は大きく増加した。私が住む大阪府枚方市の自宅近所限定だが、庭木の植えられる庭のある家のほとんどから、椿の姿を見るようになっている。椿の花は美しいから、人びとは手近なところで鑑賞できるように、植えるのである。

六　サザンカ（筆者が省略した）

近年日本から欧米に輸出される椿には、近世作出の江戸や関西周辺などの品種があり、日本名のまま彼の地で販売されたりしている。欧米からも、作出された椿が輸入され、アメリカ椿とかオーストラリア椿として売られるようになり、人びとに支持されている。

日本にはヤブツバキとユキツバキの原種が存在し、育種の元の種となる。中国や東南アジアには広くツバキ属が分布しており、種類は二〇〇種にのぼるといわれる。これらを原種として、花色や花形変異の拡大、耐寒性を強めるなどを目的に雑種が育成されている。

しかし、椿の原種が生育する地は、大規模開発により極めて狭められている。このままでは原種が消えかねない現実がある。その点の認識を多くの日本人が理解することが大切である。それができれば、日本での椿の世界は大きく開かれていくと考える。

参考文献

[古典とその解説書]

佐々木信綱編『新訂新訓　万葉集　上巻』岩波文庫　岩波書店　一九二七年
佐々木信綱編『新訂新訓　万葉集　下巻』岩波文庫　岩波書店　一九二七年
西尾実・安良岡康作校注『新訂徒然草』岩波文庫　岩波書店　一九二八年
金谷治訳注『荘子　第一冊内篇』岩波文庫　岩波書店　一九七一年
佐々木信綱校訂『新古今和歌集』岩波文庫　岩波書店　一九二九年
西下経一校訂『後拾遺和歌集』岩波文庫　岩波書店　一九四〇年
倉野憲司校注『古事記』岩波文庫　岩波書店　一九六三年
鈴木牧之編撰・岡田武松校訂『北越雪譜』岩波文庫　岩波書店　一九三六年
伊藤博『萬葉集全注　巻第一』有斐閣　一九八三年
渡瀬昌忠『萬葉集全注　巻第七』有斐閣　一九八五年
曽倉岑『萬葉集全注　巻第十三』有斐閣　二〇〇五年
青木生子『萬葉集全注　巻第十九』有斐閣　一九九七年
木下正俊『萬葉集全注　巻第二十』有斐閣　一九八八年
阿蘇瑞枝『萬葉集　全歌講義　第一巻』笠間書院　二〇〇六年
阿蘇瑞枝『萬葉集　全歌講義　第四巻』笠間書院　二〇〇八年
阿蘇瑞枝『萬葉集　全歌講義　第七巻』笠間書院　二〇一一年

吉野裕訳『風土記』東洋文庫　平凡社　一九六九年
黒板勝美・国史大系編修委員会編『延喜交替式・貞観交替式・延喜式』新訂増補国史大系二六　吉川弘文館　一九六五年
赤塚忠『荘子　上』全訳漢文大系第十六巻　集英社　一九七四年
小林信明『列子』新訳漢文大系二二　明治書院　一九八七年
屋代弘賢編、復刻版監修西山松之助・朝倉治彦『古今要覧稿　第四巻』原書房　一九八二年
屋代弘賢編、復刻版監修西山松之助・朝倉治彦『古今要覧稿　第五巻』原書房　一九八二年
屋代弘賢編、復刻版監修西山松之助・朝倉治彦『古今要覧稿　第六巻』原書房　一九八二年
菅江真澄著、内田武志・宮本常一訳『菅江真澄遊覧記　1』東洋文庫　平凡社　一九六五年
島田勇雄・竹島敦夫・樋口元巳訳注『和漢三才図会　一五』東洋文庫　平凡社　一九九〇年
市島謙吉編『夫木和歌抄』国書刊行会　一九〇六年
宇治谷孟『全現代語訳　日本書紀　上』講談社学術文庫　講談社　一九八八年
宇治谷孟全現代語訳『続日本紀（下）』講談社学術文庫　講談社　一九九五年
福永光司『荘子　内篇』講談社学術文庫　講談社　二〇一一年
伏見宮貞成親王『看聞御記』続群書類従完成会　一九三〇年
鳳林承章著、赤松俊秀編・校注『隔冥記』第一　鹿苑寺　一九五八年、第二　一九五九年、第三　一九六〇年、第四　一九六一年、第五　一九六四年、第六　一九六七年
三浦浄心『慶長見聞集』（江戸叢書刊行会編纂『江戸叢書巻の2』名著刊行会、一九六四年）
林羅山「百椿図序」『羅山先生文集』巻第四九

［花・花木園芸・生け花］
上原敬二『樹木大図説　Ⅲ』有明書房　一九六一年
小林忠雄・半田賢龍『花の文化誌』雄山閣出版　一九九九年

桜井満『万葉の花』雄山閣出版　一九八四年
桜井満『万葉の花――花と生活文化の原点』雄山閣出版　一九八四年
宮澤文吾『花木園芸』八坂書房　一九七八年復刻
伊藤伊兵衛三之丞著、京都園芸倶楽部編『花壇地錦抄・増補地錦抄』八坂書房　一九八三年
桐野秋豊『色分け花図鑑　椿』学習研究社　二〇〇五年
桐野秋豊監修『花の旅　ツバキ』日本列島花 maps 北隆館　一九九六年
桐野秋豊・横山三郎著、写真神園英彦『日本の椿花』淡交社　一九八八年
日本ツバキ協会編『日本ツバキ図鑑』誠文堂新光社　二〇一〇年
講談社編『椿づくし』講談社　二〇〇五年
京都園芸倶楽部『椿――花と文化』誠文堂新光社　一九六九年
塚本洋太郎監修、渡辺武・安藤芳顕著『花と木の文化　椿』家の光協会　一九八〇年
廣江美之助『京都　祭と花』青菁社　一九九〇年
堀田満『京都　植物たちの物語――古都の花と緑と作物』かもがわ出版　一九八七年
主婦の友社編・発行『花材別　いけばな芸術全集3　椿・水仙』一九七三年
山根有三編『図説いけばな大系5　いけばな歳時記』角川書店　一九七二年
竹村俊則『京の名花・名木』淡交社　一九九六年
策伝著『百椿集』塙保己一編・太田藤四郎補『続群書類従・巻第九四〇・雑部九〇』続群書類従完成会　一九八四年訂正第三版第六刷
近世歴史資料研究会訳編『近世歴史資料集成　第V期　第七巻　園芸（1）草木錦葉集』科学書院　二〇〇八年
近世歴史資料研究会訳編『近世歴史資料集成　第V期　第七巻　園芸（2）草木奇品家雅見、花壇綱目、錦繍枕、花壇地錦抄』科学書院　二〇〇八年
小笠原左衛門尉亮軒『江戸の花競べ』青幻社　二〇〇八年
平野恵『十九世紀日本の園芸文化――江戸と東京、植木屋の周辺』思文閣出版　二〇〇六年

中尾佐助『花と木の文化史』岩波新書　岩波書店　一九八六年

［樹木・植物］

中根三枝子『萬葉植物歌考』渓声出版　二〇一〇年
木下武司『万葉植物文化誌』八坂書房　二〇一〇年
斎藤正二『植物と日本文化』八坂書房　一九七九年
渡辺典博『ヤマケイ情報箱　巨樹・巨木』山と渓谷社　一九九九年
渡辺典博『ヤマケイ情報箱　続巨樹・巨木』山と渓谷社　二〇〇五年
北村四郎・村田源『原色日本植物図鑑　木本編Ⅱ』保育社　一九七九年
佐竹義輔・原寛・亘理俊次・富成忠夫編『日本の野生植物　木本』平凡社　一九八九年
日本ツバキ協会編『最新　日本ツバキ図鑑』誠文堂新光社　二〇一〇年
林弥栄『有用樹木大図説（林木編）』誠文堂新光社　一九六九年
牧野和春監修『樹木詣で――巨樹・古木の民俗紀行』別冊太陽　平凡社　二〇〇二年
日野巌『植物怪異伝説新考　上』中公文庫　中央公論社　二〇〇六年
農林省山林局編・発行『椿及ビ山茶花ニ関スル調査』一九三一年
大国三郎『山茶（つばき）及び茶梅（さざんか）と椿油（つばきゆ）』大日本山林会　一九三二年
上原敬二『樹木の美性と愛護』加島書店　一九六八年
大場秀章・秋山忍『ツバキとサクラ』現代日本生物誌8　岩波書店　二〇〇三年
岩崎灌園『本草図譜　巻之九十一　灌木類』同朋舎出版　一九八一年
中山雄平「剪花翁伝」今江正知・秋山伸一・君塚仁彦校注『日本農書全集55　園芸2　養菊指南車・植木手入秘伝・剪花翁伝』農山漁村文化協会　一九九九年
益軒会編纂『益軒全集巻之一　花譜』益軒全集刊行部　一九一〇年
小野羅山『本草綱目啓蒙　2』東洋文庫　平凡社　一九九一年

貝原益軒著、校注者代表矢野宗幹『大和本草』有明書房　一九八〇年
伊藤武夫『三重県植物誌』三重県植物誌発行所　一九三二年
岡田稔監修『新訂原色牧野和漢薬草大図鑑』北隆館　二〇〇二年
牧野富太郎『牧野新日本植物図鑑』北隆館　一九六一年
津山尚「ツバキの野生種」朝日新聞社編・発行『朝日百科　世界の植物』一九七八年
三浦伊八郎著・発行『椿春秋』一九六五年

〔辞書・辞典類・歳時記〕

新村出編『広辞苑　第四版』岩波書店　一九九一年
神宮司庁蔵版『古事類苑　植物一』吉川弘文館　一九八〇年
神宮司庁蔵版『古事類苑　飲食部』吉川弘文館　一九八四年
神宮司庁蔵版『古事類苑　神祇部　二』吉川弘文館　一九八一年
国史大辞典編集委員会編『国史大辞典　第五巻』吉川弘文館　一九九二年
平凡社地方資料センター編『日本歴史地名大系第二巻　青森県の地名』平凡社　一九八二年
平凡社地方資料センター編『日本歴史地名大系第五巻　秋田県の地名』平凡社　一九八〇年
平凡社地方資料センター編『日本歴史地名大系第三〇巻　奈良県の地名』平凡社　一九八一年
平凡社地方資料センター編『日本歴史地名大系第三六巻　広島県の地名』平凡社　一九八〇年
平凡社地方資料センター編『日本歴史地名大系第四五巻　大分県の地名』平凡社　一九九五年
朝倉治彦校注『東都歳時記２』東洋文庫　平凡社　一九七〇年
下中邦彦編『大百科事典』平凡社
諸橋轍次『大漢和辞典　巻一一』大修館書店
中村幸彦・岡見正雄・阪倉篤義編『角川古語大辞典　第五巻』角川書店
鈴木棠三『日本俗信辞典』角川書店　一九八二年

塚本洋太郎監修『原色茶花大事典』淡交社　一九八八年
相賀徹夫編『園芸植物大事典　3』小学館　一九八九年
荒川浩和「椿の模様」第二アートセンター編『日本の文様10　椿・藤・柳』小学館　一九八七年
平井能「椿と文様」島田玄弥・五来重・渡辺武・元井能・河原正彦『日本の文様　椿』光琳社出版　一九七二年
中島泰之助『日本の文様　椿』光琳社出版　一九七二年
草川俊『有用草木博物事典』東京堂出版　一九九二年
大槻文彦『新訂大言海』冨山房　一九五六年
物集高見『廣文庫　第十三冊』廣文庫刊行会　一九三七年

〔地誌・地方史〕

八日市市史編さん委員会編『八日市市史第三巻　近世』八日市市役所　一九八六年
海老名市編・発行『海老名市史9　別編　民俗』一九九三年
萩市史編纂委員会編『萩市史　第三巻』萩市　一九八七年
新島村編・発行『新島村史　通史編』一九九六年
氷見市史編さん委員会編『氷見市史9　資料編七　自然環境』氷見市　一九九九年
深浦町編『深浦町史』深浦町役場　一九七七年
珠洲市史編さん専門委員会編『珠洲市史　第一巻　資料編　自然・考古・古代』石川県珠洲市役所　一九七六年
土佐清水市史編纂委員会編『土佐清水市史　下巻』土佐清水市　一九八〇年
福江市史編集委員会編『福江市史　上巻』福江市　一九九五年
立木猛治『伊豆大島志考』伊豆大島志考刊行会　一九六一年
利島村編・発行『利島村史　通史編』一九九六年
辻村太郎跋、山口貞夫著『伊豆大島図誌』地人社　一九三六年
新熊本市史編纂委員会編『新熊本市史　通史編第四巻　近世Ⅱ』熊本市　二〇〇三年

東京市役所編・発行『東京市史稿　遊園編第壱』一九二九年
東京市役所編・発行『東京市史稿　遊園編第弐』一九二九年
貝原益軒「京城勝覧」益軒会編『益軒全集　七』国書刊行会　一九七三年

［民俗・宗教・風俗習慣］

桜井徳太郎編『地蔵信仰』民衆宗教史叢書第一〇巻　雄山閣出版　一九八三年
柳田国男「椿は春の木」『定本柳田国男集　第二巻』筑摩書房　一九六八年
芳賀登・石川寛子『油脂・調味料・香辛料』全集日本の食文化第五巻　雄山閣出版　一九九八年
菅江真澄「外浜奇勝（二）」内田武志・宮本常一編訳『菅江真澄遊覧記　3』東洋文庫　平凡社　一九六七年
菅江真澄「津軽の奥（一）」内田武志・宮本常一編訳『菅江真澄遊覧記　3』東洋文庫　平凡社　一九六七年
菅江真澄「男鹿の寒風」内田武志・宮本常一編訳『菅江真澄遊覧記　5』東洋文庫　平凡社　一九六八年
菅江真澄「男鹿の秋風」内田武志・宮本常一編訳『菅江真澄遊覧記　5』東洋文庫　平凡社　一九六八年
折口信夫「花の話」『折口信夫全集　二巻　古代研究』中央公論社　一九五五年

［論文・報告］

高瀬重雄「日本海をわたった椿油——日渤交渉史上の一事実」日本海史編纂事務局編『日本海地域の歴史と文化』文献出版　一九七九年
外山三郎「つばき・さざんか」宮崎大学『教育の研究　23号』一九五五年
光谷拓実「古代庭園の植生復元——出土大形植物遺存体から」『奈良国立文化財研究所創立三〇周年記念論文集』同朋舎　一九八三年

［その他］

大橋英一著・発行『未知への挑戦』一九九一年

島地謙・伊東隆夫編『日本の遺跡出土製品総覧』雄山閣　一九八八年
森川昌和・橋本澄夫『鳥浜貝塚　縄文のタイムカプセル』読売新聞社　一九九四年
渡辺実『日本食生活史』吉川弘文館　二〇〇七年
飛田範夫『日本庭園の植栽史』京都大学出版会　二〇〇二年
稲田浩二・小澤俊夫責任編集『日本昔話通観』第2巻〜第26巻　同朋舎出版　一九七八〜一九八八年（関係する府県は、青森・岩手・宮城・秋田・山形・福島・新潟・富山・石川・福井・岐阜・静岡・愛知・三重・滋賀・奈良・和歌山・兵庫・鳥取・島根・山口・広島・福岡・長崎）

あとがき

椿の思い出は幼少のころの生家である。農家だった生家には椿が二本あった。一本は曾祖父が自分で築き始めた築山くずれが門(かど)にあり、小山の上には松と梅が植えられ、その周りを皐月(さつき)がかこっていた。築山の東側の麓部分に八重桜とともに八重椿があった。その先には大人が一人では抱えきれないくらいの大きさの幹で、甘い実のなる柿の木があった。八重椿はぽったりとした花を付けていたが、子供時分の私にはほとんど関心がなかった。

もう一本の椿は、背戸の松山の一角にあった藪椿で、子供心には大層太いと思っていたが、先年帰郷したときに見たら、さほど太い樹ではなかった。体格の小さな幼少の頃に見たので、体格に合わせると太いと思ったのであろうか。その椿の樹には、よく登って枝の股にのって遊んだものである。兄に教えてもらったのだろうと思うが、椿の花の萼片(がくへん)の部分（私たちはそれを花の尻といっていた）を吸うと蜜があって甘かった。樹に咲いている花をもぎ取っては花の尻をすって、甘い蜜を舐めていた。ところが、花によっては先客の蟻が入っているものがあり、酸っぱいといおうか、辛いといおうか、それまで吸っていた蜜の味を一変させるものであった。

その後、林業関係の仕事に就いて常緑広葉樹林の山を歩いたが、椿をあまり見かけることはなかった。

退職した後、帰郷の途中に所要があって、岡山県の閑谷（しずたに）学校へ寄り道したとき、学校の北東部分の一角に、椿の純林があるところを見つけた。椿の木はさほど大きなものではなかったが、林は非常に混みあって一メートル四方の間に一〇本くらい生立しているようにも見え、林の中は真っ暗で、地面には植生はまったくみられない土壌剝き出しの状態であった。

退職間際になって一戸建ての古家を買ったとき、猫の額ほどの庭に仲介業者が菊桃と大輪の八重咲きで絞りのある花を咲かせる椿を一本植えてくれた。品種名は分からないが、毎年律義にたくさんの花を咲かせてくれる。枝によって、濃い紅色の花だけを咲かせるものもみられる。果実はほとんど稔らない。したがって、実生の苗が樹下に生えてくることもない。

そんな状況のなかで、椿のことを調べ始めた。

生態学では常緑広葉樹林のことをヤブツバキクラス域の森林だというが、私はこれまで歩いた常緑広葉樹林では林内の椿を見た経験はほとんどなかった。椿の植物誌を記しながら、学説とされているのだから、間違いはないだろうと思っていた。

昨年の年末に、娘が幼い孫二人をつれて正月休みにきた。子守がてら近くの石清水八幡宮にいき、孫たちをケーブルカーに乗せたいという。私も同行して京阪電車の八幡市駅でケーブルカーに乗り換え、山上駅でおり、神社に向かって歩きはじめた。駅を出たところから石清水八幡宮の境内林の常緑広葉樹林となっている。椿のことを書きながら、以前参拝したことのある石清水八幡宮のまわりは常緑広葉樹林なので、椿があるはずとずっと考えていた。その気で参道の両側に森林をみると、上木のクスノキ、アラカシ、カゴノキ、シイノキ等の一段下に、ツバキの樹があるわあるわ、無数といっていいほど見つかった。

なんのことはない、これまでの常緑広葉樹林の林内の椿は、注意して見ていなかったから見つからなかかったのであろう。いわゆる「見れども見えず」の状態であった。石清水八幡宮の境内林は、山上の神社を巡る周囲はどこも椿が生育している森林であったのだ。それにしても、この神社境内林は椿の名所として紹介されていない。隠れたヤブツバキの見所となっている。

さて本書では、日本人と椿の花に関わる文化事象について記してきたが、椿の木材としての利用や椿油、あるいは椿の美術工芸などについてはほとんど触れることができなかった。改めてこれらについて調べたいと考えている。

本書が成るにあたっては、いつものことながら出版にご理解を戴いた法政大学出版局、ならびに編集に多大のご苦労をおかけした松永辰郎氏、資料収集にお世話になった近畿大学中央図書館の寺尾さん、中井悦子さん、資料執筆の諸先生方に厚くおん礼申し上げます。

平成二十六年十月一日

有岡利幸

著者略歴

有岡利幸（ありおか　としゆき）

1937年，岡山県に生まれる．1956年から1993年まで大阪営林局で国有林における森林の育成・経営計画業務などに従事．1993～2003年３月まで近畿大学総務部総務課に勤務．2003年より2009年まで（財）水利科学研究所客員研究員．1993年第38回林業技術賞受賞．
著書：『森と人間の生活――箕面山野の歴史』（清文社，1986），『ケヤキ林の育成法』（大阪営林局森林施業研究会，1992），『松と日本人』（人文書院，1993，第47回毎日出版文化賞受賞），『松――日本の心と風景』（人文書院，1994），『広葉樹林施業』（分担執筆，（財）全国林業改良普及協会，1994），『資料　日本植物文化誌』（八坂書房，2005）『松茸』（1997），「梅Ⅰ・Ⅱ』（1999），『梅干』（2001），『里山Ⅰ・Ⅱ』（2004），『桜Ⅰ・Ⅱ』（2007），『秋の七草』『春の七草』（2008），『杉Ⅰ・Ⅱ』（2010），『檜』（2011），『桃』（2012），『柳』（2013）（以上，法政大学出版局刊）

ものと人間の文化史　168・椿（つばき）

2014年11月10日　初版第１刷発行

発行所　一般財団法人　法政大学出版局
〒102-0071 東京都千代田区富士見2-17-1
電話03(5214)5540／振替00160-6-95814
印刷／三和印刷　製本／誠製本

Printed in Japan

ISBN978-4-588-21681-7

ものと人間の文化史

★第9回梓会出版文化賞受賞

人間が〈もの〉とのかかわりを通じて営々と築いてきた暮らしの足跡を具体的に辿りつつ文化・文明の基礎を問いなおす。手づくりの〈もの〉の記憶が失われ、〈もの〉離れが進行する危機の時代におくる豊穣な百科叢書。

1 船　須藤利一編

海国日本では古来、漁業・水運・交易はもとより、大陸文化も船によって運ばれた。本書は造船技術、航海の模様の推移を中心に、漂流、船霊信仰、伝説の数々を語る。四六判３６８頁 '68

2 狩猟　直良信夫

人類の歴史は狩猟から始まった。本書は、わが国の遺跡に出土する獣骨、猟具の実証的考察をおこないながら、狩猟をつうじて発展した人間の知恵と生活の軌跡を辿る。四六判２７２頁 '68

3 からくり　立川昭二

〈からくり〉は自動機械であり、驚嘆すべき庶民の技術的創意がこめられている。本書は、日本と西洋のからくりを発掘・復元・遍歴し、埋もれた技術の水脈をさぐる。四六判４１０頁 '69

4 化粧　久下司

美を求める人間の心が生みだした化粧—その手法と道具に語らせた人間の欲望と本性、そして社会関係。歴史を遡り、全国を踏査して書かれた比類ない美と醜の文化史。四六判３６８頁 '70

5 番匠　大河直躬

番匠はわが国中世の建築工匠。地方・在地を舞台に開花した彼らの造型・装飾・工法等の諸技術、さらに信仰と生活等、職人以前の独自で多彩な工匠的世界を描き出す。四六判２８８頁 '71

6 結び　額田巌

〈結び〉の発達は人間の叡知の結晶である。本書はその諸形態および技法を作業・装飾・象徴の三つの系譜に辿り、〈結び〉のすべてを民俗学的・人類学的に考察する。四六判２６４頁 '72

7 塩　平島裕正

人類史に貴重な役割を果たしてきた塩をめぐって、発見から伝承・製造技術の発展過程にいたる総体を歴史的に描き出すとともに、その多彩な効用と味覚の秘密を解く。四六判２７２頁 '73

8 はきもの　潮田鉄雄

田下駄・かんじき・わらじなど、日本人の生活の礎となってきた伝統的はきものの成り立ちと変遷を、二〇年余の実地調査と細密な観察・描写によって辿る庶民生活史　四六判２８０頁 '73

9 城　井上宗和

古代城塞・城柵から近世代名の居城として集大成されるまでの日本の城の変遷を辿り、文化の各領野で果たしてきたその役割を再検討。あわせて世界城郭史に位置づける。四六判３１０頁 '73

10 竹　室井綽

食生活、建築、民芸、造園、信仰等々にわたって、竹と人間との交流史は驚くほど深く永い。その多岐にわたる発展の過程を個々に辿り、竹の特異な性格を浮彫にする。四六判３２４頁 '73

11 海藻　宮下章

古来日本人にとって生活必需品とされてきた海藻をめぐって、その採取・加工法の変遷、商品としての流通史および神事・祭事での役割に至るまでを歴史的に考証する。四六判３３０頁 '74

12 絵馬　岩井宏實

古くは祭礼における神への献馬にはじまり、民間信仰と絵画のみごとな結晶として民衆の手で描かれ祀り伝えられてきた各地の絵馬を豊富な写真と史料によってたどる。四六判３０２頁 '74

13 機械　吉田光邦

畜力・水力・風力などの自然のエネルギーを利用し、幾多の改良を経て形成された初期の機械の歩みを検証し、日本文化の形成における科学・技術の役割を再検討する。四六判２４２頁 '74

14 狩猟伝承　千葉徳爾

狩猟には古来、感謝と慰霊の祭祀がともない、人獣交渉の豊かで意味深い歴史があった。狩猟用具、巻物、儀式具、またけものたちの生態を通して語る狩猟文化の世界。四六判３４６頁 '75

15 石垣　田淵実夫

採石から運搬、加工、石積みに至るまで、石垣の造成をめぐって積み重ねられてきた石工たちの苦闘の足跡を掘り起こし、その独自な技術の形成過程と伝承を集成する。四六判２２４頁 '75

16 松　高嶋雄三郎

日本人の精神史に深く根をおろした松の伝承に光を当て、食用、薬用等の実用の松、祭祀・観賞用の松、さらに文学・芸能・美術に表現された松のシンボリズムを説く。四六判３４２頁 '75

17 釣針　直良信夫

人と魚との出会いから現在に至るまで、釣針がたどった一万有余年の変遷を、世界各地の遺跡出土物を通して実証しつつ、漁撈によって生きた人々の生活と文化を探る。四六判２７８頁 '76

18 鋸　吉川金次

鋸鍛冶の家に生まれ、鋸の研究を生涯の課題とする著者が、出土遺品や文献・絵画により各時代の鋸を復元・実験し、庶民の手仕事にみられる驚くべき合理性を実証する。四六判３６０頁 '76

19 農具　飯沼二郎／堀尾尚志

鍬と犂の交代・進化の歩みとして発達したわが国農耕文化の発展経過を世界史的視野において再検討しつつ、無名の農民たちによる驚くべき創意のかずかずを記録する。四六判２２０頁 '76

20 包み　額田巖

結びとともに文化の起源にかかわる〈包み〉の系譜を人類史的視野において捉え、衣・食・住をはじめ社会・経済史、信仰、祭事などにおけるその実際と役割とを描く。四六判３５４頁 '77

21 蓮　阪本祐二

仏教における蓮の象徴的位置の成立と深化、美術・文芸等に見る人間とのかかわりを歴史的に考察。また大賀蓮はじめ多様な品種とその来歴を紹介しつつその美を語る。四六判３０６頁 '77

22 ものさし　小泉袈裟勝

ものをつくる人間にとって最も基本的な道具であり、数千年にわたって社会生活を律してきたその変遷を実証的に追求し、歴史の中で果たしてきた役割を浮彫りにする。四六判３１４頁 '77

23-Ⅰ 将棋Ⅰ　増川宏一

その起源を古代インドに、我国への伝播の道すじを海のシルクロードに探り、また伝来後一千年におよぶ日本将棋の変化と発展を盤、駒、ルール等にわたって跡づける。四六判２８０頁 '77

23-Ⅱ 将棋Ⅱ　増川宏一

わが国伝来後の普及と変遷を貴族や武家・豪商の日記等に博捜し、遊戯者の歴史をあとづけると共に、中国伝来説の誤りを正し、将棋宗家の位置と役割を明らかにする。四六判３４６頁 '85

24 湿原祭祀 第2版　金井典美

古代日本の自然環境に着目し、各地の湿原聖地を稲作社会との関連において捉え直して古代国家成立の背景を浮彫にしつつ、水と植物にまつわる日本人の宇宙観を探る。四六判４１０頁 '77

25 臼　三輪茂雄

臼が人類の生活文化の中で果たしてきた役割を、各地に遺る貴重な民俗資料・伝承と実地調査にもとづいて解明。失われゆく道具のなかに、未来の生活文化の姿を探る。四六判４１２頁 '78

26 河原巻物　盛田嘉徳

中世末期以来の被差別部落民が生きる権利を守るために偽作し護り伝えてきた河原巻物を全国にわたって踏査し、そこに秘められた最底辺の人びとの叫びに耳を傾ける。四六判２２６頁 '78

27 香料　日本のにおい　山田憲太郎

焼香供養の香から趣味としての薫物へ、さらに沈香木を焚く香道へと変遷した日本の「匂い」の歴史を豊富な史料に基づいて辿り、我国風俗史の知られざる側面を描く。四六判３７０頁 '78

28 神像　神々の心と形　景山春樹

神仏習合によって変貌しつつも、常にその原型＝自然を保持してきた日本の神々の造型を図像学的方法によって捉え直し、その多彩な形象に日本人の精神構造をさぐる。四六判３４２頁 '78

29 盤上遊戯　増川宏一

祭具・占具としての発生を『死者の書』をはじめとする古代の文献にさぐり、形状・遊戯法を分類しつつその〈進化〉の過程を考察。〈遊戯者たちの歴史〉をも跡づける。四六判３２６頁 '78

30 筆　田淵実夫

筆の里・熊野に筆づくりの現場を訪ねて、筆匠たちの境涯と製筆の由来を克明に記録しつつ、筆の発生と変遷、種類、製筆法、さらには筆塚、筆供養にまで説きおよぶ。四六判２０４頁 '78

31 ろくろ　橋本鉄男

日本の山野を漂移しつづけ、高度の技術文化と幾多の伝説とをもたらした特異な旅職集団＝木地屋の生態を、その呼称、地名、伝承、文書等をもとに生き生きと描く。四六判４６０頁 '79

32 蛇　吉野裕子

日本古代信仰の根幹をなす蛇巫をめぐって、祭事におけるさまざまな蛇の「もどき」や各種の蛇の造型・伝承に鋭い考証を加え、忘れられたその呪性を大胆に暴き出す。四六判２５０頁 '79

33 鋏（はさみ）　岡本誠之

梃子の原理の発見から鋏の誕生に至る過程を推理し、日本鋏の特異な歴史的位置を明らかにするとともに、刀鍛冶等から転進した鋏職人たちの創意と苦闘の跡をたどる。四六判３９６頁 '79

34 猿　廣瀬鎮

嫌悪と愛玩、軽蔑と畏敬の交錯する日本人とサルとの関わりあいの歴史を、狩猟伝承や祭祀・風習、美術・工芸や芸能のなかに探り、日本人の動物観を浮彫りにする。四六判２９２頁 '79

35 鮫　矢野憲一

神話の時代から今日まで、津々浦々につたわるサメの伝承とサメをめぐる海の民俗を集成し、神饌、食用、薬用等に活用されてきたサメと人間のかかわりの変遷を描く。四六判292頁　'79

36 枡　小泉袈裟勝

米の経済の枢要をなす器として千年余にわたり日本人の生活の中に生きてきた枡の変遷をたどり、記録・伝承をもとにこの独特な計量器が果たした役割を再検討する。四六判322頁　'80

37 経木　田中信清

食品の包装材料として近年まで身近に存在した経木の起源を、こけら経や塔婆、木簡、屋根板等に遡って明らかにし、その製造・流通に携った人々の労苦の足跡を辿る。四六判288頁　'80

38 色　染と色彩　前田雨城

わが国古代の染色技術の復元と文献解読をもとに日本色彩史を体系づけ、赤・白・青・黒等におけるわが国独自の色彩感覚を探りつつ日本文化における色の構造を解明。四六判320頁　'80

39 狐　陰陽五行と稲荷信仰　吉野裕子

その伝承と文献を渉猟しつつ、中国古代哲学＝陰陽五行の原理の応用という独自の視点から、謎とされてきた稲荷信仰と狐との密接な結びつきを明快に解き明かす。四六判232頁　'80

40-Ⅰ 賭博Ⅰ　増川宏一

時代、地域、階層を超えて連綿と行なわれてきた賭博。――その起源を古代の神判、スポーツ、遊戯等の中に探り、抑圧と許容の歴史を物語る。全Ⅲ分冊の〈総説篇〉。四六判298頁　'80

40-Ⅱ 賭博Ⅱ　増川宏一

古代インド文学の世界からラスベガスまで、賭博の形態・用具・方法の時代的特質を明らかにし、夥しい禁令に賭博の不滅のエネルギーを見る。全Ⅲ分冊の〈外国篇〉。四六判456頁　'82

40-Ⅲ 賭博Ⅲ　増川宏一

聞香、闘茶、笠附等、わが国独特の賭博を中心にその具体例を網羅し、方法の変遷に賭博の時代性を探りつつ禁令の改廃に時代の賭博観を追う。全Ⅲ分冊の〈日本篇〉。四六判388頁　'83

41-Ⅰ 地方仏Ⅰ　むしゃこうじ・みのる

古代から中世にかけて全国各地で作られた無銘の仏像を訪ね、素朴で多様なノミの跡に民衆の祈りと地域の願望を探る。宗教の伝播、文化の創造を考える異色の紀行。四六判256頁　'80

41-Ⅱ 地方仏Ⅱ　むしゃこうじ・みのる

紀州や飛騨を中心に草の根の仏たちを訪ねて、その相好と像容の魅力を探り、技法を比較考証して仏像彫刻史に位置づけつつ、中世地域社会の形成と信仰の実態に迫る。四六判260頁　'97

42 南部絵暦　岡田芳朗

田山・盛岡地方で「盲暦」として古くから親しまれてきた独得の絵解き暦を詳しく紹介しつつその全体像を復元する。その無類の生活暦は、南部農民の哀歓をつたえる。四六判288頁　'80

43 野菜　在来品種の系譜　青葉高

蕪、大根、茄子等の日本在来野菜をめぐって、その渡来・伝播経路、品種分布と栽培のいきさつを各地の伝承や古記録をもとに辿り、畑作文化の源流とその風土を描く。四六判368頁　'81

44 つぶて　中沢厚

弥生投弾、古代・中世の石戦と印地の様相、投石具の発達を展望しつつ、願かけの小石、正月つぶて、石こづみ等の習俗を辿り、石塊に託した民衆の願いや怒りを探る。四六判３３８頁　'81

45 壁　山田幸一

弥生時代から明治期に至るわが国の壁の変遷を壁塗＝左官工事の側面から辿り直し、その技術的復元・考証を通じて建築史・文化史における壁の役割を浮き彫りにする。四六判２９６頁　'81

46 簞笥（たんす）　小泉和子

近世における簞笥の出現＝箱から抽斗への転換に着目し、以降近現代に至るその変遷を社会・経済・技術の側面からあとづける。著者自身による簞笥製作の記録を付す。四六判３７８頁　'82

47 木の実　松山利夫

山村の重要な食糧資源であった木の実をめぐる各地の記録・伝承を集成し、その採集・加工における幾多の試みを実地に検証しつつ、稲作農耕以前の食生活文化を復元。四六判３８４頁　'82

48 秤（はかり）　小泉袈裟勝

秤の起源を東西に探るとともに、わが国律令制下における中国制度の導入、近世商品経済の発展に伴う秤座の出現、明治期近代化政策による洋式秤受容等の経緯を描く。四六判３２６頁　'82

49 鶏（にわとり）　山口健児

神話・伝説をはじめ遠い歴史の中の鶏を古今東西の伝承・文献に探り、特に我国の信仰・絵画・文学等に遺された鶏の足跡を追って、鶏をめぐる民俗の記憶を蘇らせる。四六判３４６頁　'83

50 燈用植物　深津正

人類が燈火を得るために用いてきた多種多様な植物との出会いと個個の植物の来歴、特性及びはたらきを詳しく検証しつつ「あかり」の原点を問いなおす異色の植物誌。四六判４４２頁　'83

51 斧・鑿・鉋（おの・のみ・かんな）　吉川金次

古墳出土品や文献・絵画をもとに、古代から現代までの斧・鑿・鉋を復元・実験し、労働体験によって生まれた民衆の知恵と道具の変遷を蘇らせる異色の日本木工具史。四六判３０４頁　'84

52 垣根　額田巌

大和・山辺の道に神々と垣との関わりを探り、各地に垣の伝承を訪ねて、寺院の垣、民家の垣、露地の垣など、風土と生活に培われた生垣の独特のはたらきと美を描く。四六判２３４頁　'84

53-Ⅰ 森林Ⅰ　四手井綱英

森林生態学の立場から、森林のなりたちとその生活史を辿りつつ、産業の発展と消費社会の拡大により刻々と変貌する森林の現状を語り、未来への再生のみちをさぐる。四六判３０６頁　'85

53-Ⅱ 森林Ⅱ　四手井綱英

森林と人間との多様なかかわりを包括的に語り、人と自然が共生するための森や里山をいかにして創出するか、森林再生への具体的な方策を提示する21世紀への提言。四六判３０８頁　'98

53-Ⅲ 森林Ⅲ　四手井綱英

地球規模で進行しつつある森林破壊の現状を実地に踏査し、森と人が共存する日本人の伝統的自然観を未来へ伝えるために、いま何が必要なのかを具体的に提言する。四六判３０４頁　'00

54 海老（えび）　酒向昇

人類との出会いからエビの科学、漁法、さらには調理法を語り、めでたい姿態と色彩にまつわる多彩なエビの民俗を、地名や人名、詩歌・文学、絵画や芸能の中に探る。四六判４２８頁 '85

55-I 藁（わら）I　宮崎清

稲作農耕とともに二千年余の歴史をもち、日本人の全生活領域に生きてきた藁の文化を日本文化の原型として捉え、風土に根ざしたそのゆたかな遺産を詳細に検討する。四六判４００頁 '85

55-II 藁（わら）II　宮崎清

床・畳から壁・屋根にいたる住居における藁の製作・使用のメカニズムを明らかにし、日本人の生活空間における藁の役割を見なおすとともに、藁の文化の復権を説く。四六判４００頁 '85

56 鮎　松井魁

清楚な姿態と独特な味覚によって、日本人の目と舌を魅了しつづけてきたアユ——その形態と分布、生態、漁法等を詳述し、古今のアユ料理や文芸にみるアユにおよぶ。四六判２９６頁 '86

57 ひも　額田巌

物と物、人と物とを結びつける不思議な力を秘めた「ひも」の謎を追って、民俗学的視点から多角的なアプローチを試みる。『結び』、『包み』につづく三部作の完結篇。四六判２５０頁 '86

58 石垣普請　北垣聰一郎

近世石垣の技術者集団「穴太」の足跡を辿り、各地城郭の石垣遺構の実地調査と資料・文献をもとに石垣普請の歴史的系譜を復元しつつ石工たちの技術伝承を集成する。四六判４３８頁 '87

59 碁　増川宏一

その起源を古代の盤上遊戯に探ると共に、定着以来二千年の歴史を時代の状況や遊び手の社会環境との関わりにおいて跡づける。逸話や伝説を排して綴る初の囲碁全史。四六判３６６頁 '87

60 日和山（ひよりやま）　南波松太郎

千石船の時代、航海の安全のために観天望気した日和山——多くは忘れられ、あるいは失われた船舶・航海史の貴重な遺跡を追って、全国津々浦々におよんだ調査紀行。四六判３８２頁 '88

61 篩（ふるい）　三輪茂雄

臼とともに人類の生産活動に不可欠な道具であった篩、箕（み）、笊（ざる）の多彩な変遷を豊富な図解入りでたどり、現代技術の先端に再生するまでの歩みをえがく。四六判３３４頁 '89

62 鮑（あわび）　矢野憲一

縄文時代以来、貝肉の美味と貝殻の美しさによって日本人を魅了し続けてきたアワビ——その生態と養殖、神饌としての歴史、漁法、螺鈿の技法からアワビ料理に及ぶ。四六判３４４頁 '89

63 絵師　むしゃこうじ・みのる

日本古代の渡来画工から江戸前期の菱川師宣まで、時代の代表的絵師の列伝で辿る絵画制作の文化史。前近代社会における絵画の意味や芸術創造の社会的条件を考える。四六判２３０頁 '90

64 蛙（かえる）　碓井益雄

動物学の立場からその特異な生態を描き出すとともに、和漢洋の文献資料を駆使して故事・習俗・神事・民話・文芸・美術工芸にわたる蛙の多彩な活躍ぶりを活写する。四六判３８２頁 '89

65-I 藍（あい）I 風土が生んだ色 竹内淳子

全国各地の〈藍の里〉を訪ねて、藍栽培から染色・加工のすべてにわたり、藍とともに生きた人々の伝承を克明に描き、風土と人間が生んだ〈日本の色〉の秘密を探る。四六判４１６頁 '91

65-II 藍（あい）II 暮らしが育てた色 竹内淳子

日本の風土に生まれ、伝統に育てられた藍が、今なお暮らしの中で生き生きと活躍しているさまを、手わざに生きる人々との出会いを通じて描く。藍の里紀行の続篇。四六判４０６頁 '99

66 橋 小山田了三

丸木橋・舟橋・吊橋から板橋・アーチ型石橋まで、人々に親しまれてきた各地の橋を訪ねて、その来歴と築橋の技術伝承を辿り、土木文化の伝播・交流の足跡をえがく。四六判３１２頁 '91

67 箱 宮内悊

日本の伝統的な箱（櫃）と西欧のチェストを比較文化史の視点から考察し、居住・収納・運搬・装飾の各分野における箱の重要な役割とその多彩な文化を浮彫りにする。四六判３９０頁 '91

68-I 絹I 伊藤智夫

養蚕の起源を神話や説話に探り、伝来の時期とルートを跡づけ、記紀・万葉の時代から近世に至るまで、それぞれの時代・社会・階層が生み出した絹の文化を描き出す。四六判３０４頁 '92

68-II 絹II 伊藤智夫

生糸と絹織物の生産と輸出が、わが国の近代化にはたした役割を描くと共に、養蚕の道具、信仰や庶民生活にわたる養蚕と絹の民俗、さらには蚕の種類と生態におよぶ。四六判２９４頁 '92

69 鯛（たい） 鈴木克美

古来「魚の王」とされてきた鯛をめぐって、その生態・味覚から漁法、祭り、工芸、文芸にわたる多彩な伝承文化を語りつつ、鯛と日本人とのかかわりの原点をさぐる。四六判４１８頁 '92

70 さいころ 増川宏一

古代神話の世界から近現代の博徒の動向まで、さいころの役割を各時代・社会に位置づけ、木の実や貝殻のさいころから投げ棒型や立方体のさいころへの変遷をたどる。四六判３７４頁 '92

71 木炭 樋口清之

炭の起源から炭焼、流通、経済、文化にわたる木炭の歩みを歴史・考古・民俗の知見を総合して描き出し、独自で多彩な文化を育んできた木炭の尽きせぬ魅力を語る。四六判２９６頁 '93

72 鍋・釜（なべ・かま） 朝岡康二

日本をはじめ韓国、中国、インドネシアなど東アジアの各地を歩きながら鍋・釜の製作と使用の現場に立ち会い、調理をめぐる庶民生活の変遷とその交流の足跡を探る。四六判３２６頁 '93

73 海女（あま） 田辺悟

その漁の実際と社会組織、風習、信仰、民具などを克明に描くとともに海女の起源・分布・交流を探り、わが国漁撈文化の古層としての海女の生活と文化をあとづける。四六判２９４頁 '93

74 蛸（たこ） 刀禰勇太郎

蛸をめぐる信仰や多彩な民間伝承を紹介するとともに、その生態・分布・捕獲法・繁殖と保護・調理法などを集成し、日本人と蛸との知られざるかかわりの歴史を探る。四六判３７０頁 '94

75 曲物（まげもの） 岩井宏實

桶・樽出現以前から伝承され、古来最も簡便・重宝な木製容器として愛用された曲物の加工技術と機能・利用形態の変遷をさぐり、手づくりの「木の文化」を見なおす。四六判318頁 '94

76-Ⅰ 和船Ⅰ 石井謙治

江戸時代の海運を担った千石船（弁才船）について、その構造と技術、帆走性能を綿密に調査し、通説の誤りを正すとともに、海難と信仰、船絵馬等の考察にもおよぶ。四六判436頁 '95

76-Ⅱ 和船Ⅱ 石井謙治

造船史から見た著名な船を紹介し、遣唐使船や遣欧使節船、幕末の洋式船における外国技術の導入について論じつつ、船の名称と船型を海船・川船にわたって解説する。四六判316頁 '95

77-Ⅰ 反射炉Ⅰ 金子功

日本初の佐賀鍋島藩の反射炉と精練方＝理化学研究所、島津藩の反射炉と集成館＝近代工場群を軸に、日本の産業革命の時代における人と技術を現地に訪ねて発掘する。四六判244頁 '95

77-Ⅱ 反射炉Ⅱ 金子功

伊豆韮山の反射炉をはじめ、全国各地の反射炉建設にかかわった有名無名の人々の足跡をたどり、開国か攘夷かに揺れる幕末の政治と社会の悲喜劇をも生き生きと描く。四六判226頁 '95

78-Ⅰ 草木布（そうもくふ）Ⅰ 竹内淳子

風土に育まれた布を求めて全国各地を歩き、木綿普及以前に山野の草木を利用して豊かな衣生活文化を築き上げてきた庶民の知られざる知恵のかずかずを実地にさぐる。四六判282頁 '95

78-Ⅱ 草木布（そうもくふ）Ⅱ 竹内淳子

アサ、クズ、シナ、コウゾ、カラムシ、フジなどの草木の繊維から、どのようにして糸を採り、布を織っていたのか——聞書きをもとに忘れられた技術と文化を発掘する。四六判282頁 '95

79-Ⅰ すごろくⅠ 増川宏一

古代エジプトのセネト、ヨーロッパのバクギャモン、中近東のナルド、中国の双陸などの系譜に日本の盤雙六を位置づけ、遊戯・賭博としてのその数奇なる運命を辿る。四六判312頁 '95

79-Ⅱ すごろくⅡ 増川宏一

ヨーロッパの鵞鳥のゲームから日本中世の浄土双六、近世の華麗な絵双六、さらには近現代の少年誌の附録まで、絵双六の変遷を追って時代の社会・文化を読みとる。四六判390頁 '95

80 パン 安達巖

古代オリエントに起ったパン食文化が中国・朝鮮を経て弥生時代の日本に伝えられたことを史料と伝承をもとに解明し、わが国パン食文化二〇〇〇年の足跡を描き出す。四六判260頁 '96

81 枕（まくら） 矢野憲一

神さまの枕・大嘗祭の枕から枕絵の世界まで、人生の三分の一を共に過す枕をめぐって、その材質の変遷を辿り、伝説と怪談、俗信と民俗、エピソードを興味深く語る。四六判252頁 '96

82-Ⅰ 桶・樽（おけ・たる）Ⅰ 石村真一

日本、中国、朝鮮、ヨーロッパにわたる厖大な資料を集成してその豊かな文化の系譜を探り、東西の木工技術史を比較しつつ世界史的視野から桶・樽の文化を描き出す。四六判388頁 '97

82-Ⅱ 桶・樽（おけ・たる）Ⅱ　石村真一

多数の調査資料と絵画・民俗資料をもとにその製作技術を復元し、東西の木工技術を比較考証しつつ、技術文化史の視点から桶・樽製作の実態とその変遷を跡づける。　四六判372頁　'97

82-Ⅲ 桶・樽（おけ・たる）Ⅲ　石村真一

樹木と人間とのかかわり、製作者と消費者とのかかわりを通じて桶樽と生活文化の変遷を考察し、木材資源の有効利用という視点から桶樽の文化史的役割を浮彫にする。四六判352頁　'97

83-Ⅰ 貝Ⅰ　白井祥平

世界各地の現地調査と文献資料を駆使して、古来至高の財宝とされてきた宝貝のルーツとその変遷を探り、貝と人間とのかかわりの歴史を「貝貨」の文化史として描く。四六判386頁　'97

83-Ⅱ 貝Ⅱ　白井祥平

サザエ、アワビ、イモガイなど古来人類とかかわりの深い貝をめぐって、その生態・分布・地方名、装身具や貝貨としての利用法などを豊富なエピソードを交えて語る。四六判328頁　'97

83-Ⅲ 貝Ⅲ　白井祥平

シンジュガイ、ハマグリ、アカガイ、シャコガイなどをめぐって世界各地の民族誌を渉猟し、それらが人類文化に残した足跡を辿る。参考文献一覧／総索引を付す。　四六判392頁　'97

84 松茸（まつたけ）　有岡利幸

秋の味覚として古来珍重されてきた松茸の由来を求めて、稲作文化と里山（松林）の生態系から説きおこし、日本人の伝統的生活文化の中に松茸流行の秘密をさぐる。　四六判296頁　'97

85 野鍛冶（のかじ）　朝岡康二

鉄製農具の製作・修理・再生を担ってきた農鍛冶の歴史的役割を探り、近代化の大波の中で変貌する職人技術の実態をアジア各地のフィールドワークを通して描き出す。四六判280頁　'98

86 稲　品種改良の系譜　菅洋

作物としての稲の誕生、稲の渡来と伝播の経緯から説きおこし、明治以降主として庄内地方の民間育種家の手によって飛躍的発展をとげたわが国品種改良の歩みを描く。四六判332頁　'98

87 橘（たちばな）　吉武利文

永遠のかぐわしい果実として日本の神話・伝説に特別の位置を占めて語り継がれてきた橘をめぐって、その育まれた風土とかずかずの伝承の中に日本文化の特質を探る。四六判286頁　'98

88 杖（つえ）　矢野憲一

神の依代としての杖や仏教の錫杖に杖と信仰とのかかわりを探り、人類が突きつつ歩んだその歴史と民俗を興味ぶかく語る。多彩な材質と用途を網羅した杖の博物誌。　四六判314頁　'98

89 もち（糯・餅）　渡部忠世／深澤小百合

モチイネの栽培・育種から食品加工、民俗、儀礼にわたってそのルーツと伝承の足跡をたどり、アジア稲作文化という広範な視野からこの特異な食文化の謎を解明する。四六判330頁　'98

90 さつまいも　坂井健吉

その栽培の起源と伝播経路を跡づけるとともに、わが国伝来後四百年の経緯を詳細にたどり、世界に冠たる育種と栽培・利用法を築いた人々の知られざる足跡をえがく。四六判328頁　'99

91 **珊瑚**（さんご）　鈴木克美

海岸の自然保護に重要な役割を果たす岩石サンゴから宝飾品として知られる宝石サンゴまで、人間生活と深くかかわってきたサンゴの多彩な姿を人類文化史として描く。　四六判３７０頁　'99

92-I **梅I**　有岡利幸

万葉集、源氏物語、五山文学などの古典や天神信仰に表れた梅の足跡を克明に辿りつつ日本人の精神史に刻印された梅を浮彫にし、梅と日本人の二〇〇〇年史を描く。　四六判２７４頁　'99

92-II **梅II**　有岡利幸

その植生と栽培、伝承、梅の名所や鑑賞法の変遷から戦前の国定教科書に表れた梅まで、梅と日本人との多彩なかかわりを探り、桜との対比において梅の文化史を描く。　四六判３３８頁　'99

93 **木綿口伝**（もめんくでん）　第2版　福井貞子

老女たちからの聞書を経糸とし、厖大な遺品・資料を緯糸として、母から娘へと幾代にも伝えられた手づくりの木綿文化を掘り起し、近代の木綿の盛衰を描く。増補版　四六判３３６頁　'00

94 **合せもの**　増川宏一

「合せる」には古来、一致させるの他に、競う、闘う、比べる等の意味があった。貝合せや絵合せ等の遊戯・賭博を中心に、広範な人間の営みを「合せる」行為に辿る。　四六判３００頁　'00

95 **野良着**（のらぎ）　福井貞子

明治初期から昭和四〇年までの野良着を収集・分類・整理し、それらの用途と年代、形態、材質、重量、呼称などを精査して、働く庶民の創意にみちた生活史を描く。　四六判２９２頁　'00

96 **食具**（しょくぐ）　山内昶

東西の食文化に関する資料を渉猟し、食法の違いを人間の自然に対するかかわり方の違いとして捉えつつ、食具を人間と自然をつなぐ基本的な媒介物として位置づける。　四六判２９２頁　'00

97 **鰹節**（かつおぶし）　宮下章

黒潮からの贈り物・カツオの漁法から鰹節の製法や食法、商品としての流通までを歴史的に展望するとともに、沖縄やモルジブ諸島の調査をもとにそのルーツを探る。　四六判３８２頁　'00

98 **丸木舟**（まるきぶね）　出口晶子

先史時代から現代の高度文明社会まで、もっとも長期にわたり使われてきた刳り舟に焦点を当て、その技術伝承を辿りつつ、森や水辺の文化の広がりと動態をえがく。　四六判３２４頁　'01

99 **梅干**（うめぼし）　有岡利幸

日本人の食生活に不可欠の自然食品・梅干をつくりだした先人たちの知恵に学ぶとともに、健康増進に驚くべき薬効を発揮する、その知られざるパワーの秘密を探る。　四六判３００頁　'01

100 **瓦**（かわら）　森郁夫

仏教文化と共に中国・朝鮮から伝来し、一四〇〇年にわたり日本の建築を飾ってきた瓦をめぐって、発掘資料をもとにその製造技術、形態、文様などの変遷をたどる。　四六判３２０頁　'01

101 **植物民俗**　長澤武

衣食住から子供の遊びまで、幾世代にも伝承された植物をめぐる暮らしの知恵を克明に記録し、高度経済成長期以前の農山村の豊かな生活文化を愛惜をこめて描き出す。　四六判３４８頁　'01

102 **箸**（はし） 向井由紀子／橋本慶子

そのルーツを中国、朝鮮半島に探るとともに、日本人の食生活に不可欠の食具となり、日本文化のシンボルとされるまでに洗練された箸の文化の変遷を総合的に描く。 四六判３３４頁 '01

103 **採集** ブナ林の恵み 赤羽正春

縄文時代から今日に至る採集・狩猟民の暮らしを復元し、動物の生態系と採集生活の関連を明らかにしつつ、民俗学と考古学の両面から山に生かされた人々の姿を描く。 四六判２９８頁 '01

104 **下駄** 神のはきもの 秋田裕毅

古墳や井戸等から出土する下駄に着目し、下駄が地上と地下の他界を結ぶ聖なるはきものであったという大胆な仮説を提出、日本の神々の忘れられた側面を浮彫にする。 四六判３０４頁 '02

105 **絣**（かすり） 福井貞子

膨大な絣遺品を収集・分類し、絣産地を実地に調査して絣の技法と文様の変遷を地域別・時代別に跡づけ、明治・大正・昭和の手づくりの染織文化の盛衰を描き出す。 四六判３１０頁 '02

106 **網**（あみ） 田辺悟

漁網を中心に、網に関する基本資料を網羅して網の変遷と網をめぐる民俗を体系的に描き出し、網の文化を集成する。「網に関する小事典」「網のある博物館」を付す。 四六判３１６頁 '02

107 **蜘蛛**（くも） 斎藤慎一郎

「土蜘蛛」の呼称で畏怖される一方「クモ合戦」など子供の遊びとしても親しまれてきたクモと人間との長い交渉の歴史をその深層に遡って追究した異色のクモ文化論。 四六判３２０頁 '02

108 **襖**（ふすま） むしゃこうじ・みのる

襖の起源と変遷を建築史・絵画史の中に探りつつその用と美を浮彫にし、衝立・障子・屏風等と共に日本建築の空間構成に不可欠の建具となるまでの経緯を描き出す。 四六判２７０頁 '02

109 **漁撈伝承**（ぎょろうでんしょう） 川島秀一

漁師たちからの聞き書きをもとに、寄り物、船霊、大漁旗など、漁撈にまつわる〈もの〉の伝承を集成し、海の道によって運ばれた習俗や信仰の民俗地図を描き出す。 四六判３３４頁 '03

110 **チェス** 増川宏一

世界中に数億人の愛好者を持つチェスの起源と文化を、欧米における膨大な研究の蓄積を渉猟しつつ探り、日本への伝来の経緯から美術工芸品としてのチェスにおよぶ。 四六判２９８頁 '03

111 **海苔**（のり） 宮下章

海苔の歴史は厳しい自然とのたたかいの歴史だった――採取から養殖、加工、流通、消費に至る先人たちの苦難の歩みを史料と実地調査によって浮彫にする食物文化史。 四六判１７２頁 '03

112 **屋根** 檜皮葺と柿葺 原田多加司

屋根葺師一〇代の著者が、自らの体験と職人の本懐を語り、連綿として受け継がれてきた伝統の手わざを体系的にたどりつつ伝統技術の保存と継承の必要性を訴える。 四六判３４０頁 '03

113 **水族館** 鈴木克美

初期水族館の歩みを創始者たちの足跡を通して辿りなおし、水族館をめぐる社会の発展と風俗の変遷を描き出すとともにその未来像をさぐる初の〈日本水族館史〉の試み。 四六判２９０頁 '03

114 古着（ふるぎ） 朝岡康二

仕立てと着方、管理と保存、再生と再利用等にわたり衣生活の変容を近代の日常生活の変化として捉え直し、衣服をめぐるリサイクル文化が形成される経緯を描き出す。四六判２９２頁 '03

115 柿渋（かきしぶ） 今井敬潤

染料・塗料をはじめ生活百般の必需品であった柿渋の伝承を記録し、文献資料をもとにその製造技術と利用の実態を明らかにして、忘れられた豊かな生活技術を見直す。 四六判２９４頁 '03

116-Ⅰ 道Ⅰ 武部健一

道の歴史を先史時代から説き起こし、古代律令制国家の要請によって駅路が設けられ、しだいに幹線道路として整えられてゆく経緯を技術史・社会史の両面からえがく。 四六判２４８頁 '03

116-Ⅱ 道Ⅱ 武部健一

中世の鎌倉街道、近世の五街道、近代の開拓道路から現代の高速道路網までを通観し、道路を拓いた人々の手によって今日の交通ネットワークが形成された歴史を語る。四六判２８０頁 '03

117 かまど 狩野敏次

日常の煮炊きの道具であるとともに祭りと信仰に重要な位置を占めてきたカマドをめぐる忘れられた伝承を掘り起こし、民俗空間の壮大なコスモロジーを浮彫りにする。四六判２９２頁 '04

118-Ⅰ 里山Ⅰ 有岡利幸

縄文時代から近世までの里山の変遷を人々の暮らしと植生の変化の両面から跡づけ、その源流を記紀万葉に描かれた里山の景観や大和・三輪山の古記録・伝承等に探る。 四六判２７６頁 '04

118-Ⅱ 里山Ⅱ 有岡利幸

明治の地租改正による山林の混乱、相次ぐ戦争による山野の荒廃、エネルギー革命、高度成長による大規模開発など、近代化の荒波に翻弄される里山の見直しを説く。 四六判２７４頁 '04

119 有用植物 菅 洋

人間生活に不可欠のものとして利用されてきた身近な植物たちの来歴と栽培・育種・品種改良・伝播の経緯を平易に語り、植物と共に歩んだ文明の足跡を浮彫にする。 四六判３２４頁 '04

120-Ⅰ 捕鯨Ⅰ 山下渉登

世界の海で展開された鯨と人間との格闘の歴史を振り返り、「大航海時代」の副産物として開始された捕鯨業の誕生以来四〇〇年にわたる盛衰の社会的背景をさぐる。 四六判３１４頁 '04

120-Ⅱ 捕鯨Ⅱ 山下渉登

近代捕鯨の登場により鯨資源の激減を招き、捕鯨の規制・管理のための国際条約締結に至る経緯をたどり、グローバルな課題としての自然環境問題を浮き彫りにする。 四六判３１２頁 '04

121 紅花（べにばな） 竹内淳子

栽培、加工、流通、利用の実際を現地に探訪して紅花とかかわってきた人々からの聞き書きを集成し、忘れられた〈紅花文化〉を復元しつつその豊かな味わいを見直す。 四六判３４６頁 '04

122-Ⅰ もののけⅠ 山内昶

日本の妖怪変化、未開社会の〈マナ〉、西欧の悪魔やデーモンを比較考察し、名づけ得ぬ未知の対象を指す万能のゼロ記号〈もの〉をめぐる人類文化史を跡づける博物誌。四六判３２０頁 '04

122-Ⅱ ものの け Ⅱ　山内昶

日本の鬼、古代ギリシアのダイモン、中世の異端狩り・魔女狩り等々をめぐり、自然＝カオスと文化＝コスモスの対立の中で〈野生の思考〉が果たしてきた役割をさぐる。　四六判２８０頁 '04

123 染織（そめおり）　福井貞子

自らの体験と厖大な残存資料をもとに、糸づくりから織り、染めにわたる手づくりの豊かな生活文化を見直す。創意にみちた手わざのかずかずを復元する庶民生活誌。　四六判２９４頁 '05

124-Ⅰ 動物民俗Ⅰ　長澤武

神として崇められたクマやシカをはじめ、人間にとって不可欠の鳥獣や魚、さらには人間を脅かす動物など、多種多様な動物たちと交流してきた人々の暮らしの民俗誌。四六判２６４頁 '05

124-Ⅱ 動物民俗Ⅱ　長澤武

動物の捕獲法をめぐる各地の伝承を紹介するとともに、全国で語り継がれてきた多彩な動物民話・昔話を渉猟し、暮らしの中で培われた動物フォークロアの世界を描く。四六判２６６頁 '05

125 粉（こな）　三輪茂雄

粉体の研究をライフワークとする著者が、粉食の発見からナノテクノロジーまで、人類文明の歩みを〈粉〉の視点から捉え直した壮大なスケールの〈文明の粉体史観〉　四六判３０２頁 '05

126 亀（かめ）　矢野憲一

浦島伝説や「兎と亀」の昔話によって親しまれてきた亀のイメージの起源を探り、古代の亀卜の方法から、亀にまつわる信仰と迷信、鼈甲細工やスッポン料理におよぶ。四六判３３０頁 '05

127 カツオ漁　川島秀一

一本釣り、カツオ漁場、船上の生活、船霊信仰、祭りと禁忌など、カツオ漁にまつわる漁師たちの伝承を集成し、黒潮に沿って伝えられた漁民たちの文化を掘り起こす。四六判３７０頁 '05

128 裂織（さきおり）　佐藤利夫

木綿の風合いと強靭さを生かした裂織の技と美をすぐれたリサイクル文化として見なおす。東西文化の中継地・佐渡の古老たちからの聞書をもとに歴史と民俗をえがく。四六判３０８頁 '05

129 イチョウ　今野敏雄

「生きた化石」として珍重されてきたイチョウの生い立ちと人々の生活文化とのかかわりの歴史をたどり、この最古の樹木に秘められたパワーを最新の中国文献にさぐる。　四六判３１２頁〔品切〕'05

130 広告　八巻俊雄

のれん、看板、引札からインターネット広告までを通観し、いつの時代にも広告が人々の暮らしと密接にかかわって独自の文化を形成してきた経緯を描く広告の文化史。　四六判２７６頁 '06

131-Ⅰ 漆（うるし）Ⅰ　四柳嘉章

全国各地で発掘された考古資料を対象に科学的解析を行ない、縄文時代から現代に至る漆の技術と文化を跡づける試み。漆が日本人の生活と精神に与えた影響を探る。　四六判２７４頁 '06

131-Ⅱ 漆（うるし）Ⅱ　四柳嘉章

遺跡や寺院等に遺る漆器を分析し体系づけるとともに、絵巻物や文学作品の考証を通じて、職人や産地の形成、漆工芸の地場産業としての発展の経緯などを考察する。　四六判２１６頁 '06

132 **まな板** 石村眞一

日本、アジア、ヨーロッパ各地のフィールド調査と考古・文献・絵画・写真資料をもとにまな板の素材・構造・使用法を分類し、多様な食文化とのかかわりをさぐる。　四六判372頁 '06

133-Ⅰ **鮭・鱒**（さけ・ます）Ⅰ 赤羽正春

鮭・鱒をめぐる民俗研究の前史から現在までを概観するとともに、原初的な漁法から商業的漁法にわたる多彩な漁法と用具、漁場と社会組織の関係などを明らかにする。　四六判292頁 '06

133-Ⅱ **鮭・鱒**（さけ・ます）Ⅱ 赤羽正春

鮭漁をめぐる行事、鮭捕り衆の生活等を聞き取りによって再現し、人工孵化事業の発展とそれを担った先人たちの業績を明らかにするとともに、鮭・鱒の料理におよぶ。　四六判352頁 '06

134 **遊戯** その歴史と研究の歩み 増川宏一

古代から現代まで、日本と世界の遊戯の歴史を概説し、内外の研究者との交流の中で得られた最新の知見をもとに、研究の出発点と目的を論じ、現状と未来を展望する。　四六判296頁 '06

135 **石干見**（いしひみ） 田和正孝編

沿岸部に石垣を築き、潮汐作用を利用して漁獲する原初的漁法を日・韓・台に残る遺構と伝承の調査・分析をもとに復元し、東アジアの伝統的漁撈文化を浮彫りにする。　四六判332頁 '07

136 **看板** 岩井宏實

江戸時代から明治・大正・昭和初期までの看板の歴史を生活文化史の視点から考察し、多種多様な生業の起源と変遷を多数の図版をもとに紹介する〈図説商売往来〉。　四六判266頁 '07

137-Ⅰ **桜Ⅰ** 有岡利幸

そのルーツと生態から説きおこし、和歌や物語に描かれた古代社会の桜観から「花は桜木、人は武士」の江戸の花見の流行まで、日本人と桜のかかわりの歴史をさぐる。　四六判382頁 '07

137-Ⅱ **桜Ⅱ** 有岡利幸

明治以後、軍国主義と愛国心のシンボルとして政治的に利用されてきた桜の近代史を辿るとともに、日本人の生活と共に歩んだ「咲く花、散る花」の栄枯盛衰を描く。　四六判400頁 '07

138 **麹**（こうじ） 一島英治

日本の気候風土の中で稲作と共に育まれた麹菌のすぐれたはたらきの秘密を探り、醸造化学に携わった人々の足跡をたどりつつ醱酵食品と日本人の食生活文化を考える。　四六判244頁 '07

139 **河岸**（かし） 川名登

近世初頭、河川水運の隆盛と共に物流のターミナルとして賑わい、船旅や遊廓などをもたらした河岸（川の港）の盛衰を河岸に生きる人々の暮らしの変遷としてえがく。　四六判300頁 '07

140 **神饌**（しんせん） 岩井宏實／日和祐樹

土地に古くから伝わる食物を神に捧げる神饌儀礼に祭りの本義を探り、近畿地方主要神社の伝統的儀礼をつぶさに調査して、豊富な写真と共にその実際を明らかにする。　四六判374頁 '07

141 **駕籠**（かご） 櫻井芳昭

その様式、利用の実態、地域ごとの特色、車の利用を抑制する交通政策との関連から駕籠かきたちの風俗までを明らかにし、日本交通史の知られざる側面に光を当てる。　四六判294頁 '07

142 **追込漁**（おいこみりょう）　川島秀一

沖縄の島々をはじめ、日本各地で今なお行なわれている沿岸漁撈を実地に精査し、魚の生態と自然条件を知り尽した漁師たちの知恵と技を見直しつつ漁業の原点を探る。　四六判３６８頁 '08

143 **人魚**（にんぎょ）　田辺悟

ロマンとファンタジーに彩られて世界各地に伝承される人魚の実像をもとめて東西の人魚誌を渉猟し、フィールド調査と膨大な資料をもとに集成したマーメイド百科。　四六判３５２頁 '08

144 **熊**（くま）　赤羽正春

狩人たちからの聞き書きをもとに、かつては神として崇められた熊と人間との精神史的な関係をさぐり、熊を通して人間の生存可能性にもおよぶユニークな動物文化史。　四六判３８４頁 '08

145 **秋の七草**　有岡利幸

『万葉集』で山上憶良がうたいあげて以来、千数百年にわたり秋を代表する植物として日本人にめでられてきた七種の草花の知られざる伝承を掘り起こす植物文化誌。　四六判３０６頁 '08

146 **春の七草**　有岡利幸

厳しい冬の季節に芽吹く若菜に大地の生命力を感じ、春の到来を祝い新年の息災を願う「七草粥」などとして食生活の中に巧みに取り入れてきた古人たちの知恵を探る。　四六判２７２頁 '08

147 **木綿再生**　福井貞子

自らの人生遍歴と木綿を愛する人々との出会いを織り重ねて綴り、優れた文化遺産としての木綿衣料を紹介しつつ、リサイクル文化としての木綿再生のみちを模索する。　四六判２６６頁 '09

148 **紫**（むらさき）　竹内淳子

今や絶滅危惧種となった紫草（ムラサキ）を育てる人びと、伝統の紫根染を今に伝える人びとを全国にたずね、貝紫染の始原を求めて吉野ヶ里におよぶ「むらさき紀行」。　四六判３２４頁 '09

149-Ⅰ **杉Ⅰ**　有岡利幸

その生態、天然分布の状況から各地における栽培・育種、利用にいたる歩みを弥生時代から今日までの人間の営みの中で捉えなおし、わが国林業史を展望しつつ描き出す。　四六判２８２頁 '10

149-Ⅱ **杉Ⅱ**　有岡利幸

古来神の降臨する木として崇められるとともに生活のさまざまな場面で活用され、絵画や詩歌に描かれてきた杉の文化をたどり、さらに「スギ花粉症」の原因を追究する。　四六判２７８頁 '10

150 **井戸**　秋田裕毅（大橋信弥編）

弥生中期になぜ井戸は突然出現するのか。飲料水など生活用水ではなく、祭祀用の聖なる水を得るためだったのではないか。目的や構造の変遷、宗教との関わりをたどる。　四六判２６０頁 '10

151 **楠**（くすのき）　矢野憲一／矢野高陽

語源と字源、分布と繁殖、文学や美術における楠から医薬品としての利用、キューピー人形や樟脳の船まで、楠と人間の関わりの歴史を辿りつつ自然保護の問題に及ぶ。　四六判３３４頁 '10

152 **温室**　平野恵

温室は明治時代に欧米から輸入された印象があるが、じつは江戸時代半ばから「むろ」という名の保温設備があった。絵巻や小説、遺跡などより浮かび上がる歴史。　四六判３１０頁 '10

153 **檜**（ひのき） 有岡利幸

建築・木彫・木材工芸に最良の材としてわが国の〈木の文化〉に重要な役割を果たしてきた檜。その生態から保護・育成・生産・流通・加工までの変遷をたどる。 四六判３２０頁 '11

154 **落花生** 前田和美

南米原産の落花生が大航海時代にアフリカ経由で世界各地に伝播していく歴史をたどるとともに、日本で栽培を始めた先覚者や食文化との関わりを紹介する。 四六判３１２頁 '11

155 **イルカ**（海豚） 田辺悟

神話・伝説の中のイルカ、イルカをめぐる信仰から、漁撈伝承、食文化の伝統と保護運動の対立までを幅広くとりあげ、ヒトと動物との関係はいかにあるべきかを問う。 四六判３３０頁 '11

156 **輿**（こし） 櫻井芳昭

古代から明治初期まで、千二百年以上にわたって用いられてきた輿の種類と変遷を探り、天皇の行幸や斎王群行、姫君たちの輿入れにおける使用の実態を明らかにする。 四六判２５２頁 '11

157 **桃** 有岡利幸

魔除けや若返りの呪力をもつ果実として神話や昔話に語り継がれ、近年古代遺跡から大量出土して祭祀との関連が注目される桃。日本人との多彩な関わりを考察する。 四六判３２８頁 '12

158 **鮪**（まぐろ） 田辺悟

古文献に描かれ記されたマグロを紹介し、漁法・漁具から運搬と流通・消費、漁民たちの暮らしと民俗・信仰までを探りつつ、マグロをめぐる食文化の未来にもおよぶ。 四六判３５０頁 '12

159 **香料植物** 吉武利文

クロモジ、ハッカ、ユズ、セキショウ、ショウノウなど、日本の風土で育った植物から香料をつくりだす人びとの営みを現地に訪ね、伝統技術の継承・発展を考える。 四六判２９０頁 '12

160 **牛車**（ぎっしゃ） 櫻井芳昭

牛車の盛衰を交通史や技術史との関連で探り、絵巻や日記・物語等に描かれた牛車の種類と構造、利用の実態を明らかにして、読者を平安の「雅」の世界へといざなう。 四六判２２４頁 '12

161 **白鳥** 赤羽正春

世界各地の白鳥処女説話を博捜し、古代以来の人々が抱いた〈鳥への想い〉を明らかにするとともに、その源流を、白鳥をトーテムとする中央シベリアの白鳥族に探る。 四六判３６０頁 '12

162 **柳** 有岡利幸

日本人との関わりを詩歌や文献をもとに探りつつ、容器や調度品に、治山治水対策に、火薬や薬品の原料に、さらには風景の演出用に活用されてきた歴史をたどる。 四六判３２８頁 '13

163 **柱** 森郁夫

竪穴住居の時代から建物を支えてきただけでなく、大黒柱や鼻っ柱などさまざまな言葉に使われている柱。遺跡の発掘でわかった事実や、日本文化との関わりを紹介。 四六判２５２頁 '13

164 **磯** 田辺悟

人間はもとより、動物たちにも多くの恵みをもたらしてきた磯――その豊かな文化をさぐり、東日本大震災以前の三陸沿岸を軸に磯漁の民俗を聞書きによって再現する。 四六判４５０頁 '14

165 タブノキ　山形健介

南方から「海上の道」をたどってきた列島文化を象徴する樹木について、中国・台湾・韓国も視野に収めて記録や伝承を掘り起こし、人々の暮らしとの関わりを探る。　四六判３１６頁 '14

166 栗　今井敬潤

縄文人が主食とし栽培していた栗。建築や木工の材、鉄道の枕木といった生活に密着した多様な利用法や、品種改良に取り組んだ技術者たちの苦闘の足跡を紹介する。　四六判２７２頁 '14

167 花札　江橋崇

法制史から文学作品まで、厖大な文献を渉猟して、その誕生から現在までを辿り、花札をその本来の輝き、自然を敬愛して共存する日本の文化という特性のうちに描く。　四六判３７２頁 '14

168 椿　有岡利幸

本草書の刊行や栽培・育種技術の発展によって近世初期に空前の大ブームを巻き起こした椿。多彩な花の紹介をはじめ、椿油や木材の利用、信仰や民俗まで網羅する。　四六判３３６頁 '14